没有退路
就是胜利之路

华为文化之道

王维滨 著

机械工业出版社
CHINA MACHINE PRESS

图书在版编目（CIP）数据

没有退路就是胜利之路：华为文化之道/王维滨著． -- 北京：机械工业出版社，2022.1（2024.5重印）

ISBN 978-7-111-69826-5

I. ①没… II. ①王… III. ①通信企业 – 企业文化 – 研究 – 深圳 IV. ① F632.765.3

中国版本图书馆CIP数据核字（2021）第279027号

提到华为，很多人就会马上想到华为文化，华为文化造就了一代又一代华为人，那么什么是华为文化呢？社会上对于华为文化有很多说法，本书以长期在华为工作的华为人自己的角度，从以下四方面来谈对于华为文化的理解和认识，希望能帮助社会上关注华为的人了解真正的华为文化和华为人的故事：①华为文化的发展历程以及在各个阶段的主要特征；②如何理解华为的核心价值观；③华为的核心价值观和文化如何落实在企业的管理实践当中，其中的管理机制是什么；④华为文化的传承。

没有退路就是胜利之路：华为文化之道

出版发行：	机械工业出版社（北京市西城区百万庄大街22号　邮政编码：100037）			
责任编辑：	张竞余	责任校对：	殷　虹	
印　　刷：	涿州市京南印刷厂	版　　次：	2024年5月第1版第6次印刷	
开　　本：	170mm×230mm　1/16	印　　张：	21	
书　　号：	ISBN 978-7-111-69826-5	定　　价：	79.00元	

客服电话：（010）88361066　68326294

版权所有·侵权必究
封底无防伪标均为盗版

谨以此书献给我的母亲、妻子、女儿以及一起奋斗过的华为同事。

推荐序

这是一本讲述华为文化的与众不同的书。作者以自己的经历为基础，通过阐述一个个鲜活的故事，展示了华为从小到大、从大到强的过程，对华为文化，以及以客户为中心、以奋斗者为本、长期坚持艰苦奋斗的核心价值观进行了生动的诠释。

华为的成功是可以借鉴的，其核心是要了解华为在不同的发展阶段、不同的环境下是如何做决策的，华为的企业文化和核心价值观是如何形成的，又如何为自己所用。

作者于1994年，华为发展的早期加入公司，曾分别担任国内代表处主任、巴西总经理、南美地区部总裁、华为全球产品行销部总裁、产品线总裁等职务，横跨国内和国际，销售、产品营销和产品开发等多个岗位。

我与作者相识多年，作者在书中描述的场景也把我拉回到那段激情燃烧的岁月。读者可以从这本书中更多地了解华为，了解华为人，从而了解华为的成功之道。

正是一个个普通的华为人，打造了富有生命力的华为文化，也成就了一批批的华为人!

资源是会枯竭的,唯有文化生生不息。

受作者所托,是为序。

徐文伟
华为公司董事、战略研究院院长
2021 年 10 月 20 日

前　言

　　这是一本介绍华为文化的书，同时也是一本以文化为线索介绍华为公司发展历程的书。

　　如果您是对华为公司感兴趣的读者，本书可以帮助您比较详细地了解华为的成长历程以及背后的故事。

　　如果您是一位管理者，本书将有助于您对于华为管理和思想的认识。

　　如果您是一位企业家，华为的探索可以供您在塑造自身企业文化时参考。

　　本书的形成，得益于我在华为的经历。我1994年底进入华为公司，曾经在华为从事过多项基层工作，做过研发的工程师、中试部的高级工程师、产品经理和客户经理等。在这段时间里，华为从一家小企业成长为大公司，我经历了华为公司通过不断抓住机会来实现高速成长的过程，充分体会到公司的文化和氛围对员工行为产生的重要影响。

　　1999年，我走上了华为中层管理岗位，做过华为国内和海外代表处的主任、合资企业总经理，并且负责过华为固定网络在全球的营销。当时正是华为公司进行二次创业阶段，华为逐步变成由流程和组织驱动发展的公司。这个时期的工作经历使我深刻体会到，企业之间竞争的本质是管理的竞争，以及持续的流程和组织变革给华为带来的巨大变化与效益。

2005年，我成为华为的高管，做过华为的地区部总裁和产品线总裁，并且主持过全球产品行销的日常管理工作。在这个时期里，华为成长为一家全球化的公司，并且持续引领行业的发展。这一段的工作帮助我认识到：战略和思想的引领对于华为公司的发展是至关重要的，坚持企业的核心价值观和自我批判精神是企业长治久安的根本保证。

2015年，我被聘为华为大学客座教授，给华为高级干部研讨班授课。授课内容包括三个模块：人力资源管理、业务管理和财经管理。授课工作促使我把自己多年的管理实践进行了系统的思考和总结，形成了从思想到策略、流程、组织以及实践的企业管理逻辑。

后来，我被聘为华为客户服务部教授，在与来自全球的企业交流管理的过程中，我产生了写本书的想法。

谈到华为的成功，人们都会提到华为公司的文化。华为文化在公司成长过程中起到了至关重要的作用。华为文化具有继承性，在企业规模小的时候所产生的一些文化特征，在企业壮大之后仍然持续体现。

同时，华为文化更具有发展性。随着公司的业务发展，文化在与时俱进，华为文化不断地牵引、推动和顺应着公司前进的步伐。

"资源是会枯竭的，唯有文化生生不息。"华为文化是华为公司过去、现在和未来发展的动力与保证！

本书在内容上分成了两个部分：

第一部分包括第1章到第5章，主要介绍在公司发展的各个阶段中，华为文化所呈现出的主要特征，以及华为公司成长的历程。

第二部分包括第6章到第10章，主要介绍华为公司的核心价值观以及华为公司"以客户为中心"的策略。同时阐述了"以客户为中心"的文化在华为公司的流程和组织上是如何落实的。最后介绍一些华为在文化传承方面所做的探索。

作为一名企业人，我非常希望将华为公司发展中的经验和教训写出来，用以帮助更多的企业，也衷心地希望中国能够诞生更多像华为一样的公司。这一理想将是我下半生的使命。

本书的主要内容来源于本人的经验和总结，希望能与大家交流、探讨。

目 录

推荐序
前言

第一部分
华为文化的发展历程和特征

1987~1995年

第 1 章　早期的华为文化	**002**
背景	002
"口号"文化	006
理想文化	009
垫子文化	012
服务文化	014

1996~2005年

第 2 章　走向规范化和国际化时期的华为文化	**018**
背景	018
《华为基本法》	022
静水潜流的文化	030

	诚信的文化	033
	团队合作的文化	036

2006~2011年	第3章 走入全球化时期的华为文化	**043**
	背景	043
	高绩效的文化	053
	普适的文化	059
	创新和引领的文化	064

2012年至今	第4章 走入引领和自我超越时期的华为文化	**071**
	背景	071
	开放、竞争、合作共赢	077
	人力资源管理纲要	083
	业务管理纲要	089
	财经管理纲要	097

	第5章 华为文化是持续发展的文化	**103**
	人力资源管理纲要 2.0	103
	华为文化的持续发展	112
	变革推动文化的发展	117
	管理者与文化	125
	狼性文化	129

第二部分

华为文化的践行和传承

第6章 华为的核心价值观	**134**
背景	134

以客户为中心	138
以奋斗者为本	143
长期艰苦奋斗	146
坚持自我批判	149

第 7 章　在企业策略中落实价值观　　152

背景	152
为客户服务是华为存在的唯一理由	158
客户需求是华为发展的原动力	161
发展是硬道理	169
深淘滩、低作堰	174
健康的产业链与和谐的商业环境	182
抓住主要矛盾和矛盾的主要方面	186
治中求乱和乱中求治	194

第 8 章　在企业流程和组织中落实企业策略　　203

对于流程的认识	203
华为的流程体系	211
华为 IPD 流程	221
华为产品线组织	235
华为 LTC 流程	245
华为铁三角	254

第 9 章　从价值观到实践的管理机制　　265

华为文化的洋葱模型	265
企业文化的外在表现	272
客户满意度	278
从价值观到行为的管理机制	284

第10章 价值观和文化的传承 — **292**

新员工培训 — 292
导师制 — 299
榜样的力量 — 305
干部的使命和责任 — 311
高级干部研讨班 — 317

后记 — **323**

第一部分

华为文化的
发展历程和特征

第 1 章
早期的华为文化
（1987～1995 年）

背 景

摘要：早期华为的创业历程。

1987 年，深圳市发布了一份文件，只要具备 5 个自然人加 2 万元钱注册资本两个条件，就可以成立一家高新科技公司，可能这就是中国高新科技公司的开始。正是在这个政策的推动下，深圳产生了众多高新科技企业，华为便是其中一家。当时任正非先生等 6 位创始人凑了 21 000 元钱，成立了今天的华为公司。

对于华为公司早期的发展，社会上一直有两个误解，一个是创始人任正非先生不懂技术，主要依靠管理甚至是管理哲学推动公司的发展。

这句话不能说是全错，任总在管理方面的成就是有目共睹的，但任总首先是一个科技人员。他本人的一项发明专利填补了国家空白，他因此参加了 1978 年中国第一届科技大会，这可是中国所有科技人员都想参加的大会。

华为公司从成立发展到今天，经历了很多次技术转型。在这些转型当中，领导者对于转型方向的把握至关重要。正是任总和华为管理团队在华为发展中对诸多转型方向的良好把握才使华为发展到今天。

从这个意义上来说，任总对华为的贡献肯定与他的技术背景有关。在华为早期，任总本人堪称华为最优秀的产品推广人员。甚至作为技术人员的我们，都认为任总对于产品讲得好。

对于细节他不一定比我们清楚，但对产品的架构、技术的方向他讲得既简洁又清楚。他的发言既兼顾现在，又面向未来，听众很容易理解并产生共鸣。有时他在内部私下称自己为华为的副总工，我们也是真心认可的。

对华为的另外一个误解是，华为一开始就专注于通信市场。这样说也不确切，华为一开始最想卖的是任总本人发明的产品，他的一项发明专利——空气压力天平。这是华为的第一个产品。但经过一番市场调研后，发现中国的企事业单位当时并不需要这么高精端的测试设备，产品没有销路，只好放弃了。

创业期的华为，只有几个人和 2 万多元的本钱，生存是它的主要矛盾。即使有理想，也只能先放一放。听早期华为的一位创业者讲，当时大家尝试了很多事情，曾经卖过卫生纸，也曾经策划过卖墓地。幸亏没有成功，否则今天我给大家介绍的公司，就是华为卫生纸公司或者华为墓碑公司了。

华为早期的办公室在深圳南油集团宿舍楼的一间宿舍里。后来华为搬家，这个宿舍被华为的一个老员工买下了。他曾经和我说，他搬进去之后，发现房间里很多角落放着柠檬减肥茶。以当时华为人的消费水平来说，恐怕不是自己喝的。从这点看，华为早期也可能卖过柠檬减肥茶。

在几经探索之后，华为走上了通信这条道路。当时香港有一家公司，授权华为公司成为一种用户交换机[1]的代理商[2]。很感谢这家公司，正是这个代理权，帮助华为走上了通信的道路。

华为第一代创业者们非常兴奋，他们走南闯北，到处推广这款设备，很快发展出一批客户。但是他们也很快发现了其中的问题，那就是没货。华为人这才明白，与客户签订设备销售合同只完成了生意的第一步，能不能发货才是关键问题，华为的问题就是与客户签了合同，但经常找不到货源。

一位早期的华为人回忆当时的情景说："我们每天盯着窗外，盼星星、盼月亮一样，盼望给我们送货的车能够到达。但事情好像就是这样，你越盼望，它越难来。终于有一天，大家看到了运货的车开到了我们楼门前，非常兴奋，有的人还放起了鞭炮！正当大家热火朝天要搬货时，司机看了看手上的清单说，不好意思，运错地方了，货不是给你们的，是给隔壁楼的。"这就是他们当时遇到的情况。

通信界有一个惯例，签了合同不及时交货会产生罚款，随着时间的推移，罚款会越来越高。这样他们就面临着，如果不能给客户交货，罚款就会把华为罚倒闭了。因此这种合作方式很难维持下去。于是早期的华为尝试了另外一种合作方式。

当时中国的通信市场非常火爆，以至于有些企业形成了一种独特的商业模式。它们有用户交换机技术，但是觉得买材料、开设车间、找工人，把设备做出来，再卖出去，流程太长，赚钱太慢。因此它们创造了一种赚钱快的商业模式，就是把技术卖给别人，由别人去做这些生产和销售工作，它们卖技术，直接获得一部分收入。它们再通过卖技术中的关键芯片，获得一部分收入。当时有一个企业就采用了这种商业模式。华为得到这个信息非常兴奋，于是联系这家企业，开始了交换机的代工生产和销售。华为给这种交换机取了个名字叫BH01。

但是，华为不久就发现了问题，这种交换机性能不过关，无法满足大部分客户的需求。虽然华为很感谢这家公司，但没有多长时间这种合作模式就持续不下去了。

在这种情况下，华为的创始人们痛定思痛，决定自己开发交换机。华为开发的第1款交换机叫BH03用户交换机。由于这款交换机的技术掌握在自己手里，华为的创始人们解决了有无问题。

华为在交换机市场终于站住了脚。在此基础上，早期的华为人又开发出一款新的用户交换机叫作HJD48。这款交换机成为畅销的产品，很快让华为的销售规模超过了 1 亿元。华为因此成为深圳通信市场的一个明星。

由于 HJD48 交换机非常成功,华为人找到了信心,决定开发更大规模的交换机,进入局用机即运营商市场。

华为开发了一款交换机叫作 JK1000,这是一款模拟程控交换机[3]。客观地说,这种交换机的性能是非常不错的,华为产品的不少好特点都来自这款设备。我本人正是因为看到了华为的这款交换机,受其技术和性能优异吸引想加入华为的。

但是这款交换机生不逢时,它刚出来不久,通信市场的第一次转型就开始了。这次转型,就是由模拟程控交换机市场转型成数字程控交换机[4]市场。通信市场的转型是很残酷的,一夜之间,所有客户都要求提供数字程控交换机,模拟程控交换机很难继续销售了。要活下去,华为就必须开发数字程控交换机。已有产品的投资无法收回,新产品又需要大量投资,华为一下子就陷入了危机之中。公司这时候唯一的出路就是倾尽全力开发出数字程控交换机,所以公司把所有可以筹到的资金都用在数字程控交换机开发上。在此期间有好几次,公司都面临现金流断裂甚至倒闭的危险。

这场危机,对于老华为人来说是刻骨的痛。一位老华为人还记得,有一天,任总把开发人员召集到一起对他们说:"如果再过几天还没有资金流入,我们就可能倒闭了。如果华为倒了,大家可以到其他通信公司去,继续开发中国自己的数字程控交换机。"大家问:"那任总您呢?"任总说:"我就从这五楼跳下去。"

这就是当时华为真实的情况。后来一笔货款及时到账,救了华为。当时的华为无法正常发工资,只能发生活费给员工,如果你带了家庭,就发多一点;如果你是单身,就少一些。剩下的工资都转成了华为的股权,今天很多老华为人股权收入不错,这也是当时与华为同甘共苦的结果。

总之,在所有华为人的努力之下,华为的数字程控交换机终于开发出来了,这款交换机就是后来非常出名的 C&C08 数字程控交换机。

这就是华为公司早期发展之路,华为的创业者们几经探索,走上了通信的道路，并在挫折当中不断前进。

谈起早期的华为，很多老华为人都饱含情感。那时的华为更像一个家庭，大家一起奋斗，共同生活；那时的华为很像一所学校，任总是老师，大家在老师的带领下披荆斩棘。

早期的华为，充满着朴素的奋斗精神！早期的华为人，充满理想和豪情！很多老华为人都怀念那段时光，并把它称为激情燃烧的岁月。正是这段岁月孕育和发展出今天的华为文化。这是怎样一段时光？什么是华为文化？它的特征又是什么？这些就是本章向大家展示的内容。

感悟　　一位企业家曾讲过，技术企业往往会经历三个阶段，叫"贸工技"。先做贸易，代理其他企业的设备；再做代工，理解产品的技术细节；最后，开发自己的产品。华为经历了这三个阶段，走上自主研发的道路。

1. 对于高科技产品，企业要拥有自己的知识产权，只有这样，才能把主动权抓在自己手上。

2. 华为于2011年前后成立企业BG[5]，不到10年，该业务单元的规模已接近1000亿元人民币。很大一个原因是华为非常注重与代理商的共同发展，投入力量与代理商一起拓展市场，但把利益尽量多地留给代理商。这个做法，其实就得益于华为早期的经历。

"口号"文化

摘要：早期华为文化的标志是口号。

有很多人问我，进入华为之后，对当时的华为文化怎么看，我认为，当时最能代表华为文化的首先是那些华为的口号。

华为当时的办公地点深意大厦五楼的前台有一个大的标语牌，上面写了一段话：中国要自强，唯有靠自己。

这段话前一句是《国际歌》，后一句是华为自己加的。读起来，简单清楚很有力量。正是这个标语牌，让我第一次体会到了华为文化的魅力。

当时华为各办公室的墙上都贴着一些类似的标语，比如说：

质量是我们的生命。

客户是我们"上帝"。

下一道工序是我们的客户。

不让雷锋和焦裕禄吃亏。

…………

很多口号，直到今天我还能背出来。这些口号给我们的感觉是，简单有力，读起来很振奋，好像看到了就知道自己应该怎么做了。这些口号对于早期的华为人产生了重要的影响。

我加入公司后过了一段时间，转到了中试部[6]工作。当时中试部刚刚建立，人员少，也没有相应的流程。华为的万门机[7]刚刚出来，我和几位同事负责万门机的总体中试。

在那个时候，中试是设备从研发实验室出来到发往客户前的最后一个环节。我们每天在设备前反复测试，其实工作是极其枯燥的。而时间又紧，经常工作到后半夜。有时心里很烦躁，甚至想手一松就过去了。但偶尔抬头看到墙上的标语——客户是我们的"上帝"，想想设备经过我们的测试，就要进到客户机房服务于大众了，还是马虎不得。于是心里自然而然平静下来，又开始认真测试。

在华为，有一种人非常容易受人瞩目，那就是乐于吃大苦、受大累的人，或者说，是那种工作极其努力，并勇于承担责任的人。因为那时我们墙上挂着"不要让雷锋和焦裕禄吃亏"，这种人最容易让我们联想起雷锋。

几年之后，我已经成为一个部门的主管。有一次我们在自己的管理团队会上审核部门人员的奖金,突然几个主管异口同声地问:某某员工为什么奖金这么少?

当时该部门的员工已经很多,而且这位员工又是基层员工,在场的各位主管已经不直接管理他的工作了,只是对他过去的工作有些印象罢了。大家之所以突然产生疑问,就是因为大家对这个人的印象是吃苦耐劳,下意识地想:不能让这样的人吃亏!

后来,从负责他工作的基层主管了解到,这位员工本年度因为家里的事情请了几个月的假,大家才释然。看看一条标语产生了多大的影响!而且这种影响很持久。

华为搬走之后,深意大厦的办公场所也几易其主。前几年有一天,我正好到南山区办事,又顺路到深意大厦原来的办公室去看看。虽然早已物是人非了,但是一些当年的口号还在,可见后来这里的主人也很喜欢这些口号。我拿出手机来,拍下了其中一条:质量是我们的生命。感觉还是那么亲切。

在那个时代,最能代表华为文化的东西,首先就是这些口号。它们简单明了,振奋人心!

直到今天,口号仍旧是华为文化的一个重要特征。如果你今天参加华为公司的大会,不管是公司级的还是部门级的,走进会场,你都会看到会场四周挂着一些标语和口号。

这些标语和口号往往具有鲜明的时代特征,随着公司的发展在与时俱进,但给人的感觉还是一样的,还是那么简单明了,那么让人振奋,让人一看就知道,公司要干什么,在倡导什么,在追求什么。

口号和标语用最简洁的方式,让员工清楚公司的要求和追求。尤其是对于初创公司,在没有建立完善的制度和政策时,口号可以起到鲜明的导向作用。

即使在公司制度日臻完善之后,口号也可以起到重要的作用。它们就像旗帜,有的在引导队伍前进,有的在呼唤大家看到队伍的未来。

事实上,很多公司都在企业文化中使用口号。我曾经参观一家日本企业，企业的办公室墙上挂着一个大幅图片，图片上是一艘巨轮马上就要撞到一座冰山，图片下面有一句口号：能够拯救企业的只有你！这个标语给了我极为深刻的印象。

口号和标语是企业文化建设的重要手段。口号是早期华为文化的重要标志，至今依然是华为文化的重要特征！

感悟

1. 企业思想体系的建设往往是从口号开始的。口号不是无用的形式主义，而是企业家思想亮点的提炼，是企业实践的感悟。

2. 口号能牵引员工的认知和定位。如"客户是我们的'上帝'"，启发员工把客户摆在最重要的位置。

3. 企业思想体系的发展路径一般是点—线—面。从思考和总结的"口号"出发，逐渐让这些"口号"系统化，从而成为线。最后把这些线连接起来，就成为企业的思想体系了。

理想文化

摘要：高目标牵引企业发展。

华为文化从建立开始，就是一种有理想和追求的文化。我认为在这方面，最能代表当时华为文化的当然是任总。

那个时候，我们工作和吃饭都在一个楼里，五楼是我们的办公室，六楼是实验室，还有一部分是食堂。任总大概每个月都会在食堂讲一两次话，大家都有机会听他讲话。公司会发一个通知，说晚上七点半任总讲话。大家一看到通知，下午就早早去吃饭，吃完饭顺势占一个好的座位。

当时华为公司还没有摆名牌的习惯，大家也没想到要把好座位留给副总裁，谁占到座位就是谁的，没有座位的就去办公室搬把椅子。公司领导们来得晚，就自己搬个板凳坐在走廊或后面，这就是当时我们的会议场景。

任总讲话简单明了、深入浅出，讲的都是大白话，而且非常生动。他的讲话，让人振奋，也帮你看清方向。所以好多华为老同事像我一样特别喜欢听任总讲话。

一位退休的高管要走的时候，别人问他在公司还有什么遗憾吗，他说：就一个遗憾，今后没法听老板当面讲话了。可见任总讲话多有吸引力。

记得那个时候，任总在讲话中对我们说：华为有一天要成为中国通信市场的第一名，世界通信市场三分天下，华为会是其一。

当时听了确实很振奋。今天看来，这好像也没什么，因为已经实现了。但是你想想，当时深圳就有两三百家通信企业，华为仅仅是其中的一家，更不用说整个中国有多少家了。

在那种情况下，任总提出这个目标，坦率地说，并不是所有人都信，很多人像我一样都没有去想这件事情会不会成真，只是觉得振奋、激动！

当时我们中有一个老同事，之所以叫老同事，是因为那个时候我们大多是20多岁没成家，他是30多岁，我们就尊他为"老"，称呼他为"老大哥"。开会时他经常跟我们坐到一起。每次任总在上面大声讲"我们要成为通信市场第一名"的时候，他就转过头来，声音并不是很小地对我们说：看老头又在吹牛！又在吹牛呢！

其实不是每个人都相信任总对于华为未来的展望。如果说那个时候我就相信华为可以走到今天，那我可以自豪地和大家分享，说自己是有远见的。但实实在在地说，我当时根本没想到会实现，会有今天。

那位老大哥的话呢，其实我们大家也没在意。20多年之后，我们这些老同事一起聚会，吃饭的时候有人回想起这件事，就问那位老大哥："当时就是你说老板又在吹，你现在咋想呀？"

老大哥低下头折服了，他说："世界上有两种人，一种人说了话，实现了，这种就是有远见的人。还有一种人说了话，被证明是错的，这种人就是大嘴巴。咱们任总就是有远见，那我呢，就是大嘴巴！"

对于当时的华为，如果说什么最能代表华为的文化，我认为任总的讲话就是代表，而且他的思想是华为文化的重要来源。华为的一个重要特征是"有追求"，每达到一个目标，就会提出一个更高的目标。回想这么多年，正是这些追求牵引了我们发展。

这些年，华为每进入一个新领域，每有一种新的产品，你就会听到负责这些产品或领域的华为人在各种场合讲：我们要成为这个领域的领头羊，等等。有人问我，是不是华为的每一个人都比较喜欢吹牛。

我的理解不是这样的，是因为"有追求"融入了华为每个人的生命。这也可以解释，为什么华为在通信领域成为很多产品的领头人。"做一件事情，就把它做到极致"就是华为这种追求文化在工作中的具体体现。到今天，有理想、有追求仍旧是华为文化的重要特征！

当然，有理想仅仅是有追求的一个方面。经常有人问我华为成为一家全球性企业的秘诀是什么，我个人认为，秘诀就是朝一个全球性企业所需要的方向踏踏实实地做。

有人认为华为的芯片设计得不错，但很少有人知道，华为在1993年就开始做自己的电路设计。

有人认为华为的技术前瞻性不错，你可知道，华为在1993年就成立了美国硅谷的研究所。

华为最大的特征是不仅把有追求放在嘴上，还把它踏踏实实放在行动中。

感悟　　华为的发展并没有什么玄妙之处，只是不断地给自己提出更高目标，并踏踏实实地前进。两个数字很容易说明这个道理。

1. 10%。华为每年将超过10%的销售收入资金投入产品研发。即使再笨，坚持每年这样做，产品和解决方案也能持续进步，华为迟早会走到前面。

2. **1.4%**。华为每年将超过1.4%的销售收入资金投入管理变革，从全世界"买"管理经验，并结合过往的管理经验持续落实到流程和组织中，提升管理效率。这样，在成本管理和效率管理上，也会走到前列。

垫子文化

摘要：华为垫子文化的由来。

我不知道从什么时候起，华为文化被冠以垫子文化，也不确切地知道为什么人们这样称呼。

但当时确实是我们每一个人都有一个垫子。垫子就是床垫，在深圳一般的杂货店都可以买到，二三十元一个。

我做研发的时候，垫子就放在办公桌下面。困了累了，随时躺在垫子上休息，也没人管。醒了，就起来工作。我们那时候大多数还没成家，食堂就在六楼，卫生间有淋浴，办公室还有垫子，所以经常就吃住在办公室，不愿意回家。

好多人习惯后半夜工作，感觉这个时间段头脑更清晰，不管是编软件还是调电路，效率都比白天高，当然，这时候没人打扰也是个重要原因。而且当时很年轻，好像一晚上不睡觉，白天几个小时就补回来了，还觉得这样很精神。

那时候，只要客户不来，在我们的实验室就经常会听到机器的轰鸣声和打呼噜的声音，还有讨论问题的说话声，混杂到一起，倒有点像协奏曲。

总之，没人觉得那是个问题，大家都觉得挺好。累了就休息，醒来就工作，我其实挺喜欢这样的生活方式。好多人说那个时代很艰苦，垫子是华为人艰苦奋斗的象征。

其实我不完全这么看，作为年轻人，我觉得那个氛围很令人振奋，也过得很充实。很多人都以公司为家，有困难一起上，有成绩就一起到边上的大排档去庆祝一下。现在谈起来，不少人都比较怀念那个时候。后来公司管理越来越规范，不允许在公司睡觉了，后半夜效率高的习惯也就慢慢没有了。

其实垫子不仅存在于华为的开发部门，也存在于其他部门。我从华为的开发部门转到市场部门后，发现大家也每人一个垫子。

垫子的作用，除了用于中午睡觉外，还体现在加班赶标书的时候。客户交标时间是固定的，而制作标书的工作总是如江水般滔滔不绝。一般在大项目交标前，总需要狠狠地加班几个晚上，往往都要忙到很晚。

我们在北京做市场项目的时候就是这样。那时在北京住的宿舍与办公的地方有些距离，有几天晚上，加班到很晚，就不想回宿舍住了，但按照公司的政策，不允许在办公室留宿。保安每过一会儿就查一次岗。

我们还要与保安玩"捉迷藏"的游戏，只能是躺在垫子上小睡几个小时。没想到那个季节北京的地好凉啊，这样睡了两天，腰都直不起来了。同事看到了我这样，就拿我开玩笑，我只好自己苦笑。

现在的绝大部分华为人仍旧有垫子，但垫子的功能已经很单一了，那就是睡午觉。中午吃完饭，躺在垫子上好好休息一下，下午的精气神倍儿好，这恐怕是垫子文化的最新传承吧。可能正是因为垫子，我养成了睡午觉的习惯，并且现在仍旧愿意躺在垫子上睡。

对于垫子文化的事，我还真的很遗憾。当初从开发部门调出时，我没有车也不好带东西，就把自己的垫子随便给扔了。要是我把当时的垫子留下来，今天或许还可以给大家展示一下，说不定还能成为华为的物质文化遗产呢！

感悟　　作为企业文化的象征物，垫子有几个特征：

1. 传承性。早期华为人使用垫子，是因为当时条件简陋，有一张垫子用来休息已经很满足了，今天华为人仍旧使用垫子，并不是因为垫子最舒服，而是因为垫子或多或少已经成为华为员工心中的某种象征了。

2. 内涵性。象征物可以代表企业文化的核心内涵，垫子文化显然可以代表华为公司的奋斗精神。

3. 象征物本身不会引起人们对此企业文化的误解。

服务文化

摘要：客户是华为的"上帝"，华为用虔诚的态度为客户服务。

华为文化中最具特征的就是服务文化。从华为文化诞生起，这个文化特征就非常明显。

华为的服务首先体现在对待客户的态度上。华为内部有一句话：用虔诚的态度对待客户。这句话是我们对待客户的基本定位。

我第一次理解这句话的含义，是我刚到公司不久，在公司的万门机项目组的时候。有一天，我们正在实验室调设备，任总陪同一位客户走进我们的实验室，走到我们正在调试的设备旁边。任总开始给客户讲解我们的产品，他态度谦恭，侃侃而谈又激情四射。这是我有生第一次听他讲技术。他讲得深入浅出又条理分明。

我心里非常钦佩，但客户好像不是这样的感觉。他四处张望，一副似听非听的样子，而且表情中带着不屑，还经常打断任总的讲话，让任总重讲一遍。

我看到这里心里都感觉有气，但从任总的脸上完全看不出任何变化，任总依旧耐心、谦恭地讲着……这是我第一次体会到什么是用虔诚的态度对待客户。

在华为早期，这样的事情很多。记得有一次，华为的一位副总裁到机场接客户，等了十几个小时终于把客户接到，没想到客户一知道他是华为的，马上转身走了。

这是故事的前半部分，好多人知道，不过后半部分才是我想谈的。他看客户的背影，仍旧是谦恭热情，此后他仍旧一如既往地去拜访这个客户。虽然一次又一次地被拒绝，但最后客户接纳了他，后来他们成为很好的朋友。很多华为的老朋友、老客户与华为都有类似的故事。

其实这很容易理解，想想那个时代，民营企业都很少，做高科技的民营企业就更少了。大家不相信你、质疑你是正常的。很多客户选择和华为合作，都是从被华为的诚心打动开始的。

为客户服务就是为客户着想，把客户利益放在第一位。早期华为兰州有一位代表，白天忙了一天，晚上忽然接到客户电话，得知客户的交换机坏了，他二话不说，骑上自行车就直奔客户那里。客户交换机的机房在郊区，从城市到客户那里要经过一片沙丘地带，而当时已经很晚了，路上又没有路灯，他不经意间把车骑到了沙丘里，没想到，车子和人都陷到了沙中，越挣扎陷得越深。

他这才明白，自己陷到了流沙当中。他慢慢探索着，不知过了多长时间，终于摸到了边上的草根，然后一点一点把自己和自行车拔了出来。虽然此时心惊肉跳，但时间已经过去几个小时，他没有时间感慨，拍了拍身上的土，继续骑车赶到客户那里。

到客户那里已经后半夜了，修好了交换机，天已经快亮了。他又骑着车返回了办事处，开始了一天的工作。这就是早期华为人，他们珍视任何一个为客户服务的机会，甚至达到了忘我的程度。

随着华为的发展，为客户服务的文化又有了新的内涵，那就是做好产品和解决方案，为客户创造价值。

很多人都曾经问我：为什么华为做项目的成功率比较高？

我们尽自己最大努力把产品做好，并且把客户的需求作为我们的发展目标。我们把自己定位为帮助客户解决问题的人，定位为帮助客户创造价值的人。

为此我们将产品销售部门改名为解决方案销售部,从流程和组织上来保证我们踏踏实实为客户解决问题和创造价值。

随着华为成为世界通信市场的领头羊,为客户服务又出现了新的内容,那就是在战略上与客户协同,帮助客户商业成功。我们与全球的大客户建立了联合实验室,与客户一起共同创造通信领域的未来。

以上就是我对华为为客户服务的文化的理解。

感悟 企业在为客户服务时,客户最看重四个因素,也是华为服务文化的四个发展阶段(见图1-1)。

之所以会有渐进式的发展,是因为企业在初创时期,往往不具备完全符合客户诉求的技术和管理,需要一步一步地发展来满足客户。每发展到一个新的阶段,不会削弱或丢弃前一个阶段的内涵,而会在前一个阶段的基础上不断增加新的内涵。直到今天,用虔诚的态度对待客户,实实在在地做好为客户服务,仍是华为服务文化的基础。

图 1-1 华为服务文化的四个发展阶段

注　释

1 用户交换机是指企事业单位使用的通信设备,与电话连接。
2 代理商是指销售其他企业的产品,但并不拥有产品技术的企业。

3 模拟程控交换机是指以模拟电路为基础，用程序控制的交换机。

4 数字程控交换机是指以数字电路为基础，用程序控制的交换机。

5 企业BG，在华为公司为企业提供ICT解决方案，并为此领域经营结果负责的组织。其中BG英文为business group，可以翻译成业务集团。ICT英文为information and communication technology，可以翻译为信息和通信技术。

6 中试部是华为的一个部门，是指产品在开发部门到生产部门之间，负责中间产品验证和试制的部门。

7 万门机是华为的一款数字程控交换机设备，可以接一万部以上的电话。

第 2 章

走向规范化和国际化时期的华为文化

（1996～2005 年）

背　景

摘要：中国通信市场的七国八制和巨大中华，C&C08 数字程控交换机成为中国第一和世界第一的原因。

C&C08 数字程控交换机（简称 C&C08）是华为发展史上一个具有里程碑意义的产品，也是华为第一个成为世界第一的产品。但它的发展道路并不平坦。

在 C&C08 刚研发出来的时候，中国通信市场流行着两个词，一个词是"七国八制"，另一个词是"巨大中华"。

所谓"七国八制"，指的是当时中国的通信网上有七种机型和八种制式。那时很多发达国家都有厂家生产交换机，每一个厂家都有一种或几种机型，不少国家都有自己的制式即国家标准，因此产生了机型和制式的差别。"七国八制"就是一种笼统的表达。

我们曾经粗略统计过，中国当时的通信网上，远远超过了七种机型和八种制式。实际上，当时全球所有发达国家中生产交换机的厂家都在中国有自己的网络，中国市场的交换机制式也就自然集世界之大全了，也就是说中国通信市场主要被国外厂家所垄断。

那么中国自己的厂家呢？前面提到的"巨大中华"这个词就是中国自己厂家的代表。"巨大中华"是四个厂家的缩写词。它们是中国最早开发出来大规模交换机的厂家。

"巨"指的是巨龙公司，巨龙公司是中国第一家开发出这种交换机的厂家，生产的交换机叫HJD04。"大"指的是大唐电信有限公司，生产的交换机叫SP30。"中"指的是中兴公司，生产的交换机叫ZXJ10。"华"说的就是我们华为公司，生产的交换机就是C&C08。

"巨大中华"是通信领域里中国的集中代表，后来又有一些中国厂家生产出自己的大规模程控交换机，如金鹏公司的EM601等。当时通信是全球科技最集中的领域，中国在这个领域是集体突破的，华为是其中之一。

前面介绍了"七国八制"和"巨大中华"的含义，那么它们之间的关系是什么样的呢？在中国的通信网上，以"七国八制"为代表的国外设备主要占领干线网[1]和市话网[2]，以"巨大中华"为代表的中国设备主要应用在农村。

巨龙公司，由于其设备最早被应用，也因为它是大型的国企集团，占有一定的相对优势，所以其设备离城市最近，往往在县城。其他几个厂家，主要从农村起步，这就是当时中国通信网的状况。

很多人在总结华为的发展历程时愿意说这样一句话：从农村走向城市，从中国走向世界。那么华为是怎样实现的呢？

当时国外厂家的设备比较贵，也不愿意进入农村市场。因此对中国厂商而言，农村市场是我们的主要市场。客观地说，农村市场解决了我们的生存问题，同时也帮助国产设备厂商聚集了力量。

但以华为为代表的中国厂商是如何从农村走向城市的呢？这不是一个自然而然的过程，而是一个创新的过程，这个创新就来自商业网[3]。

在华为没有开发出商业网以前，传统的交换机只提供很少的业务，主要负责电话连接，业务要依靠智能网络。即使是这样，由于中国的干线网是"七国八制"的,各种设备制式不同,提供一种新的业务也非常困难。

当时中国的通信市场急需几种新的业务,如校园卡业务[4]、酒店接口业务[5]和企业通信业务[6],等等。要提供这样的业务,需要对现有的交换机做比较大的改造,而当时的国外厂家不愿意为中国市场做这样的定制和改造。

华为首先研发出来这种设备,在市场上大受欢迎。由于其独特性的优势,华为迅速从农村走向城市,其交换机逐步成为中国交换机的主力机型。后来,也正因为这样的优势,华为的交换机及商业网从中国走向世界,出口40多个国家,成为华为产品中的第一个世界第一。

一位老企业家对我说,企业发展要解决两个关键问题:一个叫做大,一个叫做强。做大指的是规模持续增长。做强指的是不断提升运营效率和产品竞争力。华为在完成了原始积累,从一家小企业成长为一家有一定规模的企业后,如何持续地做大做强呢?

华为经历了这样一个发展路径:从一个产品交换机开始,从一个客户到多个客户,从国内走向国际,这是纵向发展。

同时华为也重视横向发展。我们发现与交换机相关的设备厂商,如电源产品[7]和传输产品[8],等等,它们的商业模式一样、客户相同,只要产品有竞争力,客户也可以选择我们。于是,我们开始开发客户机房中与交换机相关的产品,如电源产品、传输产品、新业务产品[9]和接入网产品[10],等等。这些产品又从一个客户逐步走向多个客户,从中国走向海外,从而使华为公司的规模持续增大。

华为的发展从单一产品走向多产品,从单一客户走向多客户,从中国走向国际。表面上看华为的发展一切顺利,其实华为的发展过程是九死一生!华为是竞争激烈的通信产业的幸存者之一,华为拥有的每个产业都经历了多次转型,而其中好多次转型都是事关生死的。

华为为什么能成功转型,实现持续发展?根本的原因是管理。

从1996年开始,华为系统地总结自己的经验和教训,规划自己未来的发展原则和发展蓝图,形成了《华为基本法》。

随后,华为开始大规模引入全球最先进的管理经验和流程,并且通过自身的管理和流程变革,系统地学习和落地这些流程与经验。

我们从1997年开始,引入了IPD流程[11]、ISC流程[12],并开始了管理的变革。正是这些流程组织变革,使世界上最先进的管理经验与华为的实践有效地结合起来,从而帮助华为公司大大提高了工作效率和竞争力。

作为一名长期工作在一线的业务管理者,我切身体会到了管理改进对于我们实际工作的促进,体会到了这种生产关系调整带来的生产力的巨大释放。

有些企业家问我:一个公司在从小到大发展的过程中要经历很多门槛,需要迈上很多台阶,华为迈台阶的秘诀是什么?我的回答是管理改进。

这也能够解释,为什么华为的组织和流程变革是持续的。因为华为在成长中,同样需要在不同的发展阶段迈上不同的台阶,而迈台阶的过程,就是通过管理改进调整自己适应新发展阶段的过程。

从外在表现上看,这些年来,华为的产品越来越好,华为公司的整体竞争力越来越强。放眼世界,华为并不是唯一一家用这种模式发展的公司,所有优秀的公司,都是持续在产品和管理改进上投入的公司!

如果说,华为从1987年到1995年间的高速度发展主要来自企业家精神以及所有员工的共同努力,那么从1996年开始的第二次创业,本质上就是管理驱动的。

这一阶段是公司走向规范化和国际化的过程。当然文化也随着公司的发展而进步和升华,并持续地推动和保障着公司的发展。此时的华为文化呈现出新的特征!

感悟　　一般来说,从初创企业到领先企业会经历两个发展阶段。

一是企业家创业阶段。企业家个人起到了至关重要的作用,企业家和核心管理团队的个人眼光能帮助企业抓住机会,实现规模增长。

《华为基本法》中有一句话,"企业家不顾手中资源,奋力牵引企业,抓住机会",这是企业这个发展阶段的典型表现。

二是管理进步阶段,或者叫经营与管理分离的阶段。企业在发展初期,经营和管理是合一的,做好经营就是做好管理。企业发展到一定阶段,管理者会发现,按照过去的方式已无法带领企业进一步发展壮大。这时,企业可以考虑把经营和管理进行适度分离。适度分离是指企业有意识地引进先进管理方法来建设管理体系,通过管理改进来驱动企业发展。

《华为基本法》

摘要:《华为基本法》的内容框架、产生过程及作用。

基本法的产生

1996年对于华为而言是有标志性意义的一年。这一年华为的业务规模超过了20亿元,同时,华为的拳头产品——C&C08数字程控交换机让华为首次成为中国交换机厂家中的第一名。经过八年时间的发展,华为从一家初创公司成为一个有一定规模的公司。

这一年的年初,任总推动整个公司开展了一场大总结活动。这个活动涉及公司的各个部门,并且要求公司所有员工参加。

为了做好这次总结活动,我们成立了正式的工作组,还从中国人民大学请了几位教授来帮助公司一起做这件事。

这次总结活动分几个阶段,第一个阶段是把公司的文件和制度汇总起来。我们一开始认为这是最好的方式,文件和制度是我们过去经验的结晶。但工作组把这些东西汇总起来汇报给公司后,公司才发现材料的系统性和前瞻性不够,无法达到公司的目标。

于是，公司决定进入下一个阶段。首先，任总把自己这些年来对公司管理的总结和展望与顾问进行了详细的交流，并在此基础上，请顾问和工作组参考已有资料，按照公司治理的基本架构，形成了公司基本观点的初稿。然后，公司把初稿交给所有员工进行讨论和修改。这种做法大大激发了员工的参与度和积极性，我们的参与热情非常高。

那时候，我已经从技术部门调到市场部门，我们白天去见客户，忙工作，晚上回到办事处[13]，大家三五成群一起讨论。讨论中，有的喝着茶，有的端着啤酒，有的站着，有的坐着，大家讨论得非常热烈，争着把自己的意见写到修改稿当中。

这些修改意见经办事处汇总后，会交到上一级组织继续讨论，形成意见再上报给公司，在公司层面进行讨论。公司讨论后会形成一版修改后的汇总稿，再把它发给基层，由此开始下一轮讨论。

我们当时已经感受到，这是一份会对公司未来有重要影响的文件。当然，每个人都想把自己的贡献留在这个文件当中。我自己就是这样。

在一次讨论当中，我提出了一个观点：考评的目的是什么？我认为除了评价结果以外，考评还要服务于促进员工进步。这个观点被写成意见，放到了小组输出当中。最后在公司的汇总版总结中看到这一条我心里非常高兴，兴奋了好几天，还经常向同事夸耀。但有一天，一位同事告诉我，任总在两年前的讲话中就讲过这一点，这让我有点沮丧，但想到自己在这一点上有了任总的高度，又不自觉地有一点儿小骄傲。

这只是我个人发生的一个小故事，其实当时很多同事跟我有一样的想法，想把自己的贡献放到成文稿当中。从这个意义上讲，这次总结集合了大部分华为人的智慧。

在我的记忆中，这种从下到上，再从上到下的讨论进行了几个回合，在时间上持续了一年左右。大概在1998年初最终定稿，公司把它命名为《华为基本法》，并在此基础上，出版了一本书《走出混沌》。

从基本法出来到今天，转眼已经20多年了。前段时间，我到杭州讲课，在杭州机场的书店中看到《走出混沌》这本书仍然在销售。我很欣喜，也很感慨！这本书至今还有读者，就说明了它本身的价值！

基本法的内容

基本法全文包括六章。

第一章是公司的宗旨，其中包括公司的核心价值观、基本目标、公司的成长和价值的分配。

第二章是公司的基本经营政策，包括公司的经营重心、研究与开发、市场营销、生产方式、理财与投资等方面的基本原则。

第三章是公司的基本组织政策，涵盖组织的基本原则、组织架构、高层管理组织。

第四章是公司的基本人力资源政策，其中内容有公司人力资源管理准则、员工的义务和权利、考核和评价、人力资源管理的主要规范。

同时，基本法还包括公司的基本控制政策、接班人与基本法修改等基本原则（见图2-1）。

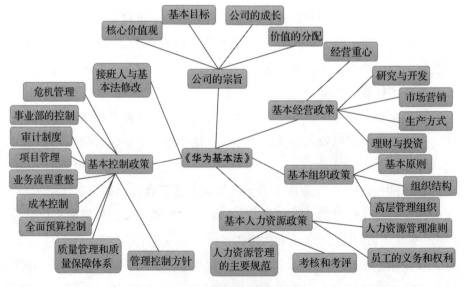

图2-1 《华为基本法》导图

《华为基本法》的六章，从公司的宗旨开始，在导图中顺时针排列；每一章又分若干节，按顺时针排列；每一节由若干条组成，整个基本法共 103 条。

由于本书的篇幅所限，我就不进行详细展开了，不过从以上的内容你可以发现，基本法的本质是公司的管理大纲，既包括总体设计，又包括公司管理各个方面的基本原则。

基本法对于我的人生，尤其是管理生涯产生了重要影响。可以说，我对企业的总体认识和管理的框架就来自基本法。

我与基本法还有一个有趣的故事。我当时在华为一线办事处工作，有一位同事姓高，我们两个人差别很大，他是胖子，我是瘦子，他喜欢喝酒交朋友，我喜欢静下来读书，他进公司比我早得多，熟悉市场，而我更喜欢技术，我们的观点在很多方面都差别很大。

古话讲，物以类聚，人以群分。我们两个本来没有什么共同语言，但华为把我们这两个不同类聚到了一起。我们两个人在办事处各负责一个方面的工作，按照华为的习惯，工作上是要互相配合的，但私下里还是觉得别扭。

同事之间有别扭就要沟通，他比我年长，主动伸出了手，工作之余约我一起聊天。无奈双方差距太大，话不投机，友谊一直无进展。

偶然有一天，我们聊起了基本法，双方的眼睛都亮了起来。他是老员工，工号 100 多，对基本法内容的理解很深，一下子就折服了我。

我们迅速找到了共同语言，就是基本法，并且从此开始了我们的基本法讨论之旅，也可以说是疯狂之旅。

那段时间，每天完成工作，有时晚上 8:00，有时是晚上 10:00，我就会到他的宿舍，从基本法的第一条开始，与他逐条讨论。

说是讨论，其实双方角色不同，他多做老师，主要包揽讲的工作，我多做学生，主要记录。这样的讨论，往往一做就是一夜，第二天一早，我们又赶往办事处正常上班。

这样的日子持续了大半个月。说来也奇怪，十几天没怎么睡觉，我竟然精神状态很好，并不觉得多么困。这可能就是知识的力量吧！

这十几天的讨论，使我对基本法有了更深入的了解，从此它成了我思想的一部分。感谢老高，他也成了我一生的老师。十几年之后，我搬家时又翻到了那时的笔记，感觉还是那么亲切！

华为的基本法问世后，出现了一个奇怪的现象，叫作"墙里开花墙外香"。基本法出来前，公司好像每天都有讨论，基本法公布后，这样的讨论很快就消失了。

这是为什么呢？因为基本法已经深入到了每一个华为人的心中。你想一想，从1996年到1998年，近两年的时间里，差不多所有华为人都加入到了基本法的讨论中，一稿又一稿的讨论中。

大家对于基本法的内容和背后的原因都很清楚，在讨论中也逐步达成了共识，自然也就不需要再由公司组织正式的学习了。基本法的形成过程就是学习和讨论的过程，同时也是统一思想的过程。

但公司以外却热闹了起来，基本法成了当时的一个热点。我猜想，可能是中国企业做这方面工作的不多，看到华为做，其他企业自然想了解一下究竟。社会上出现了一股讨论基本法的热潮。

华为当时在社会上并不出名。就是我们的客户，也有不少对华为没有很深的了解。其实，相当一部分客户的高层我们平常很难见到，更不要说向他们汇报华为的产品了。

基本法给我们创造了很好的机会。那时我经常接到这样的电话：下星期我们公司开领导班子会议，给你两个小时时间，1小时50分钟讲讲华为的基本法，剩下10分钟可以讲讲你们的产品。我当然主要是为那10分钟去的，主要目的是利用这个难得的机会，给客户们讲讲华为的产品和技术。

那时向公司申请讲基本法的专家很困难，只好赶鸭子上架，自己准备准备，冲上去"冒充"专家讲华为的基本法。我猜想，可能正是这样一些经历，使我对《华为基本法》和在其影响下的文化格外感兴趣，这也是我今天讲华为文化的原因之一吧！

基本法的作用

基本法的作用是统一思想，为后续变革营造环境并起到压舱石的作用。

1998年基本法成文后，公司出了一本书，书名为《走出混沌》。从这个书名，就可以看出基本法对于公司的作用。

《华为基本法》作为公司的第一份管理纲要，对于华为公司那一个阶段的发展起到了清晰的指导作用。基本法中的一些内容直到今天仍在华为公司发生着作用。对于公司这一阶段的发展，我个人认为，基本法有三个明确的作用。

第一，统一思想。1996年1月，发生了华为成长史上的一件大事，这件事被称作市场部集体大辞职，任总把它称为惊天地、泣鬼神的壮举。如果说这个事件在机制上开启了华为公司的能上能下，那么《华为基本法》就是在思想上帮助所有华为人，尤其是华为干部统一了思想，或者说把华为干部的思想统一到基本法上。

在基本法出来以前，华为虽是由一群奋斗者组成的，但大家的思想不一样。有人认为这样是华为的未来，有人认为那样是华为应该做的。

由于没有思想上的统一，华为虽然能量很大，发展也很快，但没有形成合力，组织的力量还远远没有发挥出来。

我刚进华为时做技术工作，到一些办事处出差时，发现各地的干部思想差异很大。有的办事处主任甚至认为，这里的天下是他打下来的，就应该是他的；有的根本无视公司的纪律，甚至公然把公司的物品拿回自己家。

此时的华为更像一个在英明领袖领导下的游击队。其实华为很早就认识到这个问题，还曾经制定过华为人行为准则，但在基本法出来之前，由于没有解决思想统一问题，所以效果并不明显。基本法真正回答了华为的干部应该怎么想，应该怎么认识华为的未来，华为用什么原则走向未来。正是这种思想的统一，帮助华为形成了强大的凝聚力，并拥有了强大的组织力量。

第二，基本法是华为管理变革的基础。喜欢公司管理的人经常会问我一个问题：从时间顺序上看，1996年到1997年，华为形成了自己的基本法。从1997年开始，华为从国际知名公司引入最先进的管理经验，如IPD、ISC、人力资源变革等。前者和后者的关系是什么？

答案很简单，基本法是后来华为变革的思想基础，并为后来华为的各项变革刨松了土壤。从时间顺序上，你就可以很容易地看出这样的逻辑。

大家知道，从某个角度讲，变革的本质就是利益的重新分配，而变革最难的部分是转变人的思想。管理学家曾经统计过，超过80%的变革失败都来自人们思想的抵触。

而对于华为人而言，正是在基本法形成过程中，所有人形成了对于未来的清晰目标，统一了走向未来的路径。因此华为人知道，要想实现未来的目标，必须开放自己，学习世界上最先进的管理经验，自然对变革持开放态度，从而大大降低了变革在华为落地的难度。

第三，基本法是华为这一时期的压舱石。想想1997年那个时候，中国改革开放虽然取得了很大成就，但我们与国外的差距还是非常大的。尤其在管理方面，当时有很多中国公司想引入国外的管理流程和管理制度，但成功的很少。

曾经有人问我：为什么华为成功引入这么多国外的管理经验，做了这么多流程和管理变革，还能很好地消化？我的回答是基本法起到了压舱石的作用。

在那个时代，我们在管理上与国际先进水平有巨大差距。这种差距使我们在引入国际著名咨询公司来帮助我们设计流程和制度的时候，不知道该坚持什么，很容易使我们迷失自己。

当时有两种情况非常普遍。有些公司盲目迷信这些咨询公司，一切按照它们的计划和要求，但是由于这些咨询公司对中国市场和国情没有很好的把握，经常会出现"水土不服"的现象。

还有些公司认为"真理"掌握在自己手上，请人家来却不相信人家，常常轻易修改对方的计划，最后发现计划落地时已经面目全非，根本达不到变革的要求。

而华为在变革以前用两年时间讨论了基本法，这使我们对于未来的目标和发展原则非常清晰，而这些正是我们在变革中所坚持的东西，可能正是由于我们坚持了这些原则，我们在变革当中才不容易迷失自己。

在参与了华为的多个变革项目之后，我有一个体会：管理经验和管理流程的先进性决定了企业的效率，但企业的本质来自自身的价值观，企业的特征来自自身的管理策略，而基本法就是华为的第一份策略管理大纲！

感悟　　企业建设思想体系，可以来源于几方面：

1. 企业家的管理思想总结。企业家的管理思想总结，是企业过去发展经验和未来发展思路最本源的东西。企业文化最初一定是来自领导者，领导者个人的性格和思想会对企业文化产生重要影响。同时因管理者的角度足够正确和全面，使得他们的管理思想也是企业中相对最正确和全面的。

2. 企业管理团队决议。这些决议是企业集体智慧的结晶，也是企业认识的系统概括和总结。从中可以理出企业思想的发展脉络，也可以找到发展的教训和经验。

3. 员工的广泛参与。大讨论可以凝聚公司所有人的智慧，《华为基本法》中的一些观点，就是在大讨论当中实现了由表及里、去粗取精和去伪存真。同时，大讨论本身也是企业核心思想被全体员工认真理解的过程。

思想统一是变革顺利进行的最重要因素。企业准备做重大变革时，一定要先统一思想。很多企业家不愿在这个准备工作上花时间，结果变革开始后却发现，需要更多时间来解决思想统一的问题。

思想统一不仅适用于重大变革，对日常工作也有非常大的提升。有几个华为的优秀实践推荐给大家。

1. 每年战略规划制定后，公司及各大部门会有总裁级领导向员工宣讲。我们发现，这大大提高了员工在实际工作中对规划的理解和执行的效率。

2. 每半年，各级主管与被考评人员进行一次个人沟通，除了沟通工作情况和个人发展，更重要的是思想沟通。许多主管反馈，这种沟通方式相比日常工作指导，在提高部门和员工的整体效率上更有帮助。

3. 每个季度，部门主管与全部门员工面对面进行会议沟通，将部门的季度情况和下季度主要工作公布给大家，并解答大家的相关问题。

静水潜流的文化

摘要：华为静水潜流文化的形成。

这一个阶段，华为文化呈现出新的特征，静水潜流就是其中之一。

在第一次创业期间，华为文化更像是一种血脉偾张的文化。每一个华为人好像都充满激情，喜欢竭尽全力，喜欢勇往直前。好像不声嘶力竭、夜以继日就不是奋斗！这个时候的华为，流行英雄主义，每个人都渴望成为那位创造奇迹并受瞩目的英雄！

记得我刚到开发部的时候，这种风气就非常明显。在我们开发部，英雄也被称为牛人，那些开发出关键性能、写出最牛的软件、帮助公司解决了关键技术难题的人，就被称为"大牛"。在部门内部，他们就会成为被大家称赞，甚至崇拜的对象！

我刚进部门不久，有位同事问我：你的理想是什么？我毫不犹豫地说：就是想像某某一样成为一名研发大牛，为公司开发出最牛的产品！可惜我在开发部的时间不长，没等到机会成为大牛就调到其他部门，还一度觉得很遗憾。

那个时候有一项活动在公司非常流行，那就是每当我们拿到一个关键项目，或者产品有了关键突破，或者解决了一个关键难题，华为项目组的人就会凑到一起猛喝一顿，然后一起唱歌，尽情挥洒自己的兴奋。那氛围是热烈的，不喝多两个，不把嗓子唱哑两个，不会罢休。

活动的最后必有一个压轴节目，那就是一起唱《真心英雄》。甭管调子是不是对，词是不是忘了，气势一定不能输！每个人都全身心投入！我们陶醉其中，认为这就是激情，这种激情融入我们的工作和生活中。很多人回忆过去，都把这个阶段称为激情燃烧的岁月，好像只有拥有热烈的态度和火一样的激情，才是奋斗。

可是在实际工作中，我们逐渐发现，光靠激情和态度是无法真正为客户解决问题的！从华为成立开始，我们的服务态度就好，我们虔诚地对待客户，用真诚赢得了客户的认可与支持。但这远远不够！即使我们有好的态度，如果不能真正为客户解决问题，那么我们的工作也是没有价值的。

在工作中，我们逐步认识到，认认真真地理解客户的需求，开发出客户需要的产品和解决方案，并通过这些产品和解决方案真正为客户解决问题，这才是我们工作的价值！

因此我们需要把大家有序地组织起来。每个人都能踏踏实实地做好自身的工作，才能保证整个组织的工作质量！这就是为什么我们要引入国外那些先进的流程和管理方式，它们的本质就是确定每一个环节的职责，并将这些环节最有效率地衔接在一起。

这个从思想到行动上的转变是华为的一次重要转变，使华为人的工作方式产生了重要的变化，华为文化也因而产生了新的特征，这个特征就是静水潜流。

此时的华为人仍旧以虔诚的态度对待客户，仍旧充满激情，但把态度和激情更多地融在了自己的工作中。此时的华为人仍旧全力以赴、勇往直前，而这些精神更多地体现在有序的组织活动中。

这时的华为表面上比过去平静了，但就如大海，平静的海面下波涛汹涌，这些汹涌的波涛就是我们的激情、胸怀和憧憬！此时的华为人同样有英雄主义，但英雄不是体现在个人，而是体现在行为上，华为此时提倡的英雄主义是为客户和组织创造价值，而非重视英雄这个个人形象！

那么，什么最能代表此时华为静水潜流文化的特征？有一个舞台表演的名字叫《千手观音》，几十位少女动作整齐划一，舞姿优美，伴随着音乐的旋律向观众展示了千手观音的婀娜多姿。她们的表演有巨大的感染力，给观众呈现了无与伦比的美。

这几十位少女是聋哑人，她们没有听力，却能按照音乐的节奏做出整齐划一的动作，展现出如此完美的表演效果！所有人都感到震撼！这需要多么默契的配合呀！这需要多么艰苦的训练！

看完这个表演，我第一个想到的就是静水潜流的华为文化！

感悟　　企业在创业时期往往一无资金，二无经验，靠的就是一种精神。

这种精神首先体现为高度的责任心、超强的进取心和一颗为客户服务的红心，企业因而抓住一个又一个机会，使企业走上发展壮大的道路。

当企业做大后，光有责任心和态度无法支撑企业持续发展，企业会遇到天花板。打破天花板的办法是系统地加强管理，强调流程和组织，将人员更有序地组织起来，使每个人的工作更加专业，让企业在更高层面上发展。这就是俗话所说的"迈台阶"。

优秀的企业可以将上述两点结合起来，实现进取心和效率融合的最佳效果，从而在更高层面上发展。而差的企业有时会因为强调流程和组织，削弱了责任心和态度，从而走向平庸。

优秀企业发展的背后就是调整和持续优化自己的文化，以牵引和适应业务、流程与组织的持续发展！

诚信的文化

摘要：华为诚信文化的发展过程。

华为文化从一开始就具有诚信的特征，这一特征随着华为的发展而发展，并且逐步成为华为文化的主要组成部分。

首先，华为文化的诚信体现在心里的真诚上。华为人从一开始就对客户一心一意服务。任总曾经总结说，自己有两个没有想到，其中一个没有想到就是华为一心一意为客户服务，没有想到是客户帮助华为走到了今天。

华为人把心放在客户的身上，真诚地对待客户，通过产品真正解决客户的问题，帮助客户商业成功，并因此获得了客户支持。在客户的不断支持下，华为持续发展，是客户成就了华为。一心一意为客户服务就是华为公司的发展逻辑！

其次，华为人一开始就是讲信誉的，讲信誉的逻辑就是答应客户的事情会尽自己的全力去做，不管中间经历多少波折，都会持续努力，以客户满意为标准，并最终实现客户的目标，这就是我们那时对于信誉的认识。

我至今还记得第一次出去开局的情景。开局的意思就是把客户购买的交换机在客户机房安装和调试完，并最终帮助客户使用好。我们开局的地点在东北一个镇上，这是华为第三台万门局。所谓万门局就是最终可以带一万个以上的电话用户，给用户提供本地和长途电话服务的设备。

这种设备是新产品，因此由中间实验部负责开局，我本人就是开这个局的项目经理。我接到的任务是20天把局开好。

赶到现场后，我就带领大家马不停蹄地工作。开工时才发现前期准备严重不足，首先设备要安装在导轨上，由于我们没有提前做好现场勘测的环节，到现场才发现原来随机器一起发来的导轨不可用。

为了工期，我们马上联系当地的相关工厂连夜做。折腾几天几夜，好不容易把设备安装了起来并固定在导轨上，又发现设备的接地线与局里的要求不匹配，又花几天解决设备的接地问题。

这样就过去10天了，正常情况下，余下的时间是够用的，应该可以按期完成开局。就在我们项目组为自己的工作进展不错暗自高兴时，大问题又发生了。

我们的设备与载波机怎么都连不上，载波机是传输设备，如果交换机与载波机无法连接，交换机就无法在网上运行。其后十几天，我们连接了几千次都没有成功，唯一的进展是我们几个华为项目组成员在局里专家的培训下，都成了载波机方面的熟手。

这时已超出工作期限了，作为项目经理的我着急得根本没食欲，晚上也睡不着。终于有一天，在检查载波机内部结构时发现，其中有一根线有点儿松了，把线紧了以后，神奇的事情发生了，载波机与交换机连接成功。一看时间，二十几天又过去了，已经超过了承诺客户的完成时间。

设备开通后，马上帮助客户割接，所谓客户割接就是把原有用户接到我们新的交换机设备上。割接中突然又发现，客户的计费模式与原来我们理解的不一样（计费模式就是用户打电话时的收费方式），需要我们现场修改底层软件，我们中又没有人擅长此工作，只好马上从公司请计费专家来现场，按照客户的要求修改后再重新割接。

最后，当我们把所有用户的电话都接到新交换机上以后，我们意识到虽然完成了客户的任务，但时间已经从原定的20天推迟到了现在的35天。我们项目组的几个成员心中非常羞愧。

当时开通新交换机是县里的一件大事，为此，县里专门召开了开通庆祝大会，我还被请上了主席台。说实在的，想到给客户延了这么长时间，又出了这么多问题，在大会上我一直羞愧地低着头，都不好意思把头抬起来看一下。

好不容易熬到县里的庆祝大会结束，没想到晚上聚餐时，县电信局局长让我坐在他的旁边，我就更加惶恐了，总是觉得心里亏欠客户。还没等到宴会开始，我就站起来，代表项目组向他道歉，请局里原谅。

我怎么都没想到，局长拍着我的肩膀说：你们华为这回的表现让我们感觉信心大振！你们做到的时间已经大大超过了我们的预期！我们过去用的都是国外设备，一般开通时间都要两个月，而你们只用了一个月多一点，就保质保量地完成了，你们用实际行动证明中国企业可以做得更好，你们为国人争了光！

听了他的话，我感觉很震惊，不知怎么的眼泪就下来了，悬了一天的一颗心总算落到了肚子里，心中也感觉万分自豪！

这就是当时的华为，我们对客户一心一意，渴望把事情做好，并有负责到底的精神。虽然缺乏经验，缺乏流程，并且没有有效的组织，但是我们答应客户一件事，就会非常努力，一心为客户着想。

华为的品牌最初是靠人拉肩扛和死干硬干形成的，这看起来是精神可嘉的，但是随着我们的市场进一步发展，这样的做法根本无法满足客户的需要。

因此，在这个阶段的发展中，华为人对自己提出了新的要求，就是注重契约精神。按照契约要求，保质保量地完成客户的任务。诚信也加入了华为文化相应的内容。

华为诚信文化的内涵是一心一意为客户服务、真心为客户解决问题，以及保质保量的契约精神！

事情转眼过去了很多年，就在前两年，我在讲课时遇到了一位东北电信领域的前辈，他对我说，后来我们开的那个局成了当地的样板示范局。也正因为那个局开得成功，后来他们地区大量的设备都采用了华为的，当然这是后话了。

感悟 诚信作为华为文化的一个重要方面，包含了两个特征：一是保质保量按契约交付，二是站在客户角度诚心实意为客户服务。这两个特征密不可分，缺一不可。

团队合作的文化

摘要：华为的全员持股制，用目标和组织保障团队合作的有效进行。

华为文化的基因中就有团队合作。任总创立华为没多久，华为就建立了员工持股制度。到现在，华为 19 万员工当中超过 8 万人持有华为股权。

华为全员持股创造团队合作的基因

全员持股的本质就是不断稀释过去的股权，把股权分给新加入的奋斗者。越来越多的员工成为公司的股东，奋斗果实从由少数人专享，转而成为由多数人共享。

全员持股制度给华为的发展带来了很多帮助！公司更容易获得发展所需要的资金，股东的忠诚度高于员工，大家共担风险。

但是这种机制同样会带来问题，2002 年公司遇到困难时，我亲身感受到，不少股东想的不是同船共渡，而是早日脱离苦海。在公司困难期时，这种全员持股制度会给公司管理层带来更大的压力。

我个人认为，公司能这样做主要是因为任总及管理团队的无私！他们愿意选择大家共同奋斗以及共同收获的合作方式。可能有人会说，同时代的很多公司没有采用这样的方式，不是也解决了资金和员工激励问题吗。

我们想象一下，如果任总没有采用这样的方式，以华为现在的规模或者即使只有华为现在 1/10 的规模，他本人和核心管理团队成员会持有多少股份！

如果是为了自己，他们是不会选择这种全员持股制度的。更何况在很多年间这种制度比较受争议，可以想象那时他们所受到的压力！从这个意义上来说，最高管理团队的无私，创造了华为强有力的团队合作的基因。

用目标牵引团队合作

但客观地讲，即使华为有这样的基因，其团队合作的文化也不是自然形成的！我前面讲过，早期的华为非常流行英雄主义，为公司拿到订单、为公司解决问题的人会成为英雄，自然英雄也就会得到最大的奖励和荣誉。这就是我刚进华为就想成为英雄的原因。

我转入市场部门后，负责华为一个片区的技术部门。华为的片区建立在办事处之上，一般一个片区包含几个办事处，我们部门的任务是在整个片区向客户做技术汇报，推销我们的产品。当时我们并不承担销售目标，工作指标主要是做了多少场技术汇报会，以及客户对我们汇报的评价。

我上任后没多久，就发现了奇怪的现象，大家都热衷于提升自己的讲课水平，但对项目成功率却不怎么热衷。

由于产品技术人员的评价与客户最终是否选择华为的产品无关，产品技术人员讲完课就走了。客户有什么问题以及后续如何跟进等事，就都甩给客户经理了，而客户经理对产品的了解显然不足，根本无法承担有效的技术引导，只能一次次地找产品经理。

这样就出现多个客户经理找一个产品经理的现象，产品经理好像整天很忙，但其实并不对真正解决这些问题负责。同时产品经理更愿意选择那些对自己评价好的客户，以及那些与他们配合好的客户经理，而不是关注哪些项目最紧急，哪些客户最需要马上引导。这样，产品经理的工作方向与公司的发展方向明显不匹配。

针对这种情况，我们马上做了调整，将产品经理的评价与区域的业绩挂钩，一个产品经理负责几个区域的售前技术支持，而这几个区域的业绩直接决定了这个产品经理的考评结果。

新的措施实行后，效果很好。产品经理从原来只关注讲课，转而关注所属区域的业绩。这样，他就会与客户经理一起主动规划哪些客户要汇报，哪些技术问题要及时解决。工作节奏和工作安排也从被动转变为主动，这样也很快促进了整个区域业绩的提升。

后来公司吸收了这个经验，并在所有市场推广。当时任总有个形象的比喻，叫作隔山打牛，指的是所有部门都要为最终结果负责。这样，所有一线市场以及支持一线市场的人员，都为市场的结果负责。大家共同承担目标，共同协作完成目标，这种机制成为华为公司团队合作的基础。

用组织保证团队合作

随着产品越来越多，公司出现了一个区域市场对多个产品的情况，怎样有效合作就成了公司的新问题。在此情况下，公司探索出一种组织架构，叫作矩阵式组织。

这种组织架构对公司的发展产生了深远的影响，并一直延续到今天。

矩阵式组织包括横向组织和纵向组织，横向组织一般是端到端的组织。以区域组织为例，华为的代表处就是一个横向组织，包括客户线、产品销售线和服务线，形成了端到端可为客户服务的组织。它们的能力和责任都是端到端的，保证了对客户的服务质量。

纵向组织一般是功能性组织，比如地区部的某个产品销售部门。这个组织有两个关键职责：一个是能力的持续提升，另一个是单产品领域的市场格局。前一点使人员的能力能够持续提升以满足客户的需求，后一点保证了当某一个区域需要这个产品支持时可以从整个地区部调集资源。

这种矩阵式组织既解决了端到端责任的问题，又解决了能力持续提升的问题。这种组织架构为华为的发展做出了不小的贡献。这种组织架构的运作基础就是团队合作，只有横向组织和纵向组织有效合作，组织的能力才能很好地发挥出来！

为了解决矩阵式组织的有效运作问题，华为在实践中逐步确立了三权分立的管理原则，从而保证组织既可以负责现在，又可以面向未来。从我以上的叙述，你就可以看出来，华为整个组织运作的基础就是团队合作。换句话讲，团队合作的华为文化，保持保证华为组织的有效运作。

感悟

1. 华为矩阵式组织（见图 2-2）既有利于解决端到端业务拉通问题，又可以保证能力的持续提升和均衡性发展。

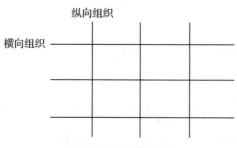

图 2-2　矩阵式组织视图

横向组织可以将所需要的相应能力集合在一个团队当中，提供端到端的客户服务。

纵向组织可以将单项能力在所有响应组织中拉通，同时解决此能力的长期提升问题。

这样的组织形态有利于企业解决短期效益和长期发展的平衡问题。

2. 华为三权分立（见图 2-3）是对矩阵式组织的有效管理方式。

图 2-3　华为三权分立管理视图

注：流程 owner 是指流程的负责人。

在矩阵式组织中，任何一个业务节点都会有两个主管部门。

一个部门的职责是业务拉通,为内外部客户提供端到端的业务结果;另一个部门解决能力的持续提升和均衡分布。

对于矩阵式组织中的员工管理,关键是解决两个问题:任免和考评。

以考评为例,华为把考评分成一级考评和一级审核。

如图2-4所示,假设把A员工考评的建议权赋予横向组织,那么考评的建议审核权自动赋予纵向部门。反之也一样。建议权赋予横向部门还是纵向部门,由矩阵的上一级组织根据业务需要来确定。

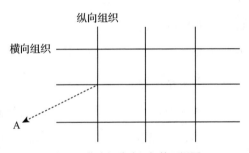

图2-4 华为矩阵式组织管理视图

如果横向部门管理团队(见图2-3)给员工的考评为B,且此考评结果传递给纵向部门后,纵向部门管理团队同意此结果,那么这次员工的考评结果确定为B,如果纵向部门管理团队不同意,则将两个部门的分歧报上一级管理团队裁决。

此外,人力资源部门拥有对于员工考评的评议权,以保证对员工的考评符合公司人力资源政策。

还有两个部门对考评分别拥有否决权和弹劾权,流程owner负责保证员工按公司流程工作,可以行使否决权。党委负责评估员工道德问题,有弹劾权。

员工考评权的适度分离，可以牵引员工既重视做好业务，也重视能力提升，既遵守人力资源政策按流程办事，也提高道德标准。

但这样的考评方式也会给组织协调增加工作量，需要科学的工作流程和高效的部门间配合。从这儿，就可以理解为什么华为公司如此强调团队合作。

注　释

1 干线网是指连接各个城市和各个省的交换机网络。

2 市话网是指城市之内相互连接的交换机网络。

3 商业网是指华为在C&C08数字程控交换机的基础上增加了很多新的应用，满足了城市用户和企事业单位的需求，在中国和国外都很受客户欢迎。

4 校园卡业务是华为商业网提供的一种应用，给学生打电话提供了很大的便利。

5 酒店接口业务是华为商业网提供的一种应用，为酒店提供了很多新的业务。

6 企业通信业务是华为商业网提供的一种应用，使企事业单位的通信更加方便和实用。

7 电源产品又称通信电源产品，为交换机等其他通信产品提供电能。

8 传输产品是为了将交换机等通信产品连接起来，从而能够形成通信网络。

9 新业务产品是为通信领域提供新的业务服务，如114和160服务等。

10 接入网产品是将交换机的业务延伸到最终用户的一种通信产品。

11 IPD是integrated product development的缩写，翻译为集成产品开发流程，是面向客户的产品和解决方案开发流程。

12 ISC 是 integrated supply chain 的缩写，翻译为集成供应链变革，是面向客户的集预测、计划生产、采购为一体的企业变革。
13 办事处是华为的派出机构，一开始只为销售产品负责，负责产品销售和服务，后来成为华为的经营单元，为经营结果负责。华为的办事处收入规模达到一定程度就可以升级为代表处，华为代表处的定位与办事处基本一致。

第3章

走入全球化时期的华为文化

（2006～2011年）

背　景

摘要：华为国际化的驱动力、发展历程，以及在国际化当中企业文化发展和调整的必要性。

2000年，华为在深圳五洲宾馆召开了开拓海外市场的誓师大会。很多华为人都记得那次大会，也有很多媒体报道记载了这次大会。大会的主题词是：雄赳赳，气昂昂，跨过太平洋。这个主题词，来自一首著名的歌曲，我们还把这首歌曲改了一下，加入了华为的元素，在现场大家一起唱。

很多人都说那场动员誓师大会气氛热烈而高昂。其实还有另外一个标语非常适合当时会场中将士们的心情，叫作"青山处处埋忠骨，世界何处不是家"。

很多人都说，华为下决心及早拓展国际市场非常具有远见。从一个方面讲可以这么说，任总在公司很小的时候就告诉我们，华为有一天要成为中国第一，世界通信市场三分天下，我们要成为其中之一，这是华为自己的追求，也决定了我们要拓展海外市场。

从另一方面讲，当时我们拓展海外市场也是迫不得已。我们已经看到了当时泡沫危机给全球带来的巨大影响，无数企业由于其市场受到冲击而倒下，这场危机正在向中国蔓延。在这种大形势下，只有那些拥有全球市场的企业，利用全球市场的不均衡性来谋求公司效益的平衡，才能够存活下来。

为了华为的生存，我们必须拓展海外市场。虽然我们早期也在一些海外市场做了探索，但绝大多数要调到海外的华为人对国外市场一无所知，甚至不知道自己在那里能不能生存下来，因此颇有"风萧萧兮易水寒"之感。

一些亲历了华为早期海外市场拓展的同事，每当谈到这段经历时都很感慨。当时中国的情况与先进国家相比有很大差距，国外很多人对中国的认识还停留在过去。我早期去一个国家拜访客户，客户竟然问我：你为什么没有辫子，你们国家大多数人是不是还留着辫子？

当时我们做市场的第一个挑战是向客户介绍中国的变化。只有当客户了解了中国发生的巨大变化后，才会考虑开始和我们做进一步的接触。而且在当时，我们国内出口到海外的产品有部分假冒伪劣情况，不少欧美国家高档商店的橱窗里都挂着一个标牌，上面写着此店没有中国货。每当看到这个场景，我都很气愤，还曾经走进几个商店去理论。但不管我多么愤怒，也不管我怎么说，都很难改变在当时业内对中国产品的认识和印象。我们就是在这样一种外部环境中走向海外的。

后来，一些客户告诉我们，当时见到华为人，第一反应就是可能骗子来了。人们无法想象，在中国当时的情况下，能够产生如此高科技的公司。在这样的情况下，我们拓展海外市场之路注定是艰辛的。那时刚刚走出国门的华为人，碰到的第一个困难是见不到客户，连介绍自己公司的机会都没有。

于是他们各显神通，采用各种各样的办法和客户建立联系。一位参加过早期海外拓展的华为人和我讲，他的第一批客户就来自自己晚上免费开中文夜校的学员。他与一个海外运营商的人力资源部联系，说他来自中国,愿意给运营商的客户免费办中文学校,对方很高兴,就在内部发了一个消息。没想到反应还不错,有二三十个人报名,这些人在听了几个月的课之后,才知道他们的老师来自一家中国的高科技公司,名叫华为,原来是想向他们介绍华为公司以及华为的技术。

好在全世界都有尊师重教的传统,也可能是老师课讲得真不错,学员们从对老师的信赖转化为对老师公司的信任,于是大家的兴趣从学中文开始逐步转移到了解华为的技术,并最终达成了和华为的合作。

早期从事海外拓展的华为人,遇到的第二个挑战是挫折感和孤独。那时好不容易见到了客户,但是你磨破了嘴皮子,也很难获得参与项目的机会。有时好不容易千辛万苦地拿到标书,你竭尽全力把标书做好,双手呈交给客户,结果大多是石沉大海。偶尔有一两次得到了项目澄清的机会,你觉得尽了120%的努力,可往往是第一轮就被淘汰出去。这就是早期在海外拓展时华为大多数人的经历。

在一段时期不断地经历挫折会对人造成很大的打击。而当你周边没有熟悉的人和亲人去倾诉时,孤独会让你的挫折感更大。不少早期海外拓展的华为人对这点都有刻骨的记忆。有一位参加了那个阶段华为海外拓展的同事告诉我,他当时在中东,面对这种挫折加孤独的场景找到了一种自我缓解的方法,那就是每周末晚上,把车开到沙漠中,然后跳下车,在沙漠当中大喊一通,把心中的苦闷用这种方式倾诉给浩瀚的大漠。每次这样做了以后,他都觉得自己心情一下好了很多,又可以坚持一个星期了。还有一些华为人发现了其他的自我调节方式,有的人学习唱歌,在歌声中放松自己,没想到把自己变成了歌唱高手,被评为当地的"张学友"。

如果说对于前两个挑战,每个人的经历并不一定相同,那么第三个挑战就是早期参加华为海外拓展的人共同的痛了,那就是吃不上中餐。在国内吃饭时,并没有觉得饭菜有多好吃,到了海外才发现家乡饭菜的可贵。几天吃不上,梦里都想得慌,于是大家都纷纷做起了厨师。怎奈术业有专攻,纵使兄弟们很努力,但厨艺的进展却不大,只好一起把气撒在调料上,说调料不地道。可是气出了,胃里的需求还是要解决呀,于是大家的目光不约而同地转向了"老干妈",发现"老干妈"是个好东西。"老干妈"是中国产的一种辣椒酱,不管多难吃的饭菜,加上它,马上容易入口。因此"老干妈"迅速成了紧俏货,成为去海外出差的兄弟必须要为他人捎带的物品,也是送给海外兄弟的最好见面礼。

我有一次去海外出差,就是因为带了一箱老干妈,当地的兄弟很感动,马上提高了对我的接待规格,喝上了当地兄弟们自己酿的酒。

由于通信行业是公认的技术最密集的行业之一,作为这个行业代表的运营商,也就是华为的客户,对于其供应商的选择是非常严格的。作为海外市场的新进入者,华为首先要做的是获得运营商的标书。

这一点当时对于我们是非常困难的,既要帮助运营商认识到中国的变化,又要让运营商了解华为的技术和产品。我们在那个时候总结了一个规律,那就是如果运营商不到中国,不到华为来看看,就很难给我们发标书,只有运营商亲身到中国,感受了中国的变化,亲身到华为看到了华为的产品和技术,他们才会从心里开始接受我们,才可能把标书给我们。

你通过无数次努力,终于从客户那拿到标书,这时你会发现,你仅仅走了万里长征的第一步。客户发标书后,接着就会开始选型,选型是指选择产品的供应商,一般分两轮或三轮。客户开始发标书时,往往发给 10~12 个厂商。经过第一轮评标,会刷下去一半左右厂家。下一轮评标,再刷下去一半厂家。因此对于厂家而言,每一次评标都是一次严酷的考验。

评标是指客户评定各个参加投标企业的投标建议书,也称为标书,时间在 1~2 个月。评标分技术评标和商务评标,技术评标往往还伴随着测试,我们要把客户需要的设备提前运到现场,运营商的技术力量很强,一般测试由他们自己来进行,我们只是提供使用说明书。以华为当时的市场地位,我们必须做好评标当中的每一个环节,测好设备的每一个指标,给出最优惠的商务条件,客户才可能考虑给我们参与下一轮的机会。

因此,最开始我们总结了一个可以进入下一轮的规律,那就是技术第一,商务第一。现在看来,这是不合逻辑的,你不可能技术最好,还最便宜,但这是我们当时能做的唯一选择!今天,有些人总结华为发展史的时候，都会说华为是靠低价竞争，但他们没有说，最初不少海外客户选择华为，给华为拿到合同通常的条件是不但价格要低，技术还要排名第一！可能正是因为这样的原因，把华为倒逼成了世界前列！在我的记忆中，最初我们参加的每一个项目投标过程，都映照着很多个华为人的不眠之夜。

正是这无数个不眠之夜，铸就了华为最初在海外的成功。我的一位同事曾经写过一篇文章，描写他在日本出差的故事，其中有这样一段：经过通宵的努力为日本的客户准备技术建议书之后，想舒缓一下自己，于是在晨曦中抬起头，迎接日本新干线的早班始发车。我读了非常有感觉，我个人认为这是对那段时光的典型描述。

当凭着自己的努力过五关斩六将，终于成为最后的中标者之时，千万不能高兴过早，这仅仅是又一个开始！客户要引入一款新的设备，虽然技术和商务条件满足了其要求，但产品商用能力还未得到验证。因此，往往需要先运来一小批设备，在客户网上进行试商用和验证。

一个设备标书的技术条款往往包括几百个甚至更多的特性，在商用中都需要一一验证，并经历时间的考验。任何一个特性出了问题，都需要进行版本修改，再重新进入验证期，这一过程往往要经过6个月甚至18个月的时间。最后当客户对实验局和试商用过程满意后，才会正式签合同。这时，也不能高兴过早，一般情况下大客户与我们签的合同是框架协议，并不代表着实际采购设备，我们还需要在其子网（发布在各个国家的客户分支机构）和区域分公司就具体采购合同进行谈判。

也许有人会问，这一过程是不是仅仅发生在与客户的第一次合作上。不尽然，经过与华为的初次合作后，客户虽然了解华为，但并不等于以后采购的流程会变化。就在前几年，我去欧洲出差，见到了一位老同事，他告诉我，在过去四年，他带着一个团队参加了一个运营商的项目，他依然是全身心地投入这个项目的每个阶段中。这就是华为人的故事，我们在国际市场上的成功和进展，绝不是偶然事件，它是一个一个项目、一个一个产品，对着一个一个客户，慢慢从不熟悉到合作，到走向深入合作的过程。

作为这一过程的参加者,我深刻体会到了厚积薄发的含义,也领悟到:任何人的成功都没有捷径!只有踏踏实实努力,才会帮你获得真实的成绩!

当然,为华为公司海外市场做出贡献的不仅仅是中方员工,还有众多与我们一起同呼吸共命运的当地员工。他们和中方员工一起用青春和汗水铸就了华为在当地的成功,他们同样是华为的优秀员工。

我在负责地区部的时候参加一次地区部内部员工聚会,这是一种内部沟通的酒会,大家在周五晚上带着家属,一起在一个酒店聚会,伴着轻食和啤酒,随便聊天。

聚会当中,有一位华为的客户群总监走上前台,敲了敲杯子,请大家听他讲话。他首先举起左手,问大家是否认识自己手上的表。

然后他自答道:"这是我来华为8年的纪念品,我每天带着它!华为8年是我最珍贵的记忆!伴随着华为在本地的成长,我有两个角色,一个角色是参加者,从华为在这个国家租用的第一个办公室开始,我就成为华为的一员,我非常庆幸自己是华为在这个国家发展中众多里程碑的见证者,为自己参与了一个伟大公司的成长历程而感到骄傲!"

"另一个角色是命运的改变者,我出生于本地的一个贫民窟,我的同学长大后大多还生活在那里,我来华为前也是这样。改变我命运的契机就是加入华为。"

"8年来,伴随着公司的发展,我和我的家庭也发生了重要变化,我成为一名管理者,我的家庭也搬入今天的高尚社区,我们有了一个可爱的女儿,并憧憬着更加美好的明天!是加入华为并与之一起奋斗改变了我的命运!"

他的话给我留下了非常深刻的印象,华为不仅是属于中方员工的华为,还是属于所有华为人的华为,是所有人的共同努力使我们走到今天。也正是这些创业的努力和艰辛,让我们结下了深厚的友谊,并让这段经历永远留在了我们的心里!

前两年,我在公司的战略预备队给本地干部讲课,课间休息的时候,一位本地干部走到了我的面前，问我是否认识一位李大姐。

这位李大姐是我们营销体系的一位资深主管，她已经退休。我告诉他我和李大姐很熟。这位本地主管听后非常激动，他说：请您一定帮我转告李大姐，告诉她我的名字，告诉她我又回到了华为！告诉她我永远记得20年前与她一起在俄罗斯奋斗的经历！后来我离开华为，出去读书，辗转了很多地方。但我还是觉得我最喜欢这里，于是我又回来了。

当天上完课，我给李大姐打了个电话。当我把情况告诉她时，她非常兴奋，连说了三声很想念他。这就是那个时候大家所结成的友谊，华为海外的拓展生涯是艰苦的，艰苦奋斗的经历和友谊是值得珍惜和记忆的！

2005年对于华为而言，是有标志意义的一年。在这一年的第一季度，华为在海外的销售收入超过了国内。从此华为海外收入逐步成为华为的销售主体，华为由一家主营中国业务的公司成长为一家国际公司！

这一转变不仅体现在公司的收入上，也体现在公司的方方面面。我们重新调整了组织，将海外市场部与国内市场部整合为全球销售与服务组织，从而将两个割裂的市场整合起来，统一为华为公司的全球市场负责。

另外，华为在全球建立了十几个地区部[1]和一百多个代表处[2]，覆盖全球市场。整个公司的供应和服务体系也开始在全球拉通，在全球多个地方成立服务共享中心，以最快的速度为客户服务。华为在全球多个地区成立供应中心，以提供快速、高效和有更好适应性的产品供应解决方案。财务体系也在全球拉通，用共享中心的方式为全球所有市场提供资金和账务支持。

在这个大背景下，华为也开始了在思想体系方面的再一次调整。此前在华为1996年开始的思想体系调整中，我们系统地总结了自己的教训和经验，确定了未来的发展目标和发展原则，并发布了基本法。这些总结植根于我们中国和中国文化。

在我们的业务流程和组织体系国际化的同时，我们的思想体系也需要与国际接轨。你也许认为我们这样做是为了让自己看起来高大上一些，其实我们是为了实实在在地解决思想上的内外部沟通问题。

华为是一家以客户为中心的公司。先说外部吧，这时中国以外的客户需要了解华为，了解华为思想体系的结晶，当时我们并没有把企业的核心价值观、愿景、使命和战略明确分离出来，我们对于自己核心价值观的阐述方式，在国外的客户看来，也比较难以理解。

其实公司内部的沟通也产生了一些问题。我们在南亚的一个办事处，年销售规模已经达到了几亿美元，也有几百名本地员工。办事处的人力资源部部长刚刚从国内调来，想向本地主管和员工宣传华为文化。有了想法，就很快开始实践，当时华为还没有企业文化的专题宣传材料，于是他自己动手，将华为的一些口号和基本法的一些相关内容翻译成英语，做成宣讲胶片。

胶片完成后，他把本地主管们请到一起，自己来给他们宣讲。当他讲到华为早期企业文化的发展历程时，自然离不开那个著名的口号：从来就没有救世主，也没有神仙皇帝，中国要自强，唯有要靠自己。

他用英语刚念完上半句，就发现主管们都站了起来，一半的人离开了会议室，还有一半的人握着拳头要打他。他这才意识到自己犯了大错。原来那个国家的人民都信教，而他竟然说，从来就没有救世主。

多亏大家知道他刚刚从国内来到这个国家，不了解当地的情况，这样说也不是他的本意，才原谅他。这件事表面上是跨文化沟通的问题，但它反映的问题本质是：我们需要建立适应全球发展的文化体系。这就是我们本次调整华为文化和思想体系的原因。

对于这一次文化和思想体系的调整，我们还是请所有员工参加。为了做好这次调整，我们还请了一家国际咨询公司帮助我们。有关这次讨论和调整，我们有了一个非常有利的条件，那就是技术发展，每个员工都有了邮箱，大家可以随时发表自己的意见，因此，这次调整和讨论的效率大幅度提高。

不到半年时间，我们就讨论出了公司的第一版愿景，即丰富人们的沟通和生活；第一版使命，即聚焦客户关注的挑战和压力，提供有竞争力的通信解决方案和服务，持续为客户创造最大价值。

进一步明确了面向未来的公司战略，战略有四个方面：

（1）为客户服务是华为存在的唯一理由，客户需求是华为发展的原动力。

（2）质量好，服务好，运作成本低，优先满足客户需求，提升客户竞争力和盈利能力。

（3）持续管理变革，实现高效的流程化运作，确保端到端的优质交付。

（4）与友商共同发展，既是竞争对手，又是合作伙伴，共同创造良好的生存空间，共享价值链的利益。

从2005年到2010年，这段时间华为公司从国际化走向全球化。你可能会问，全球化和国际化有差别吗？

我的理解是程度不同。2005年，当我们全方位开始国际化的时候，我们的立足点是组织和能力拉通，从国内调集更多的资源到海外去拓展市场。对内开始跨文化管理和本地化建设，并多次尝试让更多的本地员工成为主管。

到2008年时，华为海外收入已占全球收入的75%。我们在这个时候已经开始从全球的角度去思考和解决问题。那么什么是华为的全球化呢？我的理解是，华为的全球化有四个含义。

（1）战略的全球化，站在全球的角度，制定公司的战略。事实上，华为过去15年的发展，正是站在全球的角度去思考、组织和管理的结果。

（2）人才的全球化，站在全球角度思考人才的布局。我当时在公司负责固定网络在全球的销售，切身感受到了这种全球人才的布局对华为发展的好处。

比如说，当时我们有一个印度研究所，它不但帮助整个公司大幅度地提高了软件的质量，还帮我们改善了软件开发效率和开发方式，使我们的软件开发工作可以24小时进行。

全球各地是有时差的，中国的软件开发人员白天工作，晚上将软件发给欧洲和美洲的软件开发人员，这时他们是早上，他们在中国的软件开发人员的基础上进一步工作，晚上再把工作成果发回给中国……

（3）资源的全球化，从全球角度来思考和管理资源，从而使公司的成本和效益实现最优化，同时也为公司的长期发展和抗风险能力做了更好的资源准备。

（4）供应和能力的全球化，我们在全球建立了多个供应中心、财务共享中心和人力资源中心，为全球的客户提供即时和高效的服务。

2008年，结合全球化的实践，公司制定了自己的核心价值观，这个核心价值观包含六条，它们是成就客户、开放进取、团队合作、至诚守信、艰苦奋斗和自我批判。公司用这六条核心价值观来牵引员工和组织的行为，也确定了自己的奋斗方式。

经过以上这些调整后，在企业实践当中，华为文化也逐步呈现出一些新的特征。

感悟

1. 清晰的国际化战略。很多企业都在提国际化战略，甚至把规划做得很具体了，但其实根本没把国际化目标和企业工作计划结合起来。

清晰的国际化战略不仅包括目标，还需要有明确的工作计划。国际化过程是一个厚积薄发的投入过程，不可能通过投机来实现。

2. 将最合适的人才投入到国际化中。企业国际化过程的本质是开发新市场的过程，由于存在更多的不确定性，很难自然吸引企业中现有骨干投入其中。企业需要制定专门的政策，形成有针对性的干部流动导向。现在华为的很多重要干部岗位，都要求必须有国际化经验。

3. 合适的组织架构。企业国际化的不同阶段，需要不同的组织形态来配合发展。华为在国际化初期，为了保证资源的专项投入，成立了国际市场部。在国际市场打开后，将国内市场部和国际市场部合并，以保证干部、人才和资源的全球拉通。

4. 从国际化走向全球化。企业国际化和企业全球化是两个概念，前者是以公司现有能力去做国际市场，后者是指以全球角度来制定战略、布局人才、利用资源和规划供应。华为领先的根本原因是利用全球最好的资源和人才，做全球最好的产品和解决方案。

5. 调整企业文化，适应全球发展。在中国发展起来的企业，其企业文化必然带着浓厚的中国色彩。而一家国际化的公司，不但需要让本地员工理解公司文化，而且需要让各国的客户和当地社会理解你的公司，因此企业在国际化阶段，其企业文化也必然呈现出一些新的特征。

高绩效的文化

摘要：对于华为高绩效文化的认识，以及华为高绩效文化的发展历程。

从华为成立以来，高绩效就是华为文化的重要特征之一。我刚刚加入华为不久，正好回东北出差，于是请了两天假，回去看父母。父亲对于我转换工作单位很重视，专门让我谈一谈对新公司的认识，我记得向父亲汇报了两点，这两点也是当时我对华为公司印象最深刻的地方，一是为客户服务，二是结果导向。

结果导向在当时就已经成为公司的重要特征。我们当时分工并没有很细，每个人的目标也谈不上非常明确，但大家知道只有把我们现在做的工作做好，公司才会好。因此为结果负责成为早期华为人的共识和特征之一。

前面曾经分享过，我进入公司在开发部工作一段时间以后，被分配到中试部，由于中试部的工作与各个部门联系比较紧密，因此我与各个部门的领导都有接触。我记得领导们当时最愿意问的一句话就是：这件事能不能搞定？搞定的本质就是好的结果，而获得结果的方式不是指望别人做什么，而是我能做什么，当别人需要帮助时，即使这是别人的事，我也要主动地去协调和帮助他，而不是把事情甩给他就可以了，这就是当时华为内部的氛围。

我还记得有一件事，当时公司从美国一家著名的计算机公司采购了一批电脑，用它们做我们设备的网管。然而电脑开机后怎么都连不上网，这家公司的技术支援部门也没有办法短期为我们解决问题。按照一些公司的做法，找到了别人的问题，就与我们没有关系了，也就不是我们的责任了。但华为公司的导向是完全不同的，虽然知道供应商会帮助我们更换设备，但更换设备需要时间，就有可能耽误我们给客户产品供货的时间。

一方面，我们的采购部门与供应商联系；另一方面，我们技术部门没有等待，而是自发组织起来对这个技术问题攻关，看看我们能做什么。

我之所以对这件事记忆很深刻，是因为从头至尾，领导没有给我们施加什么压力，也没有告诉我们要怎么做，而组织技术攻关是我们几个技术人员自发的行为，大家一商量就开始干了。这种自发的行为就来自氛围。

据我观察，当时这种紧盯着结果，看看自己能做什么的工作氛围，存在于华为的各个部门。我还是再回到这件事上，我们几个技术人员经过两天的攻关，不但找到了问题的症结，解决了问题，还帮助我们的计算机供应商找到了改进点。

结果当然是皆大欢喜，我自己也因为在过程当中表现突出而被破格提拔。我也由此养成了一种工作习惯，那就是紧盯结果、主动担责，即使有时候效果没有达到，也觉得这样做是对的。

回想起来，这种氛围的形成可能来自两个方面，一方面是传帮带，我刚进公司时，公司给我安排了一位导师，导师就是这样做的，我也自然形成了这样做的习惯。另一方面是评价，可能正是因为我在这次事件中受到表彰，从而促进了我这种习惯的形成。

公司小的时候，大家很容易看到最终结果，因此为结果负责和把事情做好的氛围更容易形成。公司大了以后，各部门以及各个岗位的职责会进一步细分，大家的工作内容也聚焦在各自的责任上，不容易看到最后的结果。这个时候公司就会考虑把目标细分。在 1996 年公司讨论基本法的时候，大家就达成了一个这样的共识。公司在设置自己的考核体系时，要采用无依赖的压力传递方式，即把公司的目标传递到各个组织层级并最终落实到基层，也就是说，公司每一个人都要背目标。

先说说公司的目标制定和分解问题。公司根据国际咨询公司的建议，首先引入的是 KPI[3] 机制。

指标的来源是公司的目标，再通过层层分解的方式将目标分解到每一级组织和每一个人，因此这种机制的特点就是从上到下。当然，每一个部门的 KPI 指标除了由上级部门分解来的，可能还要包括体现各部门核心贡献的过程指标。

我们开始做 KPI 指标的时候，指标数量很少。以华为的一线办事处为例，开始只有销售目标和回款目标等两三项指标。后来华为管理越来越细致，指标也越来越多。

记得 10 年前我到华为的一个办事处去出差，看到一个办事处主任所承担的 KPI 指标，数量已经超过了 20 个。当一个人或一个组织承担的关键指标太多之后，每个指标的重要性就会下降，它会降低组织对主要矛盾的关注。

公司很快认识到这个问题，于是我们又从另外一个方向来优化，那就是逐步减少组织的关键指标数量。用这种方式既能牵引组织均衡的进步，又可以使组织聚焦在主要矛盾和矛盾的主要方面上。

随着华为公司的组织越来越庞大，部门也越来越多，我们发现 KPI 这种指标体系无法覆盖所有组织，对于工作确定性很强的部门，它很有效，但对于工作不确定性很大的部门，如预研和基础研究部门，这些部门很难把当年的工作结果确定化，因此很难在这些部门制定当年的 KPI 指标。

于是我们又引入了 OKR[4] 体系，OKR 体系在建立时只是从下到上的，但随着它的发展，也在吸收 KPI 体系的优点，引入了从上到下的机制，现在华为使用的 OKR 管理体系既有从下到上的指标和关键结果，体现员工的主动性和对不确定性的进展认识，也包括从上到下的指标和关键结果，来体现组织意志。

现在华为2012实验室和产品解决方案体系大概有2万多人在使用OKR体系，其余的员工在使用KPI体系。

那为什么华为的文化叫高绩效文化呢？

"高"首先体现在目标制定上，目标具有挑战性是华为的特点。在如何制定目标上，任总曾经给我们传授经验说：在你跳起来可以够到的位置，再在上面加一个拳头的高度作为你的目标。

这种制定目标的方式牵引华为的所有团队都尽力冲锋，完成自己的目标。当然这种目标制定的方式让目标的承接团队有压力，但可以让团队释放出更大的潜力。

这种让目标具有挑战性的方式还带来一个好处，那就是团队的氛围更容易管理，团队内部从上到下都把目光聚焦在目标的完成上，团队内的办公室政治自然就没有市场。总体来说，华为团队内的氛围比较简单，高目标可能是形成这样氛围的原因之一吧。

目标定得具有挑战性仅仅是第一步，更重要的还是如何对目标的完成结果进行管理。高绩效的本质就是：目标完成结果好的部门和个人才可能得到好的考评结果。用人力资源的术语解释就是：价值评价向目标完成好的部门和个人倾斜，从而形成人人都努力完成和超额完成目标的导向。

换句话说，在华为如果你的目标没有完成好，你获得好评价的机会是零，而评价又是华为价值分配的基础。

华为公司管理的逻辑并不复杂，为团队设定具有挑战性的目标，形成高绩效文化的导向，完成和超额完成目标是获得好评价的前提，评价直接关系到员工的涨薪和提职。

在这里你可能问了，如果大家都完成了目标，那考评会怎么样呢？

华为采用的是赛马机制，把相同业务或相同工作方式的部门和个人放到一起，把大家的目标完成情况放在一起晾晒，让你一眼就清楚你所在的位置。而考评时又把大家一起排名，来确定顺序。这样就形成了赛马机制，大家不但要努力完成目标，还要争取比别人完成得更好。

因此高绩效文化直接形成两个导向：一个是团队冲锋，大家你追我赶地向前冲锋。另一个是促进自我进步，促进你不断改进自己，提升自己的竞争力。

社会上有很多人说，华为的高绩效指的就是高目标，华为是唯KPI论，这话说得有些问题。我们对组织的评价以组织目标为基础，在我们对于个人的评价中，目标仅仅是一部分。

华为每个人都有自己的PBC[5]，每个员工的PBC有四个部分，其中包括业务目标、关键任务、组织管理和个人发展。

从PBC的结构中，你就可以看出来，员工与主管签的内容包括目标，目标不仅有业务目标，还有组织管理和个人发展目标，除了目标外还有关键任务。

这也体现了华为绩效考核的两个关键点，在对员工进行考核时，华为会看员工目标的完成情况，同时也看关键任务的完成情况。

因此，不是你目标完成得好，就可以得到一个好的评价，而是目标和关键任务都要做得好，才可能会获得好的评价。当然，在实践当中，即使是在华为的内部，也存在着重目标的情况，但它并不影响我们考评的基本定位：你首先要完成好目标，即结果要好，这是考评好的前提，在此基础上我们再看关键过程。

另外，从目标完成优秀的人当中选择干部时，华为的习惯是看候选人在目标完成过程中的关键表现。

那么华为的绩效考评是只关注PBC吗？前面我们说了，在华为考评一个员工的时候，不仅关注他的业务目标完成情况，还关注其他内容。

但这还不够，一个人所签的PBC内容一般只有1～2页纸，根本无法涵盖他一年中的所有工作，因此PBC的内容无法代表他一年中的主要工作。华为的做法是，我们看一个员工和干部的岗位责任结果，它的内涵比PBC要多得多。

比如我回公司负责产品行销[6]工作的时候，我们给负责移动行销[7]的主管评价最高，原因是他不仅业务目标完成得很好，个人PBC完成得也很不错。

同时,他能够站在整体工作职责上考虑问题,没有仅仅考虑自己部门的利益,而是站在整个公司的角度,主动考虑与其他部门联合,组成更好地满足客户需求的网络方案。这样既提升了客户的网络质量,也帮助其他部门更好地开展了业务,这就是岗位责任结果导向。

所以在华为,你要拿到好的评价,不仅需要在完成业务目标的方面名列前茅,PBC里面的各项关键任务也要完成得很好,同时还要考察你在岗位上各项工作的表现。

总之,华为的高绩效文化,不是唯目标论,也不是唯PBC论,而是综合考察员工的岗位责任结果。在考察一个员工时,我们不仅仅考察结果,还会看他在完成目标过程中的关键过程。这就是华为高绩效文化的内涵,它既体现在氛围上,也体现在管理机制上。

感悟

1. 高绩效不仅是高目标完成率,还是岗位责任结果(见图3-1)。

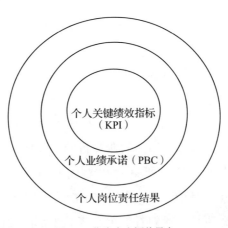

图3-1 华为个人评价导向

个人关键绩效指标(KPI),是指个人所承诺的业务目标;个人业绩承诺(PBC),既包括关键业务指标,又包括个人关键措施、组织管理和个人发展目标；个人岗位责任结果，既包括 PBC 的内容，又包含那些不在 PBC 当中的其他岗位责任所产生的结果。

2. 关键绩效目标既包括短期目标又包括长期目标，既有产出指标又有效率指标，既有业务指标又有组织发展目标。只有目标均衡了，才能牵引组织均衡发展。

3. 考核要既考虑结果，又考虑关键过程。前者是奖励生产的依据，后者是选择干部的基础。在华为，只有考核结果在前 25% 的员工，才可能被提拔为干部。

普适的文化

摘要：华为文化的普适性在企业的不同发展阶段有不同的表现形式，对于华为普适文化的理解。

华为文化从一开始就具有普适的特点。华为人来自五湖四海，不讲究出身，不管你是什么学位和职位，加入华为都一样从基层做起。

很多早期来华为的人往往都是从生产工段或服务工程师开始。这就是华为的特色，不管你学历如何，加入华为一切从头开始。

现在社会上流行同学会和同乡会，在华为这种现象不常见，大家并不重视出身，在一个团队奋斗过的老团队成员一起聚会的概率比较高。

对于很多老华为人来说，在班组工作是他在华为的起点，对于他们有格外的意义。老班组的人一起聚会，班长也许还是生产中心的普通员工，组员已经成了副总裁，但班长还是要坐在首位，大家一起畅谈过去，其乐融融。

那时也有一些其他公司的高管加入华为，他们一样也要先到华为的生产车间去锻炼。

一位老同事回忆，他在20世纪90年代初来华为，不久成为我们生产中心的一位班组长，组里分来一位老同志。老同志很谦虚，也很努力，但业务不熟，工作节奏也慢。

我们这位老同事没客气，经常批评老同志。过了一段时间，老同志的任命出来了，竟然是公司副总裁，老同志原来是一家国内很大集团的副总裁。

更有意思的是，我们这位老同事后来转到公司总部，被分到老同志的下属部门，老同事觉得有些尴尬，很担心被这位领导报复。过了一段时间，没发生什么，也就过去了。

这种情况在华为很常见，后来公司的情况变化了，新员工的锻炼地点也多样化了，但习惯还是没有变，那就是甭管你学历和资历如何，到华为后要先从基层开始。

华为人来自五湖四海，对别人的评价也无资格和学历之说，而且华为的假设是组织中大多数人都是雷锋。也许有人会问，那个时代华为为什么会提雷锋？

道理很简单，那时雷锋是全国人民的榜样，中国到处都在学雷锋。只是华为人学习雷锋的方式有所不同，在华为人眼里，雷锋既不是完人，也不是神。雷锋就是身边的你我他，雷锋就是踏踏实实做工作的人。

我们假设任何人都是有缺点的，都可能犯错误，但只要你努力，都能成为对组织有贡献的人。

有一年，华为自己的广告用的是乔伊娜在赛跑时的照片。照片上配了这样一句话：有缺陷的英雄也是英雄。

大家可能知道，乔伊娜是美国著名的短跑运动员，多次创造了世界纪录，后来由于兴奋剂事件而退出了赛场。华为这样做不是为她辩护，把她的照片用于内部广告是想告诉广大的华为人，要勇于创新，宽容失败。同时也是想告诉大家，任何人都不是完人，每个人都会有缺点和错误，组织宽容那些有贡献但可能有缺陷和错误的人。

我们当然不是鼓励人犯错误或犯罪，但看人都应该全面，而不是抓住别人的缺点和错误不放,甚至不给人改正的机会。

这就是华为,我们相信每个人都可能为组织做出贡献,有缺陷的英雄同样是英雄!

华为相信大多数人可以成为雷锋,鼓励人人为组织做贡献,并且公司坚持对有贡献的人给予相应回报。华为在很早的时候就提出"不让雷锋吃亏"和"不让焦裕禄吃亏",这既是华为的文化导向,也是华为价值分配的导向。

这两年美国打压华为,公司承担了很大的压力,有些华为人站了出来,说愿意不拿工资给公司工作。他们这种精神值得赞赏,但公司没有接受,因为这样不符合公司的价值分配导向。公司希望有贡献的人能够得到相应的回报,这样鼓励更多的人做更大的贡献,大家一起把事业做得更大。

随着华为全球化的进一步深入,华为文化中的普适特征更加明显。

前几年,有一次我出差去美国,在我们的硅谷研究所开会。会议开到晚上11点时,大家决定中间休息一会儿,研究所的首席科学家说带我到附近转转。美国硅谷的房屋建设模式一般是一栋只有几层高的楼房,楼房边上的草坪会规划成配套的停车场,因此楼里工作人员的车都是停在地面上。

这里的楼一般不建院子,而楼和楼之间的距离并不远,因此你很容易从一栋楼走到另外一栋楼。那天晚上,他带着我一边聊天一边散步,就这样一路走着,走过了好几个楼区。

我惊奇地发现,几乎每栋楼都是灯火通明的,边上的停车场也停了不少车,显然在这个时候还有很多人在加班,而且这种情况不仅仅发生在一家公司。

看到这种情景,我很感慨,好像突然明白了硅谷公司能够迅速成长的原因。这位首席科学家看出了我的心思,他问我是否想知道在他的心目中华为是一家什么样的公司。

面对我问询的眼神,他告诉我,在他的心目中华为就是一家属于硅谷的公司。我问他为什么这么看。

他回答说，华为就是一家每个员工都通过努力改变自己命运的公司。硅谷这里的公司也是这样，大家之所以都愿意来加班，愿意来这里拼命工作，就是想要通过自己的努力来改变命运。我听了深以为然。

我也听来自南亚某国家的同事讲了一个故事。在这个国家的华为代表处有一位本地员工，他有很高的专业水平，认真负责并有能力。对于一个既有能力又勤奋的人，他的工作业绩自然很快就体现出来。

有业绩，考评就好，而评价好，就会让他更有干劲。他由于工作业绩持续优秀，很快成为代表处的后备干部，并最终被提拔起来负责一个部门。

在自己工作的时候，他很快乐，也觉得非常适应。但当他负责一个部门后，情况就不同了。除了要安排好自己的工作，他还要考虑别人的事。作为独立贡献者时，他感觉游刃有余，但作为组织管理者时，他觉得步履维艰。

虽然他经过了岗位赋能，但还是不知道如何管理他的员工。在他的部门有中方也有本地员工。他在与中方员工沟通时，觉得双方的背景差异很大，中方员工很难正确理解自己的意图，他也不知道怎么样管理他们。本地员工很容易理解他的意图，但是有的人缺乏目标导向，他们知道目标在哪里，但在工作中，往往是工作到哪就算哪，他不知道怎样鞭策他们。

在这样的情况下，整个部门的能力很难汇聚，部门目标的完成情况自然就很难好。这种情况下，显然自己的评价会受到很大影响，他过去一直是获得优秀评价的，但现在的结果经常是 B（正常，但排名在后 50% 左右），有时甚至会到 C（待改进，排名在后 15% 左右）。

对于自己的考评结果，他已经难以接受，让他觉得更难办的是需要把部门员工放到一起进行排队，他不知道该怎么样平衡，尤其对那几位要排在后面的人，他总觉得心里不安。

他知道，如果他们的考评连续几个周期都很差，这些人就很可能被迫降职降薪，甚至离开华为。他不想做这样的事情，可是又不得不做。

虽然他的主管还算理解他，每次和他谈话都注意不给他施加压力，但他心里还是压力山大。他不知道这样的日子什么时候是头，也不知道在这种情况下该怎么办,于是他想到了离开。

通过在华为的锻炼和获得的经验,他有条件跳到其他公司,并获得不错的待遇。于是他很快在其他公司找到了一个很好的岗位。但就在他准备离开时,又开始犹豫,他还是觉得自己很喜欢华为公司,对于这家公司也充满了留恋。他不知道该怎么办,于是决定到教堂去忏悔,找牧师寻求答案。他在教堂向牧师倾诉了自己和华为的情况,希望获得牧师的指点。

牧师告诉他:"你继续留在这家公司吧,这个公司是受祝福的!耶稣说,凡是有的,还要给他更多,凡是没有的,还要从他手中夺去。在社会中,鼓励那些为社会创造财富,做贡献的人,是正道,谁做得好,就要给自己最好的评价。这些就是我给你的建议。"

于是他按照牧师给他的启发,根据部门成员的表现和结果来评价他们的工作,他发现他的心情平静了,部门的绩效也进步了很多。后来他还把自己的经历和大家分享。

华为是一家具有普适性的公司,我们相信,每一个人都有机会为组织做贡献,我们奖励那些对组织有贡献的人,这就是华为。

感悟　　1. 企业文化的普适性要与社会环境产生良好融和,才可能达到共振,这也是企业管理者追求的目标。

2. 企业文化必须以商业成功为目标,因为这是企业长期生存的基础。

3. 塑造和发展企业文化不仅仅是企业高层的事情。企业文化应深入企业的每一级分支中,员工会受到这个分支氛围的影响,而分支的文化氛围又往往是部门一把手和管理团队主导的。这就是为什么在一些企业,墙上挂着一种文化,各个分支体现的又是另外一种文化。

4. 资源是会枯竭的,唯有文化会生生不息!文化是企业长久发展的基石。

创新和引领的文化

摘要：对于华为文化中创新特征的理解，华为文化有关创新部分的发展历程。

华为文化从开始时就有创新的基因。华为的年轻人热衷于把最新和最好的技术应用到产品开发当中，从而创造出更好的产品。

华为公司成立后的很长一段时间，创新都是华为最重要的标志之一，华为也是因为创新被很多人所知道，华为人也为创新自豪。

但是后来我们在实践中逐步发现，万事都有一个度，当我们过于强调创新时，就容易走向反面，变成以自我为中心。于是我们树立了以客户为中心的价值观，在公司内部倡导工程商人的定位。

现在，你会发现华为内部提创新概念的人少了，但在实践中我们的做法是一贯的，继续加强产品和解决方案的创新，正是这些创新帮助华为公司持续成长。

2011年之后，华为的众多产品已走入世界前列，华为的角色也从跟随者转为引领者，创新对于公司也变得更加重要。这时你会发现，有更多的人在倡导创新，可以这么讲，这些年正是华为的创新在推动和引领着行业的发展。

当然，华为是一个开放的体系，我们也欢迎其他人创新，并且愿意与其他人一起创新，总之创新贯穿华为公司发展的始终。

创新在华为公司发展历程中起到了非常重要的作用，在不同的发展阶段，华为的创新也有不同的特征。

在华为发展的第一阶段，华为是通过代理别人的产品进入通信行业的，并很快走上了自主研发这条道路。在这一发展阶段，华为的创新首先体现在服务上。那时我们的产品无法与别人拉开差距，我们就通过服务形成自己的竞争优势。

服务首先体现在态度上，华为首先从态度上改善自己的服务，我们提出了客户是我们的上帝，要用虔诚的态度去对待客户。良好的服务态度一直是华为的重要特点，并且一直保持到今天。

接着是帮助客户更好地了解我们的产品，我们给自己的推广人员配备了介绍产品的胶片和幻灯机（那时还没有电脑，幻灯机是最好的展示设备），把技术汇报会开到客户的现场，让客户足不出户就可以了解我们的产品。客户对我们的产品越了解，采用我们产品的概率也就会越大。

如何让客户更好地使用产品，也是我们当时重点考虑的问题。我们不但在产品使用说明书上下功夫，还定期在深圳举办培训班，培训班是免费的，客户只要自己解决住宿问题，我们免费教学。从而帮助大量的客户了解了通信基础知识、产品原理以及我们设备维护的技巧。

这些服务上的创新帮助华为形成了自己的早期竞争优势。

在华为发展的第二阶段，我们有了自己的数字万门机。在当时"七国八制"的背景下，"巨大中华"是中国国产机的代表，但都部署在农村。中国的交换机从农村走向城市不是一个自然的过程，产品创新是中国交换机从农村走向城市，成为中国主流机型的主要原因。

华为的商业网就是产品创新的典型代表。这个创新来自 20 世纪 90 年代中期，当时的天津邮电管理局希望把交换机部署到大学内，于是找到天津大学。

天津大学提出一个想法，就是希望把电话放到学生的宿舍中。这可以帮助天津邮电管理局增加几千门交换机的容量，在当时是不小的市场空间，天津邮电管理局当然非常欢迎。

要实现这一点，必须解决一个技术难题，那就是将固定电话的计费主体从话机本身转化成打电话的人。因为过去的电话都是通过话机计费的，你可能使用过公用电话，打完电话即看到需要交的电话费条，那个费用是记在电话上，而不是你个人身上，如果你逃跑了，话费只能由话机的拥有者自己付。

如果把电话放到学生寝室，一个学生寝室有 8～10 人，这几个人都可能打电话，如果还是把话费记到电话机上，找谁去收钱呢？因此必须把电话记到打电话的人身上。

在了解了这个客户需求后，天津邮电管理局找到了自己的交换机主流供应商。

这是一家国外公司，接到这个需求后做了技术分析，按照当时的技术条件，如果要实现这个需求，必须对交换机做比较大的技术改造。

客观地说，这家主流供应商也是想响应客户需求的，但他们的交换机每年只出一个全球版本，各地的需求需要排队，综合分析后，他们告诉天津邮电管理局，他们可以把这个需求纳入三年之后的全球版本上。

这显然在时间上根本无法满足天津邮电管理局的需求。于是天津邮电管理局就去找这个厂家的竞争对手。

这是做生意的惯例，如果供应商不听话，客户就去选择供应商的竞争对手，通过引入竞争来实现自己的目的。此时您可能会问：是不是华为这时要进场了？

还没有，这个时候，在客户眼中这个供应商的竞争对手是国外的其他厂家，当时国内的厂家与他们还不在同一水平线上。

当天津邮电管理局把需求发给这些厂家后，由于技术上需要对设备的修改较大，而修改后能带来的市场空间又很不确定，因此这些厂商或者直接拒绝，或者提出了根本无法满足的要求。

这种情况下，项目只能陷入停滞状态。正在天津邮电管理局的相关人士一筹莫展的时候，门口挤进来一个小伙子，举着双手大声喊道，能不能让我们试试？这个小伙子，就是当时华为天津办事处的销售人员。

大家考虑了一下，现在也没有其他选择，那就让华为这个新厂家试一试吧。没想到就是这一试，试出了一个新的局面。

华为拿到这个机会之后，马上集结研发人员进行攻关，经过不到半年时间就把这种交换机开发出来并且在天津大学安装。没有想到，这个功能一出来就大受学生和院校欢迎，并迅速在全国的大专院校扩展开来，迅速成为一个流行的业务，被称为201校园卡，华为的设备也伴随着流行的趋势进入了全国的大中城市。

这是我们一直梦寐以求而做不到的事情，是产品创新帮助我们实现了由农村进入城市。

但凡事都是这样，市场一大就会有竞争对手出现，国内的厂家跟得快，也迅速推出了同样的应用，也相应进入了城市，国外厂家跟得慢，就丢失了市场。

华为在这个业务的产品创新上获得了甜头，就加大在相关领域的产品创新，我们迅速又推出了一些业务，如传真机业务、企业广域网业务和酒店接口业务，等等。

这些业务由于解决了客户的实际问题，因此一推向市场就大受欢迎。这些产品创新，迅速帮助华为建立起了竞争优势。我们把这些业务加到一起，给这种新型交换机取了一个名字叫商业网。

商业网迅速风靡全国，后来又从中国走向世界，进入了 40 多个国家，帮助华为在这个领域成为世界第一。

华为发展的第三阶段是从产品的创新走向解决方案的创新。如果说产品的创新可以帮助华为获得比竞争对手更多和更好的特性，那么解决方案创新则是站在客户角度思考如何为客户创造最大价值。

在这方面，华为的 3G 无线解决方案，即分布式基站就是最好的例子之一。这一创新发生在荷兰，当地有一个移动运营商叫 telefort，它是荷兰第四大移动运营商，在 2000 年初，这个运营商也准备像其他几个运营商一样上 3G 网络，但是它的规模比其他几个要小，它的机房和铁塔都是租用其他运营商的。传统的 3G 网络部署方案无法解决它的问题，它也无法承受由此带来的成本，于是这个运营商开始与各个设备制造商联系，希望它们能够给自己提供适合自己的解决方案，这些欧美厂商之所以不愿意响应这个需求，是因为这个新方案有可能影响它们现有方案的销售，正在一筹莫展的时候，这个运营商遇到了华为。

没想到华为对这事非常重视，当时华为的 3G 产品线总裁带队赶到了客户现场，研究了客户实际情况后，认为这个客户的需求是所有 3G 运营商的需求，于是迅速为客户定制了解决方案。

这个解决方案被称为 3G 分布式解决方案，它可以为客户节省 30% 以上的固定资产投资和40%以上的运营费用。这个方案出来以后，逐步成为运营商3G建网的主要解决方案。

站在客户角度，用提供解决方案的方式为客户创造价值，这是华为在全球崛起的重要原因。

在2011年之后，华为成立了2012实验室，华为的创新也步入了新的阶段，从产品和解决方案的创新进入了的引领和开创的阶段。这个阶段创新的一个显著特征是技术突破。

以华为手机的照相功能为例，过去人们使用手机的照相功能只是用于娱乐，如果你需要好的照片，还需要使用专业相机。但近些年来，越来越多的人已经只使用手机照相。

这个变化来自华为与徕卡公司一起把徕卡的硬件能力和华为的软件能力相结合，将手机的照相功能大幅度提高。过去人们对于手机的照相功能没有很高的要求，手机的照相效果逼近专业相机，产生了新的应用场景，即手机在大部分情况下，取代了相机的功能，这是技术突破所创造出来的客户需求。

华为的创新并不是天马行空的。今天华为谈自己的发展，讲的是双轮驱动，一个轮是技术创新，另一个轮是客户需求，技术创新是围绕着客户需求来进行的。

过去客户需求是显性的，现在我们需要挖掘更多的客户潜在需求，而评价潜在需求的标准，就是能否为客户创造实实在在的价值。

感悟　1. 企业在创新中的四个阶段，如图3-2所示。

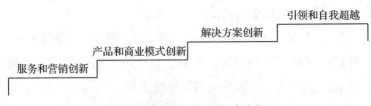

图3-2　华为创新发展的四个阶段

服务和营销创新。这是企业最容易想到和实现的创新方式。企业通过提供更能提高客户满意度的服务、更能吸引客户的宣传方式、更有竞争力的产品价格来获得差异性竞争优势。

产品和商业模式创新。企业通过提供更能满足客户需求的产品，或者更好的商业模式来构建竞争优势。

解决方案创新。企业通过为客户创造更大价值来形成竞争优势。

引领和自我超越。企业以推动行业和社会发展为己任，在思想和技术上实现突破。

2. 创新是企业发展不竭的动力，企业创新会有风险，但不创新是最大的风险。

3. 过分提倡创新会催生内部产生浮躁的工作氛围，从而使企业失去脚踏实地的精神。

4. 客户需求和技术创新是推动企业发展的双轮，缺一不可。企业需要为创新确定边界。

注 释

1 地区部是华为的一级部门，由华为董事会管理，定位于公司的派出机构，下辖多个代表处，并为相应管理区域的经营结果负责。

2 代表处是华为在全球市场上的基本工作单元，为其所对应区域的经营结果负责。在华为，代表处和办事处是可以互相转换的，如果代表处的经营规模下降到一定的幅度，就会降为办事处，反之如果办事处经营规模连续几年超过公司代表处的标准，就会升级为代表处。

3 KPI 是英文 key performance index 的缩写，可翻译为关键绩效指标，是指工作中需要完成的关键任务指标。

4 OKR 是英文 objective and key result 的缩写，可以翻译为目标及关键过程结果，它的特点是从下至上，由一线人员提出自己的工作目标和关键过程结果，经过上级同意后，就作为自己的考核指标，并把它公开，以方便大家监督。

5 PBC 是英文 personal business commitment 的缩写，可以翻译为个人业绩承诺，在每年年初的时候，由员工与主管一起来签署。

6 产品行销是华为全球产品行销部的简称，负责公司所有产品和解决方案在全球的销售工作，在华为全球每个地区部和办事处都有分支机构，我在负责这个部门时，当时有 12 000 多名员工，现在已改名为 Marketing 和解决方案销售部，其中 Marketing 是营销的意思。

7 移动行销是华为全球移动产品行销部的简称，负责华为移动产品和解决方案在全球的销售工作，也是一个全球分布的组织。

第4章

走入引领和自我超越时期的华为文化

（2012年至今）

背　景

摘要：天花板；无人区；华为企业网业务和消费者业务的发展历程。

2011年，在华为内部有一个流行词叫"天花板"。天花板这个词并不难理解，就是马上接近屋顶了。这一年，公司的收入超过2000亿元，我们在运营商领域的诸多细分市场，在全球都成为领先者，也逐步成为全球最大的通信网络解决方案提供商。这当然是好事，这个结果是我们多年追求的目标。

在华为内部有一个有趣的现象，就像我们从来没有把成为世界500强作为我们的目标一样。华为人总是很谦虚，或者说怕自己骄傲。因此从2006年开始，我们在自己每年年初的市场部大会上，总是这样说，我们从没有想过要成为第一名，但是我们走在成为第一的路上。

走着走着，走到2011年，华为人终于接近了自己心中的目标。到此时，在很多华为人心中，自然会有点小骄傲和自豪，但心中更多的是焦虑，焦虑我们未来的增长来自哪里？焦虑我们未来的路怎么走？经过一段时间的酝酿之后，华为人做了几个对于自己未来发展有重要影响的决定。

建立企业业务群

说是建立,其实华为公司原来就有企业业务,确切地说,华为公司就是从做企业业务开始的。我们最初的业务就是生产和销售各企事业单位需要的小交换机。后来到 1992 年左右,我们才发现一个更广阔的市场,那就是运营商市场,于是调整自己的产品和解决方案转向运营商市场。

即使这样,我们也没放弃原来的企业网市场,那是因为我们发现,像油田、铁路、电力等多个专业市场,他们所需要的产品和解决方案与电信运营商类似,而国外厂家对这些市场的关注不够,于是我们成立了专网系统部,专门做这类市场。

在华为成长的早期,专网系统部曾经是我们的销售明星,按照华为的惯例,出成绩的地方出干部,从这个系统部走出了华为多名重要干部。早期我们产品的应用案例很多也是来自专网领域的。

后来我们运营商市场发展起来了,工作重心自然从专网转向了运营商,但专网系统仍旧在继续运作着,尤其是铁路市场,我们当时做得比较好,华为的铁路通信系统部工作绩效一直不错。

2002 年,华为遭遇公司历史上第一次负增长,公司处于困难的时期。为了共渡难关,我们改变了专网市场的做法,从过去华为自己去做专网市场,改成华为与合作伙伴一起做,把直销(华为自己签合同)改为分销方式,即由华为的合作伙伴与客户直接签合同的方式。

这种运作方式的改变是为了配套公司的内部创业。所谓内部创业,即公司鼓励员工自己创立企业,成为公司的渠道合作商。

具体方法是,公司允许员工拿走价值自己股权 1.8 倍的设备,这些设备可以直接在华为的专网市场上销售。这是个双赢的方式,公司降低了内部成本,员工获得了创业的第一桶金。

很多从华为公司走出去的创业者,都利用这一契机来开始自己的事业。后来不少公司发展得不错,他们又成为上市公司的老板。

前段时间,有一位华为公司的老同事从北京回到深圳,请大家吃饭,他谈起自己的成功史，专门提到了这次内部创业，正是通过内部创业，他完成了从公司员工到公司老板的转型，也获得了第一桶金。

有句古话叫"无心插柳柳成荫"，当时间来到 2011 年，公司为了解决未来的持续发展问题，决定成立企业业务群（企业 BG），负责运营商以外的企业 ICT 市场，这个时候我们才发现，我们不是从零开始的，公司和合作伙伴与我们一起经营的专网市场，就是企业 BG 的基础。

从 2011 年开始，公司正式成立企业网 BG，参加企业网创业的同事们，通过自己的努力，创造了惊人的业绩。在不到 10 年的时间，创造了一个千亿规模的业务单元，有力支撑了华为的持续发展。

开展消费者业务

华为开展消费者业务也经历了一个比较漫长的过程。我们最早通过话机进入消费者市场。20 世纪 90 年代中期，华为年轻的研发人员凭着自己对技术和未来的理解，研制出了华为的第一台终端。这是一种无绳电话，技术含量很高，但产品的问题也不少，这种固定电话的市场表现不佳，自然结局也就不怎么好，华为很快就退出了这个领域。

后来消费者市场从固定终端转向移动终端，但华为很长时间都没有进入这个领域，我们认为在这个阶段，应该聚焦在自己擅长的设备领域，而不是分散精力，在多领域中发展。

时间来到 21 世纪初，在那个时候，华为在全球推广自己的 3G 网络解决方案。我们在市场中遇到了一个难题，那就是，提供 3G 网络解决方案的厂商，也必须为客户提供终端。华为迫不得已也要成为终端的提供者，但即使是这样，当时我们也没有想进入这个领域，只是想找一家手机厂商合作，来解决我们整个方案的完整性问题。

当我们在市场上寻找 3G 终端时，我们却发现，市场上提供这种产品的厂家很少。有一次，我们终于找到一个厂家，请他们给我们展示一下他们的 3G 终端，厂家开了一辆中巴车，并要求我们到中巴车上去看。

我们的技术人员问厂家说,你们为什么不把终端拿下来给我们看,这样做是为了保密吗?对方回答说,不是的,因为只有中巴车才能容下一台终端。这下我们才认识到问题的严重性,我们不能向每一个客户卖一台中巴车才能放得下的设备,来让他们使用3G。

我们要帮助全世界的运营商铺设3G网络就必须解决终端问题。正是在这种情况下,我们决定再次进入终端领域,契机就是为3G网络配套手机。

后来3G终端的瓶颈被突破了,全世界有越来越多的厂商提供3G终端,终端与网络的关系也从紧耦合变成了松耦合,3G终端不再需要网络设备供应商来提供。但此时华为已经拥有了终端的技术,是不是需要持续在这个领域发展,又成了我们必须回答的一个问题。

本来按照我们当时的情况,做出放弃终端聚焦网络业务的决定并不是很困难,但是两件事情影响了我们的决定。

第一件事是竞争,当时中国电信和中国网通没有移动网络牌照,又希望开展移动业务,于是从日本引入了一种叫作小灵通的产品。小灵通在日本是一种即将淘汰的技术,华为认为这是一种没有前途的技术,开始并没有参与,但市场竞争逼迫我们不得不进入这个市场。

我们不做,别人就会用通过小灵通获得的大量利润来蚕食我们已有产品的市场份额,对此华为不得不还手,于是我们也进入这个领域。但做小灵通技术就必须提供终端,在这种情况下,要让我们做出退出终端的决定,好像有些不合时宜。

另一件事是,我们没想到自己做3G终端还出了爆款。我们当时做了一款3G无线上网卡,用一位我们做终端的兄弟说的话,就叫作"无心插柳柳成荫"。他这样说,绝没有贬低当时终端人员的意思,他们非常努力,规划能力也非常强,成功是他们应得的。他这样说只是想表达,他们当时做了很多规划,3G无线上网卡只是其中之一,大家没有想到,很快风靡全球的是3G无线上网卡。

在这以前,华为人很少想到自己会与流行二字挂钩。"我们的产品质量很好,但从没想过它与时尚有关系。"这句话来自我的一位在日本工作的朋友，他在华为日本代表处工作。有一天，他在一本杂志上看到的，当时日本最流行的电子产品，排名第一的是 iPhone，排名第二的就是我们的 3G 无线上网卡。看到后他自己都非常吃惊，环顾四周才发现，周边的人都在用我们的上网卡。由此可见，我们的产品在日本的流行程度。

其实它远不止在日本流行，这款产品很大一部分是在欧洲卖出去的。当时我在拉美地区负责巴西市场，仅在巴西，这款产品就销出 1 亿美元，可见它受欢迎的程度。

总结来说，两个原因加起来，一个是需要，一个是明星产品，帮助我们重新思考，最后决定在这个领域继续发展。

事情就是这样，当你好的时候，你很容易成为别人的目标。这回盯上我们的是几个著名的投资商，他们想来收购。而华为又希望自己能够聚焦在主网络领域。生意嘛，容易做成都是双赢的，两者各有所需又各有所得，就很容易成交，于是我们跟投资商谈得很愉快，很快达成了交易。

那个时候我在华为是地区部总裁，记得有一次回公司开会时，负责公司终端领域的公司副董事长还专门请我们吃了一顿大餐。吃饭中，他告诉我们这个好消息，大家听了都很高兴。这笔交易不但让大家吃了顿大餐，公司也可以获得一大笔现金，于是我们格外兴奋。

但没高兴几天，交易就取消了。当时听到这个消息，我们心中也没起什么波澜。生意嘛，本来就要双方都愿意，人家购买意愿下降，这又不是我们能左右的，我们能做的就是再接再厉。后来我们消费者业务突飞猛进，这对投资商恐怕是个憾事，对我们也就成了幸事。

当时手机行业最厉害的厂家是诺基亚，诺基亚做市场的方式是为每一个细分市场做相应的手机。华为是个后来者，开放学习又是华为的特征。我们结合诺基亚的方法，加上我们对运营商的了解，形成了移动终端的市场定位，就是两个字"定制"，结合运营商的需求，为它们定制手机，而不是到公开市场与诺基亚正面竞争。

这样时间到了 2011 年，华为要寻求新的增长点，消费者领域自然成了一个新的发力点，我们成立了消费者 BG（消费者业务群）。

针对这个新成立的消费者 BG，有我想得到的，也有没想到的。想到的是这个发展领域广阔，可能未来我们会发展得不错。没想到的是华为消费者业务竟然发展如此快，大大超过了我们的预期。到 2019 年，该项收入已经占了公司的半壁江山。华为消费者 BG 的同事们用异乎寻常的努力，取得了惊人的成绩！正是他们的努力，使华为的品牌真正在中国以及在全球的大多数地方家喻户晓！

无人区

2011 年，在华为内部还流行一个词叫"无人区"。后来这个词流传到社会，还引起了一些误解。有几位社会上的朋友问我，华为为什么称自己进入了无人区？是不是有些骄傲了？

这也难怪别人误解，大家解读一个词，往往先从字面意义开始想，无人区几个字很容易让人想到没有对手，如入无人之境等，这样自然联想到华为认为自己没有对手天下无敌了。

其实还真冤枉了我们，在华为内部，无人区并不是这个含义，也没有那么浪漫，华为人提到这个字眼更多的是惶恐。那无人区在华为人眼中究竟是什么含义呢？

它指的是无人引领我们向前的道路。从 2011 年开始，华为在整个通信领域及诸多细分市场，都逐步成为数一数二的领先者。我们在这个领域的责任也发生了变化，过去都是别人引领着我们前进，现在我们需要引领着大家一起前进。

也许有人会问，作为领先者，你不引导大家前进可不可以？也许暂时是可以的，但在这个 ICT 竞争如此激烈的行业，你可能很快就被别人颠覆了，不但失去自己的位置，也有可能失去企业的生命。

作为领先者，华为必须承担起自己的使命，那就是引领整个行业发展，既为自己，也为大家。这也是华为成立 2012 实验室的原因，成立 2012 实验室是华为探索和投资未来的具体体现，今天看来，也正是因为有 2012

实验室才使华为能够持续发展到现在，同时更好地面向未来。

感悟 任何技术和产业能力的积累都需要长期努力，而且需要耐得住寂寞，这在华为文化当中叫作"厚积薄发"。

很多人看到华为企业网仅用短短十年就发展成千亿规模，却没看到华为从1987年就开始在这个领域耕耘。很多人看到华为终端的成果，却没看到这经历了二十年的漫长积累，其中遭遇了无数次的重大转折。

开放、竞争、合作共赢

摘要：华为文化中的开放、竞争、合作和共赢。

2011年之后，华为文化又呈现出一些典型的特征，它们是开放、竞争、合作和共赢。这些特征并不是从无到有，它们植根于过去的华为文化，只是现在突显出来，更加鲜明。

近两年，美国政府对华为进行了疯狂的打压。这段时间，任总多次接受外界采访，这在过去是不常见的。在我的认识中，任总是一个非常低调的人，已经很多年不接受外界采访。严酷的形势之下，为了让世界了解真实的华为和华为的想法，老人家勇敢地站了出来。

任总在接受采访的时候经常说：不管压力多大，我们向美国公司学习的态度没有变，我们与美国公司合作的定位没有变。很多朋友问我，美国在幕后指使抓了任总的女儿，又对华为这么打压，难道任总不恨美国吗？任总是不是故意这样说的？

你可能不了解华为，不了解任总。开放是华为的基本特征，也是华为文化从诞生开始到现在最重要的特征之一。

华为文化的开放性

华为公司从建立开始就是一家开放的公司。

早期华为的开放性首先体现在敞开心胸向别人学习。很多人问我，华为公司为什么要引入那么多国外先进的管理模式？是不是华为出了大问题，或者发展遇到了大困难？

作为这一过程的参与者，我的体会是，开放学习是华为人的基本特征。从 1996 年开始，华为大规模从国外引入先进的管理经验和管理方法，并不是华为在这个时间点上出了问题，相反华为正处于大发展阶段，每年的增长率都超过了 80%。

华为人此时在一般意义上讲是成功的，但华为人并没有故步自封，而是勇于开放自己，向别人学习。这背后的驱动力可能来自华为公司的追求，不是小富即安，而是要有所作为。

这里我给大家举一个例子，华为从国外请来了咨询顾问，这些咨询顾问和我们一起工作过一段时间。有一位顾问和我说：华为人给我留下最深的印象是求学的态度。

我问他为什么这么看？他跟我讲，项目组的人经常请他吃饭，知道他喜欢喝酒，就给他带好酒喝，开始他很感动，感动华为人如此细致地照顾他，他还和别人分享过，华为人是多么尊重老师。

后来他才发现，华为人想榨干他，而不仅是尊敬他。华为人只要与他在一起，就不停地问这样那样的问题，这些问题都是他们在管理变革中需要解决的。这就是华为人，像海绵一样吸收别人的知识和经验。

在华为的成长过程中，开放性体现在华为愿意与大家一起发展。华为有个传统就是每当做一件大事，就先搞务虚会。2011 年建立企业 BG 的时候，我们的设想是要把它发展成华为的另一条腿（原来的一条腿是运营商业务），这显然对公司而言是件大事，对此我们也开了务虚会，来定位企业未来的发展方向。

这次务虚会的一个基本结论就是被集成。什么是被集成？就是把自己的产品，放到别人的解决方案当中，与别人共发展。这个时候华为已经足够强大，但华为想的不是独占什么，而是与大家共同发展，一起做点什么。

华为主要在运营商领域发展时，有人给我们起了一个不怎么好听的名字叫作"黑寡妇"，就是说，华为与谁合作都想吃掉他。这可能是因为我们过去不知道如何与人合作共赢，公司和人一样成长需要一个过程。但我认为，华为在电信运营商领域的发展本质上也是开放的。

运营商业务虽然是在华为最早发展起来的，但是在业界华为仍旧是后来者。作为后来者，华为要获得新的市场只有一种方式，那就是网改别人的网上设备。网改就是搬迁的意思，而搬迁从来都是分步骤进行的，华为之所以能搬迁别人，就是因为每次搬迁中，我们都能与现网的其他设备共存，共存的基础就是华为的开放性和兼容性。

这一点可能不是华为天生就具有的，我在做早期通信市场的时候，曾经碰到过这样的案例，我们想进入一个新市场，现有的厂商拼命阻挡，而阻挡的方式就是让运营商感觉用了华为的设备就不能和现网设备互联互通，因此每次与华为测试厂商都故意设置很多障碍。

只是他们没有想到，他们在阻碍华为的同时，也阻碍了运营商的工作。当运营商发现他们人为设障时，问题的性质就发生了变化，最后，很多运营商下更大决心搬掉他们的网络。

华为不这样做，我们把目光聚焦在运营商，以为运营商创造最大价值为基础，我们愿意与别人共存，这样做运营商更满意，我们未来的机会也就更大。这可能就是任总说的另一个没想到，即我们一心为客户着想，客户反过来帮助我们发展到今天。

在华为处于领先地位的阶段，华为的开放性体现在不故步自封，敢于放下架子，向新锐学习。有人用这样那样的方式来演绎我们在消费者领域的迅速成功，其实在我眼里，除了同事们艰苦卓绝的努力之外，勇于放下架子向别人学习是我们成功的重要原因。三星渠道建得好，我们向三星学习；vivo 和 OPPO 门店建得好，我们向它们学习；小米网上营销做得好，我们学习小米的网上营销；苹果体验店做得优秀，我们学习苹果做好体验店。

向一切优秀的人学习就是华为的成功之道，当然在学习中我们尊重别人的知识产权。后来我发现，优秀的公司都是这样的。

我们在运营商无线领域有一个主要竞争对手，是一个欧洲厂商。我们两家都是给客户提供无线解决方案的，当华为进入这一领域的时候，这个竞争对手就已经是行业的老大了，华为在无线领域之所以能够崛起，就是因为我们做了多次创新。

这些创新有的发生在移动交换机[1]上，有的发生在移动基站[2]上。当华为推出这些创新的产品时，市场上的竞争对手有各种各样的表现，有的竞争对手怕新玩家抢了风头，就专注于诋毁我们，说我们的解决方案不行。有的竞争对手，告诉客户他们有更好的解决方案，只是需要客户再耐心地等一段时间，后来他们的客户等了几年，方案也没有出来。

而这个行业老大的做法，与其他厂家不同，它发现我们的解决方案更能为客户带来价值，就迅速加大研发力量，开发出自己的类似解决方案。最后，这个厂家与华为一起成为推动移动解决方案发展的两股力量。

竞争是促进自我进步的最好方式之一

很多人都把竞争比喻为你死我活的战场，这样，竞争的行为也就更容易理解为你死我活。但人们没有注意到，商业竞争与战场有一个本质的差别，那就是，决定对方生死的不是你的竞争对手，而是客户。

商业竞争的目的是赢得客户。华为是一家非常重视竞争的公司，在我们的市场规划当中，经常要看两个数据对比，一个是你的市场份额和竞争对手的市场份额对比；另一个是你的增长率与行业增长率对比。

在华为的每一个发展阶段，我们都会紧盯一些竞争对手。我们这样做容易被别人理解为华为以竞争为导向，对此华为也很少对外界解释。其实华为这样做，是以自我进步为导向。我们把竞争对手当成标杆，对照标杆，通过改善自己的产品、提高自己的效率来赢得更多机会，这是华为公司抓竞争的本质。我们认为，竞争的本质是管理的竞争，竞争的目的是赢得客户。

华为在内部也是提倡竞争的。在华为文化当中，有一个特别的文化叫赛马文化。做法是，把工作内容相近的部门放到一起，把各自的工作绩效列出来，按照绩效结果排队。有人说华为的主管，往往压力比较大，压力大主要来自两个方面，一方面是绩效目标，另外一方面就是来自赛马文化。

由于赛马文化，华为内部形成了比较强的竞争氛围，表现在行为上，就是各个部门憋着劲儿你追我赶。赛马的结果既关乎荣誉，又关乎部门最终的考评成绩，前一个对于大家的面子影响很大，后一个当然影响大家的发展和收入。

里外的双重影响就会促进大家你追我赶地改进工作。我这么讲，你大概就可以理解了，华为是通过竞争来促进各个部门改进自己的，竞争为大家树立了改进的标杆。

以开放为基础的合作共赢

开放是华为的基因，我们对开放的认识也随着华为的发展而发展。在 2011 年之后，我们在华为的管理上引入了熵的概念。

近 200 年前，物理学家鲁道夫·克劳修斯发现热力学第二定律时，引入了熵的概念。他发现，物体任何时候都是从高温自动向低温转变的。在一个封闭系统，最终会达到热平衡，没有了温差，也就无法再做功，这个过程叫作熵增，最后的状态就是熵死。

任总把热力学第二定律引入华为的一个重要原因，就是要把华为建设成一个开放的系统。华为以开放为基础的合作共赢体现在多方面和多层次上。

1. 合作共赢首先体现在产品上

华为强调自主创新，但更遵循在自主开发基础上广泛合作的原则。很多人问我，华为领先产业的秘密是什么？其实我们没有秘密，如果有那就是合作共赢。

以传送网为例，我们长期坚持的一种做法叫作"1+1"，前面那个"1"代表自主的知识产权，我们会开发传送产品需要的所有核心技术，以保证我们拥有这一领域的知识产权。后面的一个"1"代表开放合作，在关键领域我们都会引入世界上最好的合作方。我们的技术再好，也会给合作方留出足够的份额。

管理过产品研发的人都知道，拥有自己的技术，既容易获得产品的技术优势，又容易获得成本优势。那华为为什么要给合作方份额呢？难道华为是慈善家吗？

华为之所以坚持后面那个"1"，正是华为认识到：只有合作共赢，才能长久发展。也只有不断地坚持后面那个"1"，才能促使自己跑得更快。当然，更好的技术，不是偷来的，而是比出来的。

2. 华为的管理体系是开放的

这种开放体现在干部流程和制度等方方面面。华为通过市场部集体大辞职，实现了干部能上能下。华为每年坚持10%的干部淘汰率，以保持干部体系的新陈代谢。

很多人问我，为什么在他们的眼里华为的干部成长得比较快？我个人认为，一个重要的原因是流动。华为讲究"之"字形发展，干部在各个体系流动，提高能力的机会和动力自然就多一些。正是这些内外部领域的开放政策，促进了华为干部的发展。

3. 合作共赢也体现在流程和制度上

有人问任总，什么是华为文化？任总说华为文化就像一颗洋葱，你剥这一层可能是中国的，那一层可能是美国的，你可以看到英国的，也可以看到日本和德国的，剥到最后，是空的。华为文化是兼容并蓄的，华为的流程和制度也是这样的。

华为的流程制度既来自我们在实践当中的总结，又来自对业内和业外其他公司最佳实践的总结。很多人问我，华为为什么每年有这么多变革项目？华为为什么每年花很多钱请咨询公司来做咨询？

其实目的都一样，将世界上最好的经验引到华为来，并通过组织和流程的调整，落实到我们的行为中，这就是我眼中的华为，向优秀的公司学习，与其合作共赢是华为开放的目的。

> **感悟** 开放是华为文化的本质特征之一，竞争、合作和共赢都是开放的外在表现形式。

竞争是通过外力推动自己的进步。华为认为企业之间的竞争其实是产业链的竞争，因此一直通过合作共赢来建设健康的产业链，通过合作共赢与所有友商一起，建立和谐的商业环境。

人力资源管理纲要

摘要：华为三大管理纲要的背景，以及人力资源管理纲要中价值篇的内容。

华为三大管理纲要的背景

谈到华为文化和华为的思想体系，很多人都会想到基本法，基本法是华为第一份管理大纲。但大多数人都不知道，华为不止这一份管理大纲。

基本法来自华为 1996～1997 年所做的总结。2011 年左右，华为又进行了第二次系统的总结。这次总结的方式是以人力资源、业务和财经管理为三条主线，以这些年来任总的讲话和 EMT（公司管理团队）文件为基础，经过两年左右的时间，形成三份纲领性文件，它们分别是华为人力资源管理纲要、华为业务管理纲要和华为财经管理纲要。

这是华为管理思想的第二次集成。这里主要和大家分享华为人力资源管理纲要的核心内容。

华为的人力资源管理纲要包括两卷，一卷为价值篇，另一卷为干部篇。这里我们主要介绍价值篇。

全力创造价值

华为总结了自己的价值创造动机，最低纲领是"活下去"。华为价值创造的源头是客户，为客户服务是华为存在的唯一理由。华为的最终目标是商业成功。

在这一部分当中给我印象最深刻的是公司总结的价值创造要素：劳动、知识、企业家和资本。这个观点在华为是一以贯之的，在1998年成文的《华为基本法》中就提出来过。

首先是劳动，这是华为以奋斗者为本的基础，因为奋斗者是劳动的载体。

其次是知识，20世纪90年代初，华为提出了知本主义概念。我不是理论家，也就不去剖析它的理论内涵和意义。我是个关注实践的人，想在这里分享一下知本主义在华为是如何具体应用的。

1990年左右，任总在父亲的启发下，创立了员工入股的制度。他的做法是，稀释自己的股权，将大部分股权分给员工，员工用钱来购买股权。当时国有企业搞过员工持股制度，把股权分给员工，但是很少看到民营企业这样做，尤其是民营老板把自己的股权分给员工，失去自然控股权。在和华为早期的老员工一起聊起此事时，我们深有体会。

这种做法的假定是员工头脑中的知识可以作为投资的资本。我们这些新员工，进入公司一年后，即有资格获得股权，虽然此时，我们可能还没有为公司创造实际价值。

但公司假定我们脑中的知识对公司的未来有价值，股权在华为被作为对员工挖掘潜力的激励。当然，未来潜力首先来自今天的表现，因此员工现实的岗位责任和表现，决定了公司给员工股权的多少。

这种做法留住了一大批高学历和想出国的员工。当时华为的薪酬待遇，与国内公司比有较大竞争力，但与国外公司和合资公司比则有差距。公司如果大幅度提高大家的待遇就会对公司的成本，尤其是现金流造成巨大的压力。

采用员工持股制度，让员工看到：如果与公司共发展，就可能参与分享公司发展的成果。正是这个希望让大家留了下来，今天很多华为的员工生活条件比较好，就是这个希望变成了现实。

这种做法使员工有了很强的责任感，大家觉得我们是公司的主人。这种制度很容易将同船共渡的人变成奋力划桨的人，员工对公司有较强的归属感，当然主人翁精神也自然很强。

我还记得这样一个故事，有一次我们参加一个展览会，华为友商的一位负责人来我们展台想了解一下我们的产品，出于礼貌，我陪同他参观。

在参观中，他顺手拿起了一份宣传材料，此时正在向他讲解的华为员工马上要把资料夺下来，我觉得这样做有失风度，就示意了一下，讲解员停下手，不情愿地继续讲了下去。

后来友商的人离开，我们那位讲解人员，就迅速地跑向那位友商的负责人，把材料要了回来。

我看到后就问他，为什么要这么做？他回答我说，他不是我们的客户，而是我们的竞争对手，我们家的东西为什么给他？看看，这就是华为员工的真实表达，由于有公司的股权，员工自然认为自己是公司的主人，把公司当作家。

公司获得了宝贵的现金流和再生产投资。由于华为的股权是需要员工自己付钱去购买的，通过员工购买股权，华为获得了宝贵的现金流和再生产投资。每年华为还会给表现绩优的员工新的股权，这样华为每年的股权数量是在增加的。

近几年，我听到社会上很多人对是于华为员工持股制度的看法，我也想对其中的两点，谈一谈我的感受。

有些人认为，华为管理的独特性就来自这个制度，这个制度使华为的管理相比其他公司更加简单，华为的管理难度要大大小于其他公司。

我的看法是，诚然员工持股制度会给员工带来更多的主人翁责任感。在公司好的时候，这种责任感会表现为员工更愿意为工作付出。但当企业运行出现困难时，员工会更加焦虑。不少员工考虑的不是如何通过自己的努力让企业摆脱困难，而是如何分家，让自己减少损失。

2002年，华为遭遇公司历史上第一次负增长，企业处于困难时期，就出现了这样的情况。有些公司员工，偷公司的技术，在外面开公司，被抓到了还理直气壮地说，我也是企业的主人，企业出问题了，我拿点家里的东西，有什么不行。

因此员工持股制度，并不一定会使企业更好管理，也并不一定会降低企业的管理难度，有时甚至会增加难度。

还有些人认为，员工持股制度使华为管理层可以用很少的钱，控制很大的公司。我认为这种说法没有基本的因果逻辑。

我个人的看法是，正是因为华为管理层的无私，才有了华为的员工持股制度。试想一下，华为在发展的初期，员工持股制度确实降低了华为的融资难度。

但是社会上有很多其他融资手段，华为的创始人完全可以在不失去自己股权的情况下，采用其他手段获得资金。假设他们保持了自己原来的股权，不要说华为是今天这样的规模，即使华为只有今天1/10的规模，甚至1/100的规模，按照今天社会上的流行做法，华为的核心管理层会多有钱！这一点我在前面也说过，就不再展开了。

科学评价价值

华为公司价值评价的方式与其他公司有所不同，华为内部经常搞赛马和评比，但华为考评的不仅是绝对值，还是增长率。这个做法背后的管理逻辑是华为价值评价的导向。华为的导向是：自己和自己比，你每年都要有进步。

爱因斯坦曾经说过，复利定律是人类社会的第八大奇迹。它的含义是，不管你今天在哪里，只要你每年都保持一个增长率，你就会走得很远。

与这个定理相关的还有一个公式，我用一个例子来说明它的应用。如果你企业的年度收入是 A，复合增长率是 B，那么 A 除以 B 的结果就是你年度收入翻倍的时间。假设你的年度收入是 70，年复合增长率是 10%，70÷10%=7，结论是 7 年时间你的收入就会翻倍。那如果你的收入复合增长率更高，达到 30%，两年多一点的时间，你的收入就会翻番，这就是复利定律的威力。

华为的成长就是复利定律最好的证明，华为由一家小公司，经过 33 年时间成长为一家收入超过 8000 亿元的公司。我们曾经计算过，1987～2019 年华为的复合增长率在 30% 左右，这就是华为的成长秘密。

华为也将复利定律应用在企业管理的方方面面，任总把这种管理方式称为"拧毛巾"。

我们的做法是，要求每一个部门在工作的主要方面都要比前一年进步一些，主要方面不仅是指产出，还包括效率，这样自然牵引各级部门主管，把注意力放在持续进步和长久发展上。在外部表现上，你看到的，华为各个部门不但业绩上逐年提高，管理也很快跟上，背后的秘诀就在这里。

我曾经辅导过一个来华为工作的外籍高管，他问我一个问题，说他自己怎么都想不通，为什么他负责的经营单元规模是整个地区部最大的，但他的考评成绩却不好。

我和他讲，华为考评的逻辑不是考评绝对值，而是针对目标值。华为为每个部门制定目标的逻辑是你这个部门在工作的主要方面是否有进步。

在此基础上，我们再做赛马，让工作相似的部门一起来比，做得更好的，拿更好的考评成绩。也就是说，我们希望每个部门，不但要挑战自己的目标，还要在同类部门中跑在前面。

因此在华为，并不是贡献绝对值大的部门就能拿到好的评价，那些进步最大的部门才可能拿到最好的评价，这些部门不但要完成目标，还要在赛马当中胜出。

我在负责全球产品行销工作的时候，遇到过这样一个案例，某地区部的一个产品行销部目标完成得很好，超过目标 120%，但考评成绩没有拿到优秀。

于是这个产品行销部的主管向机关进行了投诉。我们调查之后，很快给他做了回复。他的考评成绩低的原因不是他没有做好，而是他周边部门比他做得更好，其他部门的目标完成率比他高，自然考评成绩比他好。

在华为并不是所有员工都采用相对考核，我们操作类员工采用的就是绝对考核，考核成绩取决于目标的完成情况，目标完成好，他的考核成绩自然好，不需要横向拉通和互相比较。

合理分配价值

一个企业通过价值分配要达到的目的是其自己设定的。华为价值分配的目的是导向企业持续发展和导向冲锋。

有人问我，为什么不把公平放在首位？我们认为：在价值分配中，绝对意义的公平是不存在的。公平是结果不是目的，一味追求价值分配的公平会引起企业内耗。在1998年的《华为基本法》中，华为就明确了效率优先、兼顾公平的原则。我们在价值分配中力求做到公平，但公平不是我们的目的和导向。价值分配的目的是促进价值创造，因此，价值分配一定是以奋斗者为本。

在华为，可被分配的价值包括组织权力和经济利益，其分配形式主要有：机会、职权、工资、奖金、股权、红利、医疗保障以及其他的人事待遇。

将机会和职权排在可分配价值的首位，这种做法与西方公司的流行做法并不相同。

我在地区部工作的时候，曾经引入了一位在西方公司工作的高管。他开始对我们价值分配的排序非常不理解。他认为，给员工什么样的岗位，就应该给员工什么样的待遇，人的激励是靠待遇牵引的，而不是靠岗位和机会。

他跟我讲，他愿意和我打赌，在给予下属同样待遇的情况下，下属愿意选择比较低的岗位和比较确定的工作，而不是机会。我建议他先在工作中慢慢理解我们的政策。在他的坚持下，我还是接受了与他的赌约。

这事发生一年之后，我的工作岗位发生变动。就在我要离开地区部的时候，他专门联系我，说要请我吃顿饭。我问他为什么，他提起了我们一年前的赌约，还说有感想想对我说。

他和我分享，在过去一年，他真切体会到了华为员工对于机会的重视程度，他也通过给下属机会，牵引大家为组织做了更大贡献。他告诉我，他开始领会华为的魅力了，并总结了一句话，机会是给有追求的人最大的奖励，而反过来，用机会可以牵引人更大的追求。他说如果有机会，他自己也愿意迎接更大的挑战。我听了很感动。

感悟 华为价值管理机制如图4-1所示。价值创造是价值评价的前提和价值分配的基础；价值评价是为了牵引价值创造，并且是价值分配的依据；价值分配促进价值评价改进，并且为价值创造提供动能。

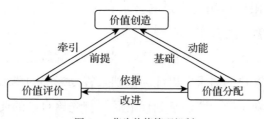

图4-1　华为价值管理机制

业务管理纲要

摘要：以客户为中心，产品的发展目标以客户需求为导向，组织的发展目标是流程型组织建设。

业务管理纲要是华为公司业务发展策略的总结，也是华为业务方面过去教训和经验的总结。它的核心内容可以概括为一个中心和两个基本点。

一个中心指的是以客户为中心。客户是华为价值创造的源泉。华为认为自己的一切工作都是围绕客户来进行的，客户满意度是评价工作的最高标准。下一章我会详细地和大家分享华为的核心价值观，其中会对以客户为中心做更加详细的介绍。

两个基本点的第一点是产品发展路标以客户需求为导向，第二点是组织发展目标是流程型组织建设。这两点也是华为公司的宏观商业模式。下面我和大家分享一下对这两点的理解。

产品发展路标以客户需求为导向

产品发展路标以客户需求为导向，从字面理解并不难，那就是用客户需求来牵引产品发展。那么什么是客户需求呢？

在华为早期，我们理解客户需求很简单，那就是客户发出的标书。标书的内容是客户对于供应商的要求和客户需要解决的问题。作为供应商，谁最能最大限度地满足客户的要求和解决客户的问题，谁就最有可能中标，赢得与客户的合作。

在那个时代，大部分供应商拿到标书后的做法是，看自己的产品有多少能够满足客户的需求，以此为基础来答复标书的要求。在这个方面，华为的做法与众不同。我们拿到标书后，首先给自己的要求是全部满足，把压力由外部转到内部。首先要求我们自己的产品和解决方案的开发部门，尽量满足客户全部的要求。

与其他企业比，华为这样做的逻辑从根本上说是出发点的不同。大多数企业的出发点是从内到外，从自己产品出发看客户的要求。华为的出发点是从客户出发，反过来推动产品满足客户的要求。

坦率地说，华为这样做，一开始并不被大家认可。我记得在负责华为全球固定网络市场销售时，曾经有一次，就被客户的CTO（首席技术官）叫了过去。

CTO很生气，对我说：你们公司在乱搞！在你们本次答标当中，你们对我们所有的技术要求都回答了满足。你们这样做并不能让客户满意，相反我们很困惑，在我们发给标书的这十几个厂家当中，包括世界排名第一、第二的厂家。他们都没有答全部满足，你们凭什么答全部满足。只有你们一家这样做，我首先怀疑的是你们的诚信，真想马上把你们踢出去。

我请他给我一点时间来调查此事，经过我们对项目组工作的审查，很快发现这件事背后的原因和做事的逻辑。

首先按照我们的现有能力，客户的要求是可以满足的。但单从项目的投入产出比而言，为在这个项目中满足客户的所有条件所做的投入，通过这个项目是很难收回的。所以，其他友商在接到标书之后，答复技术要求不满足是合理的。

但从华为角度，我们认为此客户在这个地区有代表性，我们希望通过这个项目，引入与它类似的客户来获得收益。华为的诉求，不是从单产品上获得最大利润，而是在一定利润基础上达到市场最大化。

后来，我把我调查的结果反馈给这个客户。客户仍旧有疑惑，但还是让我们参加了投标。最终，因为我们对客户的要求满足得最好，我们中标了。几年后，这个客户对我说：选华为，是在我职业生涯中最正确的选择。我认为，这是对我们工作最大的肯定。

但凡事都有一个度，度把握不好，就可能出问题。在早期华为海外市场拓展中，我们被客户称为"Mr.yes"。原因很简单，就是不管客户提出什么样的要求，我们的回答总是"yes"。

从一方面讲，我们愿意响应客户需求，这是好事。从另一方面讲，我们如果不经分析就答应满足客户的需求，是不负责任。

华为的特征很明显，那就是持续改进。有问题就修正，有缺点就改进，既然做"Mr.yes"不合适，我们就制止了一线的这种行为，将我们的要求改为技术排名第一。现在我们不允许没有经过仔细分析就直接在客户的标书上答复可以。但我们要求，相对友商，自己可以满足更多客户要求，同时把这些要求满足得更好。

在华为拓展海外市场的初期，一些友商给华为扣上一个帽子，叫低价倾销。他们这样说，无非想让大家觉得华为的产品是因为质量差，所以价格低。其实他们这样做，罔顾了一个基本事实，那就是华为在海外拿的绝大部分项目，技术要求都是名列前茅的。

从某种意义上说，正是客户需求倒逼我们产品的改进和提升，使我们在不知不觉中，超越了竞争对手，把自己逼成了技术第一。

随着技术的飞跃式发展，运营商处于不断转型当中，客户的需求从显性逐步走向隐性。在这个阶段你会发现，客户提出的需要解决的问题和其自己提的解决方案，已经开始不相匹配。

曾经发生这样的故事，客户的 CEO 把我们的技术人员找到他的办公室，他还告诉他们，针对自己的问题，希望华为做出个怎样的解决方案。

华为的兄弟听了很高兴，客户不仅提出了要解决的问题，还告诉我们该怎么办。于是急忙回去，按照客户的要求，做出了解决方案。当他们将解决方案呈现给客户的时候，没想到客户说这不是他需要的，这个方案解决不了他的问题。华为的兄弟傻了。

为什么客户自己说的问题的解决方案也会错呢？因为随着技术发展加快，市场的要求迅速变化，客户需要与供应商进行更紧密的合作。这时客户真正需要的解决方案，往往需要客户和供应商共创，大家从需求和技术的维度一起找出最佳答案，这就是华为与全球的主要客户建立联合实验室的目的。

当华为开始引领整个行业发展时，我们更加关注客户需求，把客户需求的挖掘工作拓展到客户的客户，直至最终用户。

我在传送网[3]工作的时候，有这样一个案例，我们与一个地区的大型运营商合作，他的客户主要分布在金融行业，通过对最终客户的调研和分析，我们发现金融行业客户最重要的需求是时延，即当一个经济数据被发布时，它的传播和分析时间。基于这个客户需求，我们为客户定制出世界上时延最小的光传输网络，帮助客户获得了极高的用户满意度和市场。

在华为引领市场发展的阶段，我们将更多的时间和精力花在技术预研上。为更好地满足客户需求，提供前瞻的技术准备。华为成立了 2012 实验室，我们有几万名科学家和工程师专注于基础研究。华为在研究上的经费从过去的占整个研发经费的 10% 到现在占比在 30% 左右。这样做的根本目的就是通过技术突破，结合客户的问题，开发出能为客户创造更多价值的解决方案。

华为和徕卡在照相功能方面的合作，就是一个典型案例。手机具有照相功能是客户需求，但在华为和徕卡的解决方案成功后，客户才把手机的照相功能逐步逼近专业相机变成需求，从而华为持续引领了手机市场在这方面的发展。

组织的发展目标是流程型组织建设

由于长期管理组织，对于这一点，我有很深的感受，也想把华为在这个问题上的发展逻辑和大家做一下分享。

任何一个组织，在创立初期，都是由几个功能部门组成的，比如市场部、开发部、制造部、服务部、财务部和人力资源部，这些部门职责相对清晰。整个组织人员不多，大家都能看到自己的工作与组织最后的经营结果之间的关系。此时的组织中，员工的定位往往是一专多能，大家通过互相补位，来解决工作当中的交叉与协调问题。

当组织业务规模不断扩大之后，会呈现一个发展趋势，那就是专业化，即组织会产生更细的分工。这个变化，来自业务的需要。

华为在发展的早期阶段，产品开发只有一个开发部。在发展中，自然演化成三个组织：预研部、开发部和中试部。预研部专注于把产品开发所需要解决的关键技术难题先解决掉；开发部专注于提高产品开发的效率；中试部保证产品从研发走向市场时问题最少。这样的组织细分显然对产品开发工作而言是必须的。产品细分之后，自然每个部门都要专注于自己的分工。

这个时候，组织的人力资源体系往往最关注的是部门职责和员工岗位责任，组织希望用清晰的岗位责任和部门职责来牵引各部门前进。但同时也会产生一个问题，那就是组织中的部门墙会越来越高，以致影响工作结果和工作效率。

我初到华为时，就在一个产品的开发部工作，后来组织发生专业细分，公司成立了中试部，我是第一批从开发部分调到中试部的员工。调到新的工作岗位后，我的工作职责自然发生变化，从开发产品，转变成找出产品开发中的问题。

由于我是从开发部出来的，对产品开发中的那些问题非常清楚，因此我的工作绩效非常好，很快被提职涨薪。而我开发部的老同志，因为被指出了很多问题，而受到了批评。

于是他们非常生气，每当看到我回到开发部，大家迅速关上自己的笔记本和电脑。后来有老同志告诉我，他们当时的想法是，问题宁可让其他人知道，也不能让我知道，因为我是通过给他们找问题提职涨薪的。有人还编了一个顺口溜，要防抢防盗防维滨。这种工作配合不会提高公司的效率，反而会降低公司的效率。

组织走向专业化和部门细分之后，必须要解决资源共享和能力持续提升的问题。

以华为的研发为例，我们开始是以产品研发为核心的组织，这个组织的能力是端到端的，可以完成产品开发当中的所有任务。公司的开发部核心由若干个产品开发部构成，而每个产品开发部都包含着硬件开发、软件开发和测试等功能。产品开发部之间的这些功能无法经验共享，某个产品开发部硬件功能强，但没法复制到其他部门。

在这样的组织下，技术共享也很难做到。技术共享要靠整个开发部主管的行政干预，以及相应部门的主管以及关键技术人员的大公无私。对于技术和平台共享无法建立正常的协调机制和管理机制。

我曾经听到华为业务软件的主管分享他在负责业务软件的时候，认为另外一个部门的技术更有竞争力，于是希望借鉴过来。他开了无数次协调会，甚至动用了请客吃饭的市场手段，好不容易才把技术借鉴过来。但技术本身是持续发展的，他离开这个工作岗位后，后续接替他的人没有他这样好的协调能力，导致他们借鉴的技术已经发展到了第三代，他们还在用第一代的技术。这对公司而言，是低效率。

在专业细分的功能部门中还存在一个问题，那就是能力的持续提升问题。做开发的读者一定非常理解我说的情况。不管你是做硬件开发还是做软件开发的人员，当你全身心投入到一个产品的开发中时，开发周期越长，你越容易成为"蜡烛"。

怎么解释这句话呢？那就是你像蜡烛一样燃烧了自己，等你的产品开发项目完成，发现自己的水平已经落伍了，因为硬软件技术发展是非常快的，一旦跟不上，你就会失去竞争力。

那么如何解决技术经验在专业化的功能组织中的共享问题和能力的持续提升问题呢？华为的解决方案是采用矩阵式组织，将同一能力部门或技术部门，在研发体系里，建成大的功能部门，比如说硬件部或软件部，由这个部门负责能力的持续提升和技术的拉通及共享，再把此部门的人员放在各个项目组当中，负责具体的开发工作。

以硬件部为例，一个平时工作在项目组当中的硬件人员，同时有两个主管，一个主管是项目组的主管，另一个主管是硬件部的主管。前一个主管管理他的开发业务，后一个主管管理他能力的提升和经验的共享。

对组织来说，这种矩阵式的管理方式有几个非常大的好处，首先，可以保证业务组织（如开发组织）为端到端的业务结果负责。其次，可以保证业务组织当中的各项能力能够与时俱进。同时通过矩阵式架构，可以更方便地在整个组织中共享经验和技术。

相对于一般功能式的组织，矩阵式的组织架构有效地解决了经验技术的共享和能力的持续提升问题，因此华为的组织架构迅速走向矩阵式。关于这种组织架构的管理，我在第2章做过分享，这里就不再赘述了。

但这种架构并不能解决所有问题，尤其不能解决由于专业化和能力细分所形成的功能部门的部门墙问题，以及由于功能细分导致的各部门无法直接看到结果，从而只愿意为自己的职责负责，而不是为最终结果负责的问题。

针对这些问题，华为一直在苦苦追寻解决方案，终于在1997年，任总一行在 IBM 找到了答案。IBM 通过流程将各个部门串起来，使各个部门能够有效协同运作，从而实现更好的商业目标，帮助 IBM 从一家以技术为中心的公司转变成以市场为中心的公司，并取得了重大成功。

在亲眼见到 IBM 流程所创造的奇迹后，华为从 1998 年开始，系统地从 IBM 及全球其他咨询公司，引入了很多代表全球先进水平又被验证过的流程，如建设流程型组织。

如果说业务决定组织，那么流程就是业务的映射。流程在华为落地后，我们就会优化和调整组织去适配这个流程，因此你可以清晰看到华为组织的方向：从功能式组织走向了流程型组织。正是因为流程组织的建立大大提高了华为的整体作战能力，从而帮助华为从一家中国供应商成为全球性的解决方案供应商，并引领这个行业发展。

2011 年以后，华为的业务有了新的变化，我们从过去专注于运营商体系，扩展为在运营商、企业网、消费者和云领域发展。业务变化背后的本质是客户与商业模式的变化。为了适应这种变化，华为建立了四个 BG（业务群）。在这个新的阶段，华为的组织特征是以客户为核心。

总之，华为的组织变化体现了一个统一的逻辑，那就是业务决定流程，流程决定组织。

感悟   在华为过去三十多年中，每次组织跃升，都是为了解决组织中存在的一些关键问题。

1. 从简单功能性组织向专业化组织的演进，组织规模扩大必然带来工作细分。

2. 从专业化组织向矩阵式组织迁移，可以帮助企业有效解决能力和技术的共享问题，以及帮助企业实现端到端为客户服务组织的打造和专业能力的持续提升。

3. 从矩阵式组织向流程式组织转变，有效解决组织对企业业务运行的适应性问题，为不断优化组织指明了工作方向。

财经管理纲要

摘要：华为公司的经营目的。

华为财经管理纲要包括三个内容，第一部分说明公司的经营目的，第二个部分阐述公司价值创造的规律，第三部分阐述华为公司价值管理的任务。由于篇幅关系，我把自己对于财经管理纲要的理解和体会与大家做一下分享。

长期有效增长

华为的经营目的是追求公司长期有效增长，怎么理解这段话的含义呢？

华为是一家追求增长的公司

一般来讲，一句话当中的名词代表定位。追求长期有效增长中的"增长"两个字，是华为经营目的的基本定位。华为是一家追求增长的公司。

增长的内涵首先来自规模的增长，很多人都愿意用这样那样的方法来总结华为的本质，我喜欢其中这样一句话，华为是一家在一定利润下追求规模最大化的公司。我认为这至少能代表我们的做法。

每年公司在制订下一年的经营计划时，一定是先确定规模。一般情况下，华为的规模一定会被要求增长，而且对于增长的幅度是有要求的。华为要求自己的增长率要超过行业的增长率，同时要超过竞争对手。

在增长率确定的基础上，我们再确定其他经营指标和资源计划，从这个先后顺序上你就可以看到，华为的计划是围绕着增长来做的，而且华为的增长是有追求的增长。

记得我在参与管理国内市场的时候，有一年，我们其中一个办事处任务完成得很好，规模比上一年增长了20%，超过了年度计划。但那一年，这个办事处主管本人的考评却仅仅拿到了B（第三档）。

其实原因很简单,虽然我们在这个区增长了20%,但是我们的竞争对手增长了30%。虽然我们跑赢了自己的计划,但没有跑赢对手,这样的办事处不会得到好的评价。这就是华为的导向,跑赢行业,跑赢对手!

有利润的增长和有现金流的利润

接下来谈谈"有效"两个字,华为不是一家为了增长而增长的公司,华为对于增长本身也是有要求的,这个要求就是有效。那么"有效"的具体含义是什么呢?

对华为而言,"有效"就是在规模增长的同时,要有利润和现金流,华为把它总结成一句话叫作:有利润的规模,有现金流的利润。

先谈谈利润,对一个公司而言,利润是它活下去的基础。没有利润,我们就无法开展再生产,也没有办法给员工发奖金和股权分红。

也许你会问,华为不是一家以客户为中心的公司吗?为什么还谈利润?其实这个问题,我们在华为内部也碰到过。

一位华为代表处的CFO(首席财务官)跟我讲了一个案例。他所在区新来了一位客户经理,没过多久,就和他讲,你们为什么要求我去向客户要欠款呢?我们是一家以客户为中心的公司,为什么不能把客户的欠款抹掉呢?

这位CFO回答他说:请你思考一下,给我们发工资这钱从哪里来呢?我们日常运作的钱从哪里来呢?我们给客户做解决方案的钱从哪里来呢?如果没有利润,我们连给客户服务的可能性都没有。华为不是一家唯利是图的公司,但我们要活下去就必须有利润。

再说说现金流,一个人要活下去,就离不开血液循环系统。对一个公司而言,现金流就是流动的血液。没有现金流,公司经营状况再好,都会维持不下去。

我早期在华为做市场,当时我们的考核指标只有一个,就是销售额。我对现金流是没有概念的。

那时感觉公司就像银行，缺钱就去取，从没想过钱从哪里来。有一次，公司没有给我按时报销，我还很生气，就去质问公司的会计为什么不给我马上报销。会计对我说：你不要来问我原因，原因就在你们自己身上。你们没有把客户货款要回来，公司账上没有钱。这一刻我才开始理解自己的工作与公司现金流之间的关系，也开始理解现金流对于公司的重要性。

正是在有利润的增长和有现金流的利润这个原则的指导下，我们逐步完善了自己的组织考评和激励制度。对办事处的考评，从只考核销售额转向收入、利润和现金流的综合考核。对产品线的考评，从只考核研发质量，也转向收入、利润和现金流的综合指标。

很多人问我，华为在成长的过程中，遇到过很多次产业转型和两次大的经济危机，华为为什么能度过这些困难期？我经常这样回答，因为华为对增长的有效性管理，有利润和现金流是公司持续生存与发展的基础。

华为是一家追求企业利益最大化的公司

再说说长期，华为是一家追求长期主义的公司。曾经有一位管理学家讲，当前世界上有三类公司。

第一类公司追求股东利益最大化，大部分欧美公司都属于此类，这类公司做商业计划的出发点是每股收益。

第二类公司追求员工利益至上，像一些日本公司，几代人在一家公司上班，大家就像家人，一起把家运作好，运作的目的是满足大家的需要。

第三类公司追求企业利益最大化，体现在目标上，就是公司的长期发展。华为就属于这一类公司。

那么怎样理解华为的长期主义，华为将每年销售收入的10%以上的资金投入到产品研发，不断提高自己的产品质量和竞争力。华为不追求利润最大化，把更多的利益分给客户和产业链。这些做法只有一个目的，就是导向长期发展。

以上和大家分享了公司的经营目的，公司追求长期有效增长。

为什么华为不提持续增长？

我的理解是 ICT 领域是一个变化迅猛的行业，在这个行业发展会经常面临产业升级和转型。升级和转型的本质就是旧的产品淘汰和新的产品诞生，而往往新的产品不一定马上带来规模上的增长。

在这种情况下，如果企业一味要求自己规模成长，就可能走上歧路，或者主观上从自己出发加大无前途产品的销售，或者追求规模增长"短频快"的业务。而这些做法会损害企业的长期竞争力。

在安徒生的童话书中有一个红舞鞋的故事，小姑娘穿上了漂亮的红舞鞋，但只要穿上它，小姑娘就要不停地跳舞，最后跳啊跳啊，直到失去了生命。企业在任何情况下都要求增长，就是穿上了"红舞鞋"！

华为不提持续增长，目的是为自己的决策留下自由度。在转型时期，我们可以着眼于未来，而不是聚焦在暂时的增长，避免给企业穿上"红舞鞋"。

过去的成功不是未来的可靠向导

在华为早期，当我从开发部门转到市场部时，心中充满恐惧。因为当时在华为做市场，一个基本要求是要能喝酒。当时华为还很小，在别人心中也不算什么品牌，想与别人交流并成为朋友，最好的方式就是一起喝酒。

而偏偏我的酒量很差！虽然我很努力！脑袋总想争气，可身体不给力，经常是一桌人在一起吃饭，菜还没有上来，我就已经喝多了。为此我经常自责。

可是没过多久，我发现自己的销售业绩，比很多能喝酒的销售人员还要好，于是我找到了自信。可我并不知道为什么会有这样的结果。那些善于喝酒但业绩又不如我的销售员，也经常问我，秘诀在哪里？

有一次在与领导沟通的时候，我提出了自己的困惑。领导答复我说：在华为市场的拓展初期，获得合作机会最重要，因此谁能喝酒，就更容易与客户建立连接。现在是我们与客户开展深入合作的阶段，谁更善于策划，谁更容易成功。喝酒不是你的长项，但策划是。"

他的话让我恍然大悟，不是人的能力改变了，而是市场发展对人的要求改变了。你如果还拿过去的经验来适应今天的市场，效果自然就不会好。

从此我开始关注这个问题，后来我发现，销售人员对于技术方面的沟通能力变得越来越重要。这时我已经开始做办事处主管，有一年春节，我们客户的领导请供应商吃饭，那个区域友商的负责人和我在一个饭桌上。

在这种场景下，自然每个人都在使用自己的长项，友商的负责人喜欢喝酒，因此频繁地和大家把酒言欢。我擅长技术，就与客户讨论技术。到吃饭结束的时候，这位友商的负责人喝了快两斤酒，被人扶了回去，而我确定了两项新的合作意向。

这个故事说明，市场对于销售员的要求是变化的，销售人员一定要不断地提升自己的能力，以适应这个要求，不能固守过去自己的销售经验。

这个道理对个人是适用的，对组织同样是适用的。一个组织同样不能固守自己过去的经验，用过去的方法应对未来的市场是行不通的。

很多人问我，为什么华为这么重视变革？华为每年有100多个变革项目，这些变革项目有公司级的，也有部门级的。这些变革的本质，就是改变自己的做法以适应新局面和市场的新要求。这个改变的过程，就是华为放下旧经验，形成新经验的过程。

在成长过程中，华为深切地感受到，一个公司一定不能因循守旧，试图用自己过去的成功经验去创造未来是企业管理中的刻舟求剑。企业过去成功，也不能保证未来成功。企业只有不断地调整自己，去适应外部世界的变化，才能更好地走向未来。

感悟 　一般而言，公司的经营理念有三种。

　　1. 股东至上，它的考核标准往往是每股收益率。

　　2. 员工至上，它的考核标准往往是员工满意度。

　　3. 客户至上，它的考核标准往往是客户满意度。

华为是一家崇尚客户至上的公司，在此基础上追求企业的长期有效增长。

注　释

1 移动交换机是指在移动网络上负责话音和数据交换的设备。
2 移动基站是指移动网络上负责和手机等终端进行话音和数据连接的设备。
3 传送网是华为传送网产品线的简称，围绕着光传输和微波两个领域，为客户制作最佳解决方案，并为这两个领域的经营结果和解决方案竞争力负责。

第 5 章

华为文化是持续发展的文化

人力资源管理纲要 2.0

摘要：从一棵树到一片森林，从物质激励到精神激励，从不信任管理转向信任管理。

2018 年，华为开始探讨文化和管理体系的未来走向。人力资源管理纲要 2.0 就是我们探索未来华为管理的讨论稿。下面我想和大家分享一下自己的一些理解。

华为的业务发展模型

如果用一句话概括华为公司未来的发展模型就是：在天地之下，从一棵树到一片森林。

从一棵树到一片森林

华为早期只有一种业务，那就是运营商业务，我们依靠这项业务，从一家小公司成长为一家规模 3000 亿元的公司。这项业务使我们在全球一共有不到1000个目标客户,其中300个客户所贡献的收入就占了我们将近80%的规模。正是通过这种业务,华为从一根小草成长为一棵大树,从一家跟随性的公司成长为一家领先的通信产品及解决方案供应商。

华为的企业业务与运营商的业务有所不同。首先,企业业务客户众多,华为企业业务的目标客户在全球超过1万家,远远多于运营商的目标客户。其次,与客户的合作方式不同,华为做企业客户不是单打独斗,而是联合全球众多的合作伙伴一起为企业服务。

简单地说,针对企业市场,华为一般不自己签合同,而是帮助我们的合作伙伴签合同。产品和解决方案也不一定都是采用华为的,我们企业业务的定位是被集成,即成为别人解决方案的一部分。

华为的企业业务最早是我们运营商业务的一个分支,长在运营商这棵大树上。2011年,我们正式让这棵树脱离运营商业务,独立发展。经过不到10年时间,它就成长为一颗规模超过千亿的大树。

华为消费者业务过去也根植于运营商业务,消费者业务的产生就来自给运营商3G业务做配套。其业务特征也与华为的运营商和企业业务有很大不同。尤其体现在客户的不同,华为消费者业务的客户是全球70亿人。未来世界会走向万物互联,这个业务群的用户将从人走向万物。

2011年,华为正式成立消费者BG之后,消费者业务突飞猛进,目前已占华为总体收入的半壁江山。2020年,我们出售了消费者BG中的荣耀事业部。对于这个BG业务的未来发展,我还是非常有信心的。

2010年以后,两项新的业务开始成为"明星",它们分别是服务器和云服务业务。先说说云服务,由于连接人们的网络质量越来越好且带宽越来越高,我们有条件将业务放在远端,即使间隔千里,你都可以使用它。我们预测未来会有越来越多的业务采用这样的方式为客户服务。

同时,要建立这样的服务体系,就需要建立数据中心,而服务器是数据中心的基础设施。为了完善我们的解决方案,我们也进入了服务器领域,这样使得华为既可以建立数据中心,又可以为客户提供云服务。

基于以上的原因,华为成立了云BG。这个BG正在快速成长,未来也会成长为一棵大树。

从我前面的叙述中就可以看出，华为业务未来的发展模型是培养更多的大树，从而形成森林。

价值观是森林的天

华为的这些大树之间并不是互不相关的，他们有共同的天，这个天就是华为的核心价值观。

华为的核心价值观是我们向心力的基础，也是华为人成为华为人的根本原因。古人云，物以类聚，人以群分，华为人之所以聚到一起，就是因为共同的信念和认识，而这些信念和认识又会促使我们产生相同的判断。

华为是一家重视企业文化建设的公司，我们这样做，就是为了传承和持续发展那些让华为成功的基因。

有人曾经问我，你认为在什么情况下，华为会出大问题？我的回答是，只要华为不偏离自己的文化，华为之树就有可能长青。

而核心价值观又是文化的内核，只要华为人坚守自己的核心价值观，不管外部世界怎么变，也不管外部工作方式怎么变，华为的基因都不会变。

树木成长的土壤是华为的平台

华为的树木在成长中，不但有统一的天，即核心价值观，还有统一的土壤，那就是华为的平台。

平台制是华为组织结构的根本特征之一，平台是把各业务连接起来发挥最大效能的基础。

在华为有两个平台极具特色。一个平台是研发平台，以我负责过的传输产品线为例，华为的传输产品线包括几百种产品和解决方案，这些产品和解决方案能够满足客户在各个场景的光传输需求。这些产品和解决方案的外观及形态各有不同，产品特性也不同，但它们植根在共同的两个平台上，一个是硬件平台，一个是软件平台。

有些人问我，为什么我们的传输产品响应市场的速度要更快一些？我毫无隐瞒地告诉他们，就是因为我们采用了平台制，在稳定的硬件和软件平台的基础上，就可以迅速开发新的特性，响应新的市场需求。

他们听了我的话后通常的回答是，他们学不来这个经验了。其实他们并不是学不了，每个组织都可以这样做。只是他们需要下决心打破各个产品开发部之间的藩篱，下决心为拉通各个产品的需求耐心而细致地工作，下决心解决产品之间的协同问题。这不是一时和一次性的工作，而是长期的、持续不断的工作。

华为的产品平台绝不是在一个产品线内拉通的，而是在整个公司拉通的。正是因为这样，我们才能提供最佳的 ICT 解决方案，我们才能把在一个产业的经验和技术，迅速移植到另外一个产业当中。

一些专家很纳闷，为什么华为没有多少光伏产业的经验，却能在逆变器上取得不小的成绩。其实原因很简单，我们不但具有逆变器技术，更主要的是我们把 ICT 领域获得的经验和技术，迅速移植到逆变器当中，从而获得了竞争优势。

华为在微波产业当中也是后发制人的，我们在这领域崛起的原因并不是我们在微波技术上的积累比别人强，而是我们把 IP 技术应用在微波解决方案上，从而取得了领先。

如果说华为研发体系的平台实现了将所有产品的开发和技术共享拉通，那么华为市场的平台则实现所有产品的销售拉通。

华为没有实行事业部制，华为的市场平台可以供所有产品使用。这是华为产品可以在市场上进行协同的根本原因。

很多人问我，为什么华为的产品在市场上表现得比较均衡？因为华为的市场是平台制，所有产品都在这个平台上销售，这样便可以很容易地做产品的协同。比如说，一个产品可以带动另一个产品的销售，这样就很容易实现产品的搭配。更重要的是产品组合销售的优势很容易发挥出来，实现 1+1>2，为客户创造更大价值，从而也为华为创造更大的市场空间，这就是市场平台化的根本好处。

后来我们发现，平台制并不适应所有场景。终端产品的销售模式与网络产品相比有很大不同，我们将它们放在一个销售平台上，这很难发挥组合销售的优势，于是将其分成两个平台。

平台制并不是一个僵化的体系，当我们发现有些产品适合小循环销售时，即这个产品从开发到销售一体化管理效率更高，我们也会允许这种情况存在，等条件合适时再把它融入平台。

从物质激励转向精神激励

从成立开始，华为就是一家注重利益分配的公司。人们谈到华为的任总，最经常讲的一句话就是，他愿意把钱分给大家。

在华为早期，员工的工资和奖金就高于其他公司。任总和管理团队还把自己的股权稀释分给大家。

有一次任总接受外部采访，在谈到自己的工作时，他说自己是抹糨糊的，用一桶糨糊把整个公司员工凝结在一起。这个最强的黏结剂就是华为的分配机制。

华为的分配是有明确的导向的，那就是向奋斗者倾斜。很多人在关注华为的激励机制时，都把目光放在华为的末位淘汰制上。淘汰制只是增加了人的危机感，其实我建议大家把目光放在华为的另一种做法上，那就是给火车头加满油。

在华为做过优秀员工的人都会有这样的体会：当你优秀后，你的晋升幅度和待遇提高会大大高于周边的人。公司这样做，不但会使你有很强的自豪感，更重要的是会增强你的责任心和使命感！

公司这样做，还会达到一个效果。那就是所有人，都会向优秀的人看齐，向优秀的人学习，所有人都渴望成为那个优秀的人！这样做，就会牵引整个队伍的人奔向优秀，又会使组织中的大部分人能力迅速提高。很多人问我，为什么华为人能力提高比较快？原因就在于此，每个人都渴望优秀，再加上每个人都不希望成为那个被淘汰的人。

这就是华为给火车头加满油的机制，通过这个机制，公司既找到了未来的接班人——现在优秀的员工，又激励了整个队伍迅速前进。

但我们也发现，目前这个机制是有局限性的，它是以物质利益为基础的。而物质利益对人的牵引只能起到部分的作用，面向未来，公司会更注重精神文明建设，进一步提升激励的效果。

未来公司加强精神文明建设的工作方向包括两个方面。

一方面是加强对员工发展的机会牵引。华为公司认为，给予员工和干部最大的激励是机会。

在这方面，华为的一个典型应用案例就是每年破格提拔4000～5000名员工，破格的含义就是不按部就班，一般情况下，华为的员工每半年考评一次，如果本人的考评在过去三个考评周期中，有两个考评是良好以上，员工在今年的职级晋升就有可能会升一等，而对于破格提拔的员工，在一年中就有可能升三四等，甚至更高。

破格提拔的另一个含义是岗位机会，一般而言，华为的每一个工作岗位都会有一定的个人职级的限制。如果你的个人职级不够高，你就无法获得一些岗位机会。在这里破格的含义就是，即使你个人的岗位职级不够，但你足够优秀，我们就把你先放到这个岗位上，把机会给你。

通过破格提拔，公司发现了一批优秀的苗子，也牵引了更多的人追求优秀！

另一方面是建立荣誉体系。未来30年的华为，将系统地加强精神文明建设，其中的一个重要方面就是荣誉体系建设。

有一次我在华为培训中心吃午饭，我去的是一个轻自助餐厅，即按照套餐方式点餐，其中一部分沙拉和水果等采用自助方式自取。在就餐过程中，我发现一个服务员表现非常好，他的服务令我很满意。于是在结账的时候，我想给他单独加小费。没想到他过来对我说："谢谢你，但是不用了。"我问他为什么，他说他是华为的明日之星，并把他胸前"明日之星"的牌子给我看，从他那骄傲而自信的表情我就能感受到荣誉对人的激励作用。

不久之后，我们在华为培训中心的餐厅进行了社会化改革。改革的方式就是把原来由公司经营的餐厅转由个人经营。这样变化后，过去属于公司的服务人员，就会切换到承包人自己成立的公司。

转化后的半年左右，我又到这家餐厅吃饭，又见到了那位服务人员，他的服务仍旧很到位，他的胸前仍旧戴着那块"明日之星"的牌子。我很好奇，就问他为什么？他只回答说，这是我一生的荣誉，它一直激励着我做得更好，我会一直保留着它。

我相信，精神文明建设的进一步加强，会给公司带来新的变化和更多的奇迹！

从不信任管理走向信任管理

我相信一个组织管理的发展路径是螺旋上升式的，通过周而复始又不断循环的管理改进，促进组织的持续成长。

早期华为的管理是建立在信任基础上的。那时华为很小，就像一个家庭，家庭成员之间自然是信赖的，而这个信赖是我们做很多工作的基础。

早期华为公司的现金流压力很大，华为人自己又没什么钱，出差时都尽量少向公司借钱。这样就造成一种现象：到出差现场，需要花钱时，同事间就互相借钱。结账时借款人给被借款人打一个白条。报销的时候，被借款人就将白条寄回或当面给公司财务部，直接作为同事间报账和销账的依据。

我在中试部时，经常需要出差安装我们的设备，一去就是一两个月。出差中没有事不需要向领导汇报，领导也从没问过我在哪里。后来我自己做管理，也是这样管理下属。

当时同事间的分工不细，也没有人去仔细区分哪些是该我做的，哪些是该别人做的，只要觉得对公司有帮助，大家就主动去做，我们还给它起了个名字，叫窗口责任制，第一个接触问题的人就负责把问题闭环处理。

这就是信任管理，当时公司没有完善的规章制度，是相互间的信任和公司的文化让我们很好地在一起协同工作。

很多华为的老人，都很怀念那段时光，我个人也是这样，甚至一度认为，有这种家庭式的情感和氛围，公司并不需要引入什么管理。因此当任总在公司首先提出来"用人不疑和疑人不用"是封建思想时，我们开始还有些想不通。

但随着公司业务的蓬勃发展，公司的人数也以几何级数增加，我们自己也在与同事的协同中，逐步发现很难再找到过去的那种感觉。

从 1997 年开始，我们有计划地引进全球优秀的企业和咨询机构，帮助我们做管理改进，包括建立清晰的组织架构、明确岗位责任和端到端的流程建设。坦率地说，我开始是不适应的，如果不是任总提出了削足适履，担心自己被公司处罚，我是不愿意走上这条路的。

我不愿意的原因很简单，每件事都要分清你的我的，大家明显不像过去那样亲密了。由于大家逐步聚焦在自己的责任上，互相补位的事情越来越少。大家急于分清工作界面，避免自己多做事。在我的体会中，西方管理明显建立在不信任基础上。

但这条路，你走着走着就会发现它的魅力。首先，不仅产品的质量大幅度提高，产品响应市场的速度在加快，而且成本管理也变得有章有法。在财经体系，过去我们做一次账要一个月时间，经过管理变革后，当天就可以完成做账，这是我们过去无法想象到的。

我们过去提到做市场，就认为它是一项艺术。既然是艺术，就不是人人都能干好的，就要靠经验。经过流程变革后，我们把世界上最优秀的销售人员的经验，累积到我们的流程中，我们抓机会的能力大大提高。

经过变革，我们建立了完善的人力资源体系，组织有序明显提升了整个组织的战斗力。

但我们同时也看到，分工越来越细，流程越来越长，在组织越来越有序的时候，组织整体的灵活性就会下降，组织响应外部环境变化的能力就会下降，组织会让人感觉越来越冰冷，每个人都感觉自己是组织机器中的一个零件。

我相信，提高组织的活力和响应速度，让流程更加简洁有效，让人的主观能动性在组织中产生更大的作用，这些问题是每个组织严密的大企业管理者都想实现的目标。

华为未来的解决之道，就在于将不信任管理转化为信任管理，从而让组织更简洁高效！

这几年，我们在报销上采用的制度，就能说明这个问题。过去我们一个员工报销，要经过主管审批才可以，而一般只有总监级的干部才有这样的审批权力。一个总监管几百人，为了做好这个工作，就要设一级审核，来帮助他做发票的初审。审核和审批的假设是员工可能报销作假，而其实有这种作假意图的员工，仅仅是极少数。

而平时华为的主管们工作又很忙，只能抽时间看发票，这就导致员工报销严重滞后，而且效率不高。

针对这种情况，我们修改了报销政策。新的报销政策是假设所有员工都是诚信的，员工贴好发票，按格式申请报销后，不用审核，直接就可以拿到报销款。

公司采用抽查制，如果发现某个员工的已报销款有问题，就在员工报销的诚信档案上做记录。这个员工下次报销时，就必须走详细的审批流程。

这种方式，大大简化了员工报销流程。简化的逻辑，就是改变流程的假设，从假设员工有问题，到相信员工诚信。这就是我们在管理上，从不信任走向信任的尝试，未来将会有更多的公司流程采用这种方式。

感悟 20世纪90年代，美国通用电气公司的董事长杰克·韦尔奇先生提出了"活力曲线"（见图5-1），后来在很多公司得到应用。

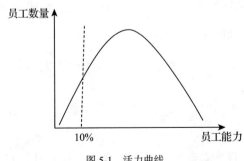

图 5-1　活力曲线

"活力曲线"有两个基本假设：

1. 在组织内部，员工的能力分布是正弦波状态。优秀的员工比较少，较差的员工也比较少，大部分员工的能力处于中间水平。

2. 如果每年砍掉10%的落后员工，逼着曲线向前移动，各组织员工的能力就会持续提升。

如图5-2所示，华为对于"活力曲线"进行了改进。

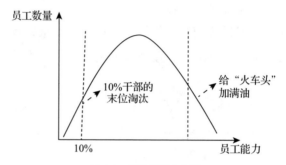

图5-2 华为的活力曲线

1. 华为的假定是，85%的员工都是"雷锋"，因此员工的能力分布不是正弦波。

2. 重点放在每年淘汰10%的落后干部，干部能力进步可以带动更多的员工能力进步。

3. 给"火车头"加满油，选择部分表现突出的优秀员工和干部，进行破格提拔并加大奖励力度，从而带动更多的人走向优秀。

华为文化的持续发展

摘要：华为文化的发展性与一致性。

我听到社会上有很多人在谈论华为文化，并总结这个文化的特征。我个人的感悟是：华为文化不是静止的，也不是一成不变的。华为文化牵引着华为发展，也伴随着华为与时俱进。

华为文化的发展性

华为文化是持续发展的，在华为成长的不同时期，呈现出不同的特征。一位哲人曾经讲过：思想来源于实践，同时思想又服务于实践。

举例来说，早期华为文化的普适性首先表现在民族性。一位思想家说：任何文化，只有具有民族性，才会具有世界性。华为文化就是这句话的践行者。

从民族性走向普适性

华为诞生于 20 世纪 80 年代末，中国通信网"七国八制"的时代，华为在这种背景下诞生，为民族争光是自然而然的心理。

我们也就很容易理解公司为什么给自己取名华为。

当华为成长起来走向世界后，以客户为中心的价值观很容易演绎出为全球通信事业做贡献的思想和文化。

记得有一次，我去国外拜访一个国家的通信发展部部长，他对我说：你们华为虽然是一家中国公司，但你们为我们培养通信人才，为我们国家的通信事业做出了很大贡献。在我心目中，你们就是我们自己国家的公司。

在为全球客户服务的过程中，我们自然放眼世界。这也是为什么，华为的愿景升华为丰富人们的沟通和生活。

华为文化不是一成不变的，是随着时间和华为的成长而不断发展着的。

从工程师文化走向工程商人文化

早期的华为文化是一种典型的工程师文化，我们非常重视技术的先进性，总是试图用世界上最好的技术来开发我们的产品。技术评比第一是我们参加投标时,对自己的基本要求。

在发展中我们逐步认识到,一个公司以技术为核心并不一定能为客户创造价值。2000 年以前,我们开发出很多高技术含量的产品,最后这些产品都夭折了。根本的原因就在于,产品虽然先进,但不能为客户带来价值,市场不接受它们。

公司痛定思痛,从以技术为中心转向以市场为中心,工程师文化也转化成工程商人文化。

在公司处于引领和超越阶段,客户需求变得越来越不确定,技术更新换代的节奏也越来越快。这种情况下,公司定位为双轮驱动,用技术突破和客户需求推动整个行业的发展。

从这个例子你可以看出,一个企业的思想和文化不是凭空存在的,它是对企业实践的认识和提纯,也指导着企业未来实践的发展。企业文化的内涵不是一成不变的,而是与时俱进的。

华为文化的一致性

华为文化具有很强的一致性,其倡导的一些思想虽然在不同时期可能表现形式不一定相同,但本质是一样的。比如说,对他人和为社会有所贡献。前面我们讲的华为文化的普适性,华为在国内发展时期,普适性更多地表现在华为文化的民族性上。在华为走向全球市场后,它又呈现出服务于全人类的思想。

虽然表面变化,但核心思想没有变化,那就是主观为自己和客观为他人!我们既想通过自己的双手改变自己的命运,又希望对其他人有所贡献。这就是文化背后的一致性。

从不让"雷锋"吃亏到以奋斗者为本

早期的华为有一种提法,叫作"不让雷锋吃亏,不让焦裕禄吃亏"。华为需要"雷锋",需要"焦裕禄"。华为希望大家争做"雷锋"和"焦裕禄"。华为认为 80% 以上的员工都是"雷锋"和"焦裕禄",我们把机会和物质激励向他们倾斜。

今天,华为以奋斗者为本,华为认为任何为客户创造价值的动作和准备动作都是奋斗,华为的机会和待遇向奋斗者倾斜。提法虽然与过去不同,但本质是一样的,就是鼓励华为员工,为客户创造价值,为公司创造价值。

从为客户服务到以客户为中心

早期的华为就是一家立志为客户服务的公司,当时我们的产品质量还不行,技术也没有领先。此时华为更强调为客户服务的精神,端正为客户服务的态度,坚定一心一意为客户解决问题的决心。

后来我们认识到,光靠态度和热情没有办法解决客户的问题,我们需要时刻关注客户的需求,通过优先满足客户的需求,为客户创造更大价值。

从以上的变化我们可以看出,虽然在不同的发展阶段,华为服务于客户的方式可能有所不同,但是我们专注于解决客户的问题、为客户创造价值的心是没有变化的,这就是华为文化的一致性。

从身体的艰苦奋斗到思想的艰苦奋斗

华为从建立开始,就是一家讲究艰苦奋斗的公司,那个时候我们的条件确实艰苦。首先说工作条件,我来华为的时候在深圳南山区的深意大厦的五层和六层办公,除了测试的仪器还不错以外,其他的办公条件都比较差,尤其是对深意大厦的第一感觉。我始终觉得这栋楼叫作大厦有些名不副实,不就是六层厂房吗!

再说说住宿条件,我到华为后,被分配的第一个宿舍在南光村,一听最后一个字是村,就知道宿舍条件好不到哪里去。我们租用的就是村里人自己盖的房子,虽然叫楼房,但是里面条件是很差的。

所以我来到华为，看到自己的办公场地和住宿环境，马上就想打退堂鼓。吸引我留下来的，是周边华为人的奋斗精神。我对早期华为艰苦奋斗的体会就是，不管条件多艰苦，华为人有志气，想把事情干成。

那个年代，任总曾经总结过我们的工作，那就是华为人历经千难万苦，走过千山万水，千方百计地完成任务。这就是千锤百炼的华为人！

后来，随着华为的发展，华为人的工作和生活条件好了起来。但华为人依旧坚持过去那种艰苦奋斗的精神，今天华为人的奋斗方式与过去不一定相同了，但华为人的奋斗精神并没有变化。

今天，华为人的艰苦奋斗更加体现在思想上的艰苦奋斗，体现在困难面前的百折不挠，体现在放下小我，为了大我而奋斗，体现在不畏艰险，敢于斗争！

我相信，随着时代的变迁，人们做事的风格和方法可能会变化，但华为人的初心——艰苦奋斗之心，不会变化！

从总结到自我批判

早期的华为人倡导自我总结，通过总结和学习，不断提升自己。每当出现困难或发生问题，我们倾向于不断问自己做错了什么，倾向于找到通过改变自己从而改变结果的方法。

前段时间别人给我看了一张21世纪初华为一次开大会的旧照片，名字叫"从泥坑中爬起来的是圣人"。那就是我们的一次自我总结大会，我们把研发体系开发的故障电路板，作为奖品发给大家。

那次事件给我留下了非常深刻的印象！参加会议的每一个人包括我自己都被深深地震撼。以此为契机，我们系统地改进了自己产品的研发质量，仔细做好从产品规划到产品开发的每一个环节，从而大大提高了我们产品的研发能力和质量水平。

企业文化以及文化当中倡导的东西，深深影响着企业当中每一个人的思想和工作，华为之所以有今天，这种自我总结和不断提高的文化起到了重要作用！

今天在华为价值观中提到的坚持自我批判，和我们过去的自我总结是一脉相承的。华为今天说的批判，不是指把人打趴在地，让他永世不得翻身。批判的目的是进步，为了提高工作效率和改进工作绩效。

华为强调的批判是自己批判自己，而不是让别人批判你。华为认为，有问题不可怕，那些勇于发现问题、揭露问题并改进的人才是英雄！

每日三省吾身，不断总结自己、调整自己以适应外部环境的需要。这是华为这么多年来一直坚持的批判文化。

华为文化的一致性很强，今天华为文化的很多特征，都可以在早期的华为文化中找到线索和发展脉络。可能正是这种一致性，帮助华为持续发展和进步。

感悟 华为文化的一致性很强，同时又是与时俱进的。

从"不让雷锋吃亏"到"以奋斗者为本"。

从"为客户服务"到"以客户为中心"。

从"身体的艰苦奋斗"到"思想的艰苦奋斗"。

从"总结"到"自我批判"。

综上，华为文化的思想脉络是一致的，只是每个发展阶段的表述略有不同。

变革推动文化的发展

摘要：华为三次文化变革的背景和过程。

华为文化在过去三十多年不断发展。纵观其发展脉络，有几个迈台阶的阶段。下面我想和大家分享一下对这几个阶段的理解，以供其他企业推动文化发展使用。

从创业期走向规范管理阶段

这一个阶段是从 1996 年开始的,当时的华为已经从一家初创公司发展为销售规模接近 30 亿元,并仍在快速发展的公司。也许你会问,既然公司发展一切都好,为什么还要变化呢?

在业务发展中,企业的管理要跟得上。如果跟不上,就会反过来制约企业的发展。这是我后来总结出来的体会。

回到当时,虽然公司仍在高速发展中,但是我们已经感受到公司存在很多问题,这些问题如不及时解决,将会制约公司未来的发展,甚至会使公司陷入危险之中。

首先,随着业务的扩张,公司人员扩张太快正在迅速冲淡原有的文化氛围,而这些氛围,是公司继续发展所需要的。如何让新来的人,更好地了解公司的历史,更好地继承公司的优良传统,是摆在我们面前急需解决的问题。而我们(可能除了任总)甚至连自己的文化内涵是什么都很难明确表达出来。

其次,公司思想不统一,大家对于公司未来要到哪里去,各有各的想法。华为身在深圳,当时的深圳又很浮躁。好像每个人都觉得自己未来会成为百万富翁。这个风气当然也影响到了华为。很多人不想勤劳致富,而是想去挣快钱。

公司在快速发展当中,火线提拔了大量干部,这些干部良莠不齐,鱼龙混杂。很多人把公司的成功归功于自己的成绩。

记得我那个时候到一个省去出差,这个省的办事处主任调回公司了,两个副主任互相不服,一个副主任占了办事处的车,另外一个副主任霸占了办事处唯一的一部手机。而我们这些来做实际工作的人,既用不上车,又用不上手机。不但如此,他们甚至不把自己的客户向公司开放,办事处新来的客户经理想去拜访其中一位客户,竟然被骂得狗血喷头。这种事情在当时虽不是普遍现象,但说明已经出现了不少危险苗头。

由于公司业绩很好,每个人都觉得自己干得很成功,成功的人就容易有路径依赖，不愿意换新方向，不愿意改变自己的工作方法。这也难怪，让成功者转向是最难的。

公司早期做交换机非常成功，经过几年的耕耘，交换机市场已经比较成熟，大家都愿意做这个领域。而新领域刚刚拓展，需要大家开发新的客户，大家对产品又不熟悉，因此大家都愿意做老产品，不愿意卖新产品。

随着业务规模的扩大，公司的组织也迅速扩张，部门内部人员在增加，部门数量也在增加。通过更细的分工，将每一部分工作做得更加专业，这本来是好事，但大家聚焦在本部门的职责上，就会为公司带来部门墙的问题。如何解决越来越严重的部门墙问题是华为当时的一个难题。

带着以上这些问题，华为开始了第一次系统地总结自己，这次总结用了大概一年半的时间，反复修改了七八次，最后成文，这就是基本法的诞生过程。

在前面的内容中，我已经介绍了，《华为基本法》的产生内容和对华为的作用。在这里我想和大家分享的是，这次大讨论对华为文化的影响。

这不是华为第一次提自己的文化，但华为之前从没有系统地阐述过自己的文化是什么。在华为前十年的实践中，任总带领华为人百折不挠地前进，在实践中形成了很多好的做法和品质，但之前并没有系统地提炼和总结过。

因此，本次大讨论所形成结论的第一部分，就是华为的核心价值观。这一版华为核心价值观一共有八条，每一条都经过华为人的多次提炼和总结。这八条是华为人对华为发展的基本假设和追求。

讨论的过程是自我提炼的过程，我们将前十年所形成的正确认识和公司的基本假设总结出来。在总结当中，将过去碎片化的想法整理出来，经过去粗取精、去伪存真，逐步形成了系统化的认识。

讨论的过程也是一个自我理解的过程，在一字一句的斟酌和研讨当中，讨论者也就清晰地明白了每一句话的含义及这句话背后的形成逻辑。再结合华为人在这方面的相关事件，你就很容易把理念和实践结合起来。

讨论的过程同时也是思想统一的过程。在讨论中，大家对于核心价值观的认识，从片面到整体。核心价值观的草稿来自任总。在此基础上，大家提意见，反复修改，最后把大家的观点集中起来形成文件。在讨论和修改当中，大家不但理解了核心价值观，还完成了认同的过程。

讨论为什么要请教授？当时我们有些人并不理解，我们自己总结自己的东西，为什么还要请老师。我本人也是在总结当中逐步理解的。

首先，老师们拥有横向视野，他们比较了解其他公司在总结文化上是怎么做的，别人的经验和教训是什么，这样可以帮助我们提高效率、少走弯路。

其次，老师们可以帮助我们建立框架。他们在企业文化领域更专业，可以为我们提供思考和总结的框架，这样使我们的讨论可以有序地和系统地进行。正确的思维框架对企业文化是很重要的。

同时，老师可以帮助我们更快地找到方法。比如在讨论的第一个阶段，我们采用了归纳历史文件，从中找线索的方式，最终发现，这种方法带来的输出无法满足公司的要求。后来老师从任总访谈开始，先把任总的观点进行归纳，在此基础上大家开始讨论，就大大提高了讨论效率。

讨论过程也是多种思想交锋的过程，在讨论初期，大家的思想并不一致，甚至有些想法互相矛盾。最后经过公司汇总和决策，大家清楚了什么是未来我们要坚持的，什么不是。通过这一过程，组织完成了从民主走向集中的过程，组织的意志也就得到了统一。

还有一个问题是，为什么要讨论这么多轮？我看到不少公司在做思想体系的总结时，总是倾向于赶快做决定。如果一两次讨论不能达成一致，就觉得效率很低。其实在思想总结过程中，往往是你越想快，效果越不好。

思想总结不同于工作上的业务决定，业务决定一经做出，大家执行即可，即使不理解，偏差也容易纠正。但思想上的问题，如果不经磨合、不彻底理解，最后的结果很可能是差之毫厘、谬之千里。我个人认为华为第一次的思想总结，正是因为发酵时间长，才取得了如此好的效果。

有一位2000年左右来到公司的同事，在公司工作了十几年后，离开公司，成为一家上市公司的管理顾问。我们见面时他对我说，他最想做的就是把华为的文化引入这家企业。他见证过华为文化的威力和对企业的价值，但对于把企业的文化提炼出来，让大家认可和执行，他没有经验。

他所在企业已经组织员工讨论过一次初稿，但效果不好。我的建议是举行更多的讨论。因为我见证过多次讨论的发酵对文化提炼和认同产生的威力。

最后我想说明的是，思想体系的建设不是一蹴而就的，人们的认识也是逐步深入、逐步清晰的。

《华为基本法》的第一章第一条是：华为的追求是在电子信息领域实现顾客的梦想，并依靠点点滴滴、锲而不舍的艰苦追求，使我们成为世界级领先企业。

这里应该说的是企业使命和愿景，而不属于企业的核心价值观。其实我们在很长时间里都没有区分企业价值观、使命和愿景。这说明我们对于事物的认识也有循序渐进的过程。

面向国际化的第二次文化变革

华为从20世纪90年代开始拓展海外市场。2004～2005年，华为的海外市场初具规模，华为在海外市场的销售逐步超过了国内市场。华为正在成为一家国际化的公司。

这里，我想和大家分享，华为在这次文化变革当中的变化，以及这些变化背后的逻辑。

这次我们请了一家国际咨询公司，帮助我们做此次变革。此次变革与上一次变革相比有几个不同的地方。

讨论方式的不同

上一次变革讨论的方式是递归式的，怎么解释呢？在基层进行小组讨论，然后把讨论意见汇总到各部门。各部门在此基础上组织管理团队讨论，把讨论结果再汇总给公司，公司组织高层讨论，成稿后再进行下一轮。

这次没有搞全员大讨论。这一次文化变革的讨论呈扁平特征，由于此时电脑已经普及，大家就直接在电脑上提意见，没有进行层层汇总式的收集。这种扁平式工作方式的好处是意见汇总快，但是这种办法给人留下的印象就没有前一种深刻。我问了一些过去的老同事，他们对第二次讨论的印象，都没有第一次深刻，大部分人很模糊。

但我个人认为，针对当时华为的情况，这种在电脑上发表意见的方式是合适的，原因有二。

第一，华为此时已经有几万人，组织两三千人的讨论和组织几万人的讨论完全不是一回事。后者可能需要更长的时间，但效果也不一定有上一次那么好。

第二，华为本次文化调整是建立在上次的基础上，经过第一次文化变革，华为已经形成了自己的文化体系，本次变革不是为了推翻这个体系，而是在此基础上做优化，以适应华为国际化的发展。通过这种方式做调整更容易达成，也更容易被大家理解。

文化与全球接轨

上次讨论，华为完成了文化的系统化整理，我们所使用的表达方式还是中国式的。我们对文化的理解和阐述，也是使用的中国式思维。

这种阐述方式对于中方员工是容易被理解的，但对华为的其他国家员工来说，理解起来就没那么容易，甚至会出现误解。

这次变革，我们在咨询公司的帮助下，建立了与全球接轨的企业文化框架，第一次提出了自己的愿景和使命，确定了自己的长期战略。发布后起到了非常好的效果。

首先，中方员工更加清晰了公司未来的奋斗目标和存在价值。就连我们这些老员工也感觉到效果不错，这次变革是上一次变革的升级版。

其次，大量新加入华为的员工，尤其是来自其他国家的员工，都非常喜欢这种阐述方式，他们更容易理解，也更容易对外表达。

同时也方便全球的客户更好地认识和理解我们。用通俗的一句话讲，我们这次是用全球的语言来表达华为了。这次变革让我对思维框架的认识又深入了一层。正确的思维框架是我们持续进步的基础。

统一标识系统

在上一次变革中，我们关注思想的统一，在企业标识方面并没有做系统的思考。这一次我们着力来解决这个问题。

最近有不少人问我华为新标识的含义。我也想借这个机会，和大家分享一下。

2005年，我们开始采用新的标识，新的华为标识是由八个花瓣组成。这八个花瓣代表华为的理念。

第一是和谐，用花瓣向全世界表达，华为是一家追求和谐发展的公司。我们愿意与整个行业共同发展。

第二是聚焦，花瓣上端大，下端小，寓意着聚焦，华为是一家以客户为中心的公司，我们聚焦于客户的需求，为客户创造价值。

第三是创新，八个花瓣的其中一个花瓣为渐变色，寓意着创新。

以上的解释是我自己凭记忆来做的，不当之处请指正。如果公司有新的解释和变化，请以华为的官方解释为主。

通过本次文化变革，华为文化实现了与国际接轨。

引领文化

在2011年之后，华为在通信领域逐步成为市场的领导者，华为如何面向未来，如何承担好引领者的角色，在这种情况下华为进行了第三次文化变革。

在这次变革中，华为首先从三个管理纲要的整理开始。在社会上很多人都知道华为公司的基本法。但其实大部分人都不知道，华为已做过两次系统整理。

第二次是从 2011 年开始，从人力资源、业务和财经三个维度，来总结华为的管理纲要。第 4 章我分享了对三个管理纲要的认识，在这里我想分享的是三个管理纲要与公司管理之间的逻辑。

在这个时间点，公司认识到自己未来的文化和管理运营发展的需要。华为要完成从跟随者到引领者的转身，而转身首先要从思想开始。三个管理纲要的总结就是要解决华为在未来无人引领的情况下，应该怎么管理自己。在未来的管理当中要坚持什么？把握什么原则？三个管理纲要本质上是公司的第二个管理大纲。

这三个管理大纲的总结方式与前两次文化变革又有不同，这次总结主要的参与人是公司的高层领导者。总结方式是以过去这些年任总讲话和华为 EMT（公司管理团队）的文件为基础，以人力资源、业务和财经管理为三条主线进行的。总结形成了三个文件，而不是一份文件。

贯彻方法也与过去不同，这三个文件形成后，我们不要求所有人来学习，但是要求华为中高级以上干部必须来参加学习，而且必须是干部自己掏钱，自己找假期来参加集中学习。我们把它称为高研班，学制五年。华为所有一定级别以上的干部，都参加了这个学习班。学习班包括三个模块，每个模块 7～9 天。我是高研班三个模块的讲师和引导员，在第 10 章，我将对高研班做更详细的介绍。

在整理三个管理纲要的同时，华为也讨论出新一版的核心价值观，那就是以客户为中心、以奋斗者为本、长期艰苦奋斗和坚持自我批判。我在第 6 章会对华为的核心价值观做更多的介绍。

华为这一次思想和文化的变革，集中解决了作为引领者，指导华为前进的核心思想和核心策略问题。客观地讲，这些内容对于华为在 2011 年以后的发展，起到了重要的指导作用！

感悟　　1. 企业管理者要有意识地调整企业文化，来指导和顺应企业发展。

2. 企业做大时，可以考虑通过变革的方式来进行企业文化调整。

3. 变革绝不玄妙，变革就是系统地调整，让调整过程有目的、有组织、有计划地进行。

4. 变革本身也是有方法论的，华为经过三十多年的摸索，形成了系统的变革方法论，用变革的方式来进行文化、流程、组织等方方面面的系统调整。

管理者与文化

摘要：塑造和践行文化首先是企业一把手和各级干部的责任。

有一次我们几个人陪任总散步，任总忽然停下来问我们一个问题：企业最大的权利是什么？有人回答行政权，有人回答涨工资的权利，有人回答任用权，大家莫衷一是。任总最后总结说，是思想权。

企业家的首要职责是塑造文化

华为认为企业家是企业价值创造的要素之一，而企业家的首要责任就是塑造文化。任总本人正是这样做的。

华为文化的基因来自任总

华为文化的核心特征首先来自任总本人的品质。人们谈到华为都会说华为的最大特征就是以客户为中心，这一特征首先来自任总。

我在前面介绍过，刚到开发部时，有一次看见任总给客户讲解我们的设备，不管客户的态度有多差，任总就是在那里诚恳而耐心地为客户讲解，一站就是将近两个小时。这就是任总给大家树立的榜样：诚心实意为客户服务，珍惜每一次为客户服务的机会。

当时华为内部有一个标语：客户是我们的上帝，这句话就是来自任总。只要客户有不满意的地方，任总总是第一个奔向客户那里，听取客户的意见，解决客户的问题。我从未听到过任总在客户面前给华为做不好一件事找借口。他的所作所为带动了整个华为，把客户的不满意作为我们改进工作的机遇，把客户满意度作为我们评价工作的准则。

每当任总听到或看到客户需求，就会充满热忱地与相关人员讨论解决方案，讨论如何尽快满足客户需求，他孜孜以求的精神和满腔热情的态度，感染着我们每一个人。这也是华为产品发展的路标——以客户需求为导向的来源。

华为把精力聚焦在客户身上，这一点也是来自任总。任总出差从来都是轻车简从，不让人接送，代表处有车，就坐代表处的车，代表处没车，就自己打车。他经常说大家应该把精力放在客户身上。正是他这种做法，影响了华为的氛围，带动华为人把精力聚焦在客户身上。

华为这些年发展快速，很多人关心华为的上市问题。一次，国际上著名的基金经理到华为来考察，他没有见到任总很生气，就说华为错过的是上万亿的资本。后来有人问任总，任总回答很简单：他又不是我们的客户。华为通过为客户创造价值，从而分享价值，获得发展。

通过我以上的分享，可以看出，华为文化的基因，首先来自任总本人。华为文化既是任总个人精神和风格的总结，又是所有华为人共同贡献的结果。当然，任总作为创业者，贡献要更大。

任总是华为文化的推动者

很多人谈到企业文化都讲，一个企业的文化就是老板文化。这里面有两层意思，一层是老板的特点融入了企业文化中，另外一层意思为老板的责任是塑造文化。

对于华为文化的诞生和持续发展，任总是主要推动者。在华为文化的各个发展阶段，任总都起了巨大的作用。作用主要表现在两个方面，一是组织者，二是贡献者。

任总对于华为发展的牵引首先表现在思想上，每当华为发展到了一个阶段，任总就会为我们描绘出下一个阶段的蓝图，告诉大家怎么认识当前的形势。很多人问我，为什么华为人对任总这么尊敬？背后的原因是，任总不但带大家做成事，同时牵引了华为人思想上的发展。

《华为基本法》的初稿，就是来自任总对华为实践的总结，在总结成文的过程中，任总不仅是组织者，还是积极的贡献者。

在2005年和2011年的思想总结中，任总是发起者，他同时把握总结的走向和节奏，也是其中最大的贡献者。

这几年，一些企业家总是问我，任总的管理思想这么先进，是如何形成的？

坦率地说，我很难回答这个问题，但我愿意谈谈从任总身上学到的东西。

首先，任总深入一线，在深刻洞察实践中指导实践。任总不是高高在上发号施令的人，而是一个不断深入实践调查研究的人。任总一年大部分时间都在出差，只要有华为业务的地方，就有任总的身影。他曾经说过：如果我贪生怕死，怎么让你们艰苦奋斗。

任总的思想之所以受欢迎，是因为他的思想源于实践，切合实际，并能正确地指导实践。正是受这种影响，华为高层干部都习惯于在实践中调查研究。

其次，任总非常善于学习。这方面，我自己就从他身上学到了两点。一点是用比较的方式读书，他在出差时，业余时间都在读，他曾告诉我要采用比较的读书方式，同时看讲一个问题的几本书，从而更容易辨别真伪和博采众长。另一点是主动增长见识，比如2000年互联网泡沫危机时，他选择去日本，就是看日本人在面临危机时是如何做的、如何思考的。

同时，任总非常善于总结，他曾经对我们说，一个人要进步，最重要的方式就是总结。正是在任总的带领下，华为人养成了总结的习惯。后来，任总把总结升华成坚持自我批判。可以这么讲，华为人工作进步的一个重要方面，就是每天问自己：还能改进吗？还能改进吗？还能改进吗？

另外，任总还有一个重要特点就是预见性。早期我们在华为听任总讲话，他今天讲的事情，往往是半年甚至一年之后要发生的事情。正是这种预见性和超前思维，牵引着整个队伍前进。

任总塑造了华为文化，是华为文化以身作则的践行者。华为文化并不是一个脱离实践的理论或思想，相反它时时刻刻体现在华为人的思想和行动上。

干部的首要职责是传承文化

我个人认为，大家在文化的践行和传承上有两个误区，一个误区是，把文化的责任归给公司最高层或者母公司，认为自己只负责公司一部分业务和功能，与文化的传承没有太大关系。另一个误区是，认为文化是人力资源部的事情，与业务部门关系不大。

其实，最应该为文化负责的是公司的各级干部。

公司的文化是需要层层落实的。我们经常看到一些公司，墙上挂着公司的价值观，有的还加上了愿景和使命。但你会发现，这个公司的人的所思所想所做，与公司墙上所宣传和倡导的差之甚远，甚至南辕北辙。原因何在？

就在于这些价值观、愿景和使命没有起到牵引员工的作用。为什么会这样呢？因为它们没有被真正贯彻。

不少企业的部门中有两种价值观和两种愿景，甚至两种使命，一种是挂在墙上的，供领导和外人看的，一种是真实存在于企业各个部门的日常工作中的。

为什么会出现这样的现象呢？一个企业在制定自己价值观、愿景和使命的时候，都是非常认真的，很多企业都是让全员参与的，甚至让大家投票选择。但最后却没有真正落实到企业各级组织当中。

究其原因，首先在于各级干部。很多企业在与华为讨论管理时，都会问我一个问题，那就是为什么华为各级组织都有自己的愿景和使命。其实这就是在贯彻公司的愿景和使命，公司的愿景和使命是宏大的和整体的，有了落实才是贯彻。华为各个部门的愿景和使命的本质就是对公司愿景和使命的分解。分解的过程就是贯彻的过程。

公司只有一个价值观，企业的各级组织不可能都有自己的价值观，但他们有自己的氛围和作风。在很大程度上，部门的氛围和作风就是企业价值观在部门贯彻的具体体现。我们经常说，一个企业的价值观源于一把手或者管理团队。那么企业各级部门的氛围和作风，也取决于各部门的一把手和其团队成员。

而各个部门的氛围和作风的最大影响要素就是各级干部，华为各干部标准的第一条就是践行和传承企业的核心价值观。

感悟
1. 企业需要统一的愿景、使命和价值观，其分支机构同样需要制定愿景、使命和价值观。企业总体的愿景、使命和价值观，在与各分支结构的实际情况相结合时，本身就是愿景、使命和价值观的践行过程。

2. 企业一把手的首要职责是塑造文化，企业各级干部的首要职责是践行文化。

狼性文化

摘要：狼性文化的来源。

社会上很多人谈起华为文化，都愿意用一个词来形容，叫狼性文化。甚至还有些人专门谈对华为狼性文化的理解和认识。其实大家可能不知道，狼性文化是被别人命名的，并不是华为人自己起的名字。

华为在自己的内部文件或者内部会议当中，也从未这样称呼过自己的文化。

在我的记忆当中，华为早期曾经提过狼，但场景不是与文化建设相关，而是与组织建设相关。

那是1995年的时候，华为要加强一线办事处的组织建设。华为的办事处在中国是以省为单位设立的，办事处负责华为在这个省的市场拓展、销售和服务。

我们在办事处准备设置两个主要管理岗位，一个办事处主任和一个行政助理，前者是一把手，后者是二把手。在讨论到办事处主任和行政助理的人力资源模型和职责时，任总在讲话中谈到一个狼狈模型。

他认为华为一线办事处主任的人力资源模型是狼，要像狼一样善于捕捉机会，敢于进攻，并且具有百折不挠的品质。

而办事处行政助理的人力资源模型则是狈，是协助狼工作的办事处二把手，核心职责是把大家有序地组织起来，发挥组织的力量。

这个比喻做得非常形象，被华为很多人记住。后来流传到公司以外，被外界误传为狼文化。当时华为与外界沟通很少，也没有解释。估计如果被外界传播得更准确一些，华为文化可能被称作狼狈文化！

坦率地说我对狼并不陌生，我的家乡就在科尔沁草原上，小的时候我就见过狼。那是在家乡的小动物园里，几只狼被关在一个像房子一样大的笼子里，笼子外设了一圈安全扶手。我趴在扶手上看狼，一只狼露出獠牙，突然向我冲了过来。吓得我赶快跑，如果不是有笼子，我恐怕就成了狼食。所以狼在我的印象中是很凶狠的。

小的时候我也见到过狈，并没有觉得有什么特别，只是比普通的狼个头小一点，尤其脑袋要小一些，好像腿也短了一点。边上的老人说，不要小看这个家伙，千狼一狈，它狡猾得很，是狼群的军师。这就是我对狈的第一印象。

每当有人跟我谈对狼文化的认识，我都会请他谈一下他对狼文化的理解。

如果说狼文化代表着敢于进攻、百折不挠和团队作战，我觉得从这个角度讲，可能说与华为文化有类似的地方。

但我个人并不赞成把华为文化称之为狼文化。

第一，华为文化最本质的特征是以客户为中心，华为人认为客户是我们的上帝，华为的职责就是满足客户的需求，为客户创造价值。这个特征如果放到狼文化当中该如何体现？狼的客户是谁？难道是羊吗？如果是羊，怎么解释满足客户的需求？

第二，华为文化还有一个基本特征是开放，华为人向一切优秀的人学习，不断总结和自我批判。这个特征放到狼性文化当中，也无法体现出来。

第三，华为有一个基本定位，就是建立包括员工、公司和合作伙伴在内的利益共同体。其中包括员工与公司利益共享机制，公司与合作供应商建立健康的产业链，以及公司要建立和谐的商业环境等定位，这些与狼群内部之间的关系，以及狼群与环境之间的关系，也很难关联起来。

以上这三个特点代表着华为的基本特征，如果把华为文化称为狼文化就很难体现这些特征。

感悟 把一个文化图腾化可能容易记住，但图腾所传递的信息不全面会误导和歪曲大家对企业的认识。

华为从没有将自己的文化定义为"狼性文化"，也没有用其他方式来把自己的文化图腾化。

1. 企业形象可以图腾化，容易向内外部传达自身特点。

2. 企业文化需要员工认真而全面地理解，同时要避免造成歧义。

02
第二部分

华为文化的践行和传承

第6章
华为的核心价值观

背　　景

摘要：企业的价值观、愿景、使命，以及它们之间的关系。

很多人谈到华为都会说到华为文化，华为文化在公司的发展中起到了重要的作用。也有不少人认为，正是因为有了华为文化，才有了华为的发展，因此学习华为要从华为文化开始。

我不能说这种说法是错误的，但我认为，华为文化是华为有机体的一部分，两者是密不可分的，并非两个事物。华为文化是伴随着华为发展而产生，并服务于华为发展的。

华为文化并不是独立于华为而存在的。在华为发展的不同时期，华为文化也呈现出一些不同的特征，以顺应、支持和推动这一阶段华为的发展。

谈到华为文化，就不能不谈华为的思想体系建设。一个公司在建立自己的思想体系时，有一些核心的内容，它们是愿景、使命、价值观、战略和战略目标。下面我们就展开一下，谈一谈这些概念的内涵。

首先是**企业的价值观**，它是指企业利益相关人共同的信念和信仰，决定和影响着企业员工的行为。这里的利益相关人是指员工或者股东。

我的一位朋友讲过：一个人从本质上说是价值观的产物。我认为有道理，一个人的信念和信仰影响与决定了一个人的行为。企业亦然，企业人的信念和信仰同样影响与决定着企业的行为。

从概念上讲企业价值观的内涵并不复杂。但在实践中，不同企业对于价值观的定位并不相同。

有的企业把自身的价值观定位为员工的行为规范。这样做的企业往往是通过领导层讨论或者员工投票，把价值观定为几条短语，比如客户至上、开放进取等。然后把价值观印在员工的工卡上面、员工座位的工牌上面，或者张贴在办公室里。通过这些方式让员工经常看到，时时提醒自己，并按照企业价值观要求来规范自己的行为。

比如，员工正在与客户通话，感觉客户很烦人，正想与客户吵架时，抬头看到企业的价值观——客户至上。这种情况下，员工想到公司的要求，很可能会降低自己的声调，将狂风暴雨式的发作转变为和风细雨式的交流。

也有一些企业，将价值观作为员工的道德标准。一个著名的公司将"我们不作恶"作为企业价值观的一条，不作恶显然是道德标准。有一次，我与这家企业的高管交流，问他这样做的原因。他回答我说，他们企业是做搜索引擎的，首先由用户输入一个词或一段文字，然后他们企业按照自己的算法将从网络上收集的所有结果排列在屏幕上。把这些搜索的结果呈现给客户的顺序是由企业自己的算法决定的，而这个决定显然会影响客户的判断，甚至选择。为了保证呈现结果的公平公正，他们引入了这一条价值观。

还有一些企业把价值观作为自己的基本假设，或者说基本信念。华为就是这样，把价值观作为企业的基本选择和基本信念。华为的价值观也是华为思想流程和制度的基础，这是华为思想和文化建设的一个重要特点。

在华为的成长历程中，华为的价值观也在发展。华为公司自成立起，就是一家非常关注客户的公司，认为客户是"上帝"，把服务客户作为自己存在的理由。但早期的华为并没有系统地总结自己的思想。

1996 年开始编写《华为基本法》时，华为第一次系统地总结了自己的价值观。我记得当时我们对于价值观与企业思想系统的其他概念，如愿景和使命之间的关系，并没有试图整理得非常清晰。基本法的第一章就列出了华为的核心价值观，一共有八条，每一条的内容都很长，这些内容代表了华为的基本观点，也涵盖了华为当时的愿景和使命。

在 2005 年，华为进行第二次系统总结时，我们虽然正式提出了华为的愿景和使命，但仍旧把它们包含在了华为的价值观里。2008 年，按照全球的流行做法，华为又进行了一次单独的价值观总结，经过大家投票选择和开会讨论，我们总结出了新的价值观。新的价值观包含六条，其中有成就客户、开放进取、艰苦奋斗、自我批判等，既体现了公司的基本定位，又可以让员工很容易记住和提醒自己。

2011 年，华为管理团队提出了新版价值观，包括以客户为中心、以奋斗者为本、长期艰苦奋斗和坚持自我批判。这版价值观一直持续到今天，我个人认为这版价值观可以作为华为思想的基本定位。后面我会详细介绍对这几点的理解。

谈了价值观，我们下面来谈一谈**企业的愿景**。在管理学上，企业的愿景是指企业对于自己未来地位和状态的定位，即企业未来要到哪里去。

华为在成长历程中，曾经有三版愿景，在 1996 年开始编写的《华为基本法》中，我们确立了第一版愿景，这个愿景是包含在核心价值观当中的，即华为要成为世界领先级企业。这鲜明地体现了当时华为人的追求，以及改变中国在这个领域落后面貌的愿望。

第二版愿景产生于 2005 年华为开始的第二次思想大总结。在这次总结中，我们重塑了自己的愿景：丰富人们的沟通和生活。这版愿景与上一版比，有一个明确特征，那就是我们的事业从中国走向全球，我们的追求从成就自身到想为社会做些什么。这一阶段华为思想的普适性更加明显。新的愿景，也牵引和推动了华为的国际化。

在 2008 年左右，随着我们对自身认识的进一步深入，我们更加明确了我们能够为这个世界所做的贡献，在此基础上我们又丰富了一版愿景，在"丰富人们的沟通和生活"的后面加上了：构建全联接世界。

在这一清晰愿景的指引下，华为成为全球化的公司，即通过全球战略，配置全球的最优资源和聘用全球的最佳人才来实现服务于全球的愿景。

2011年之后，华为的战略出现了重大调整，由一个业务即运营商业务转变为三个业务，增加了企业业务和消费者业务。我们的客户也从过去只有运营商客户，转变为运营商、客户企业客户和消费者三类。在这一新的发展阶段，我们明确了自己新的发展愿景。

这版愿景是与我们的新使命一起发布的。在介绍它的内容之前，先谈一下使命。

企业的使命是企业认定的自己存在的理由，即企业为什么存在着。华为对自己使命的认定，也经历了一个过程。

在基本法当中，与使命相关的描述是：在电子信息领域实现客户的梦想。此时的华为公司以创新和高科技为标志，我们致力于用科技改变当时的行业现状。

同样是在2005年的思想大总结中，我们第一次明确了自己的使命，即聚焦于客户的挑战，通过有竞争力的产品和解决方案，优先满足客户需求，为客户创造价值。这一使命帮助所有华为员工明白自己存在的价值和工作的目的，也使员工明白了公司走向国际化和成为全球化公司的内涵。

2017年，华为确立了自己新的愿景和使命：华为立志把数字世界带入每个人、每个家庭和每个组织，构建万物互联的智能世界。这句话将华为的愿景和使命合一。华为人再一次清晰地描述了自己未来存在的理由以及对于世界的价值。愿景、使命和价值观构成了华为思想的基础。

一位管理学家曾经说过，管理学的发展历程就是一个不断向人类学习和模拟人类思维的过程。约2000年前，古希腊著名哲学家柏拉图曾经提出过，作为一个人要回答三个基本命题：我是谁？我从哪里来？我要到哪里去？如果我们仔细品味价值观、使命和愿景的含义，就会发现对于企业而言，明确企业的价值观，就是在回答我是谁；我从哪里来就是要求企业回答自己存在的原因；我要到哪里去，就是回答企业的愿景。所以对一个公司而言，价值观、使命和愿景是需要回答的基本问题。

企业在回答了自己的三个基本问题后，还需要回答两个问题，才可以把自己的理想和现实结合起来。这两个问题就是战略和战略目标。企业的战略是指企业要达成自己愿景和使命的计划与路径。而企业的战略目标，则是这些计划和路径的里程碑。

以上是企业思想体系的五个核心概念：价值观、愿景、使命、战略和战略目标。它们之间的关系是怎样的呢？

企业的价值观是企业思想体系中其他概念的背景。愿景和使命是企业战略和战略目标的基础，企业的战略是愿景和使命的达成计划，而战略目标是企业战略的里程碑。企业的价值观、愿景和使命相对长远与稳定，企业的战略和战略目标则需要随着企业的内外部环境变化而迅速调整。这些概念构成了企业思想体系的核心内容，也是企业流程和组织等上层建筑的基础。

以客户为中心

摘要：华为以客户为中心的来源。

很多人认为，华为从开始就是一家定位于以客户为中心的公司，这样说并不确切。华为从成立之初就努力做好为客户服务的工作，但华为在很长时间里都是一个以技术为中心的公司。

以技术创新为中心

在那个阶段，华为最重要的标志就是技术创新。早期的华为第一次为外界所知，就是因为华为被一个著名的咨询公司列为全球最具创新的50

家公司之一，据说华为是上榜的第一家中国大陆公司。

其实很长一段时间，技术创新都是华为身上的一个重要标签。那时华为的年轻人总是将世界上最先进的技术迅速应用到我们的产品中，从而使我们的产品赶上了当时的世界先进水平。我们当时的理解是：好产品就是高科技含量，通过技术的先进性形成我们产品的竞争力。这就是早期华为的发展思路。

前一段时间，我在香港的一个创新大会上演讲，演讲后一位先生走过来和我握手。他说自己与华为很有缘，在20世纪90年代，当华为设备进入香港新机场时，他正在负责那里通信设备的维护。

刚开始，他和同事听说香港新机场选用了华为公司的设备时，都非常吃惊。他们从进入这个行业就只学习过如何维护西方公司的设备，从没有见到过中国自己的设备。

但他们接手了华为的设备后惊喜不断！首先华为设备的占地面积只有同类西方公司设备的1/4，这给他们机房的规划带来了极大的便利，大大节省了设备所需的机房面积。

接着他们发现华为设备非常省电，仅电费就比过去同等规格的西方公司设备少了2/3。另外，在使用过程中，他们发现华为设备所提供的业务数量，比同类西方公司的设备多了将近一倍。

他对我说，从来没有想到华为的设备会如此先进。这给了他非常大的震撼！后来再见到通信界的同行，他都会主动推荐华为的设备，他说，这么多年自己就算华为的义务推销员吧！经常用的口头语就是，华为的技术绝对强悍！

他讲的没有错，我们的设备在那个时代不一定是最稳定的或最成熟的，但一定是追求技术最好的。技术创新融入了每个华为人的骨髓中。

客观地说，正是因为不断地在技术上进行创新，华为才在几年内就从一家小公司成长为有一定规模的公司，这给华为人带来了自豪感，也促使我们更加笃信这个方向！这个时候，创新和技术先进的口号回荡在我们每个人的心里。

但当我们每个人都关注技术创新时，它所带来的副作用也渐渐显现出来。

以技术为中心转向以客户为中心

那个时候，我在华为的开发部工作，开发部中每个人都愿意参加新产品开发，谁都不愿意做现有产品优化。开发新产品成功的人就会成为"牛人"，会被周边的人甚至被行业所记住。优化现有产品没办法体现自己的水平，也没什么技术含量！

但是谁都清楚，正是这些现有产品在服务我们的客户，在为客户和公司创造着价值！这种只关注创新、不关注商业价值的做法当时在整个公司都很流行。

记得我转到了公司市场部之后，有一次回开发部去看望老同事，发现一位同事趴在桌子上一副非常痛苦的样子。我过去问候，他对我说："你可能还不知道吧，我被调到了服务部门！"我问他是不是被降职了，他说没有，实际上级别还提升了，他被任命去服务部门做一个团队的主管。

我说："那你悲痛什么呢？"他痛苦地说："服务部门能干什么？只能做重复性工作，能创造什么？我的职业生涯可能结束了。"

看看！这就是当时公司的流行想法，大家认为只有在开发部才是创新，在服务部就是打杂，却忘了服务部门维护的产品正在为客户产生价值。这种在公司内部由于过分强调创新而形成的导向，无疑与我们价值创造的方向是相背离的。

即使这样，我们也没有关注这个问题，因为当时的华为处于高速发展的阶段，大家都认为我们发展得好，就证明我们的做法没有什么问题。

但是实践证明，公司的导向一旦出现问题，后续管理就一定会出现问题。我们当时仅仅从技术角度考虑，开发了很多产品，但是其中不少都失败了，有些根本就没有进入市场。

我这里举一个例子，二十多年前我们就开始进入终端行业，那个时候手机还没有普及，还是固定电话发展的黄金时期，我们开发了一款固定电话，当时看来极其先进。

首先，这是个无绳电话，话筒可以离母机 60 米远，就是今天，也很少有无绳电话能达到这样的水平。话筒就像一个大哥大，看起来很有档次。其次，我们这个电话还提供会议电话功能，可以连通 10 个通话方，今天的固定电话和手机都没有提供这个功能，而这些我们在二十几年前就实现了。

我们对这种产品当然很有信心，第一批做了几百台，并把它们送给华为的老客户试用。由于电话的外形做得很漂亮，功能又很亮眼，客户拿到都很喜欢。可是没过多久，这些电话就被客户退了回来，为什么呢？

因为电话最基本的通话功能不好，电话里经常传出噪声，通话时经常串音和断话，让客户根本无法忍受。这款电话为什么会出现新功能很强，而基本功能如此差的情况呢？

归根结底就是我们的思想问题，开发电话的人都愿意做新功能，而不屑做基本功能，这是当时华为开发部大多数人的心态。我们不是聚焦在为客户创造价值，而是聚焦在技术的先进性上，聚焦在如何体现自己的水平上。

技术创新导向过强时，还有一个致命的问题会产生，那就是以自我为中心。当你的眼睛只盯着技术和创新时，你非常容易忽略外部的变化，尤其是客户的需求。2000 年前后，华为成了世界上最大的固定网络交换机供应商，我们感到骄傲和自豪，认为自己理所当然会有更大的发展，但事情没有一直一帆风顺的，当你认为一切都会一帆风顺时，问题就会找到你。

就在数字程控交换机一路凯歌的时候，我们很快遇到了一次行业的重大转型，即数字程控交换机向下一代交换机（NGN）的转型。

今天看这就是全球走向 IP 化的开始，当时我们也知道这次转型对华为很重要。因为固定网络交换机的收入在我们公司的占比超过了 50%，而利润占比超过了 90%。因此这场转型直接影响着公司未来的成败。

当时全球最大的固定网络市场就在中国，而我们又是最大的设备供应商。对于这次转型，我们当然是志在必得。我们的人员很认真地为客户设计自以为完美的设备，然后非常自信地拿到客户那里去汇报。客户虽然表扬了我们的努力，但希望我们按照他们的设计方案来做。我们的人员好像只听了客户的前半句话，对客户自己设计的方案却不以为然。因为他们相信自己比客户更懂技术，更知道什么方案最好。

于是他们又到客户那里去推销自己的解决方案，没有去理解客户的方案。就这样一次又一次地试图说服客户按照我们的方案去做。等我们的人第五次去引导客户时，客户告诉我们，以后不用来了，因为他们的选型结束了，华为在这一轮选型中出局了。

这对华为而言无疑是个晴空霹雳，我们马上陷入了困境。在这个巨大的挫折面前，我们痛下决心反思和总结。通过反思，我们才真正认识到：过去我们的成功本质上并不是因为我们的技术好，而是因为我们实实在在地满足了客户的需求，做出了客户需要的产品，从而被市场接受。客户不是因为我们的产品技术好才支持我们，而是因为我们的产品满足了其需要。

我们痛下决心，把公司从以技术为中心转向以客户为中心，并把以客户为中心作为核心价值观的第一条。如果你今天问华为的员工，华为是一家什么样的公司，我相信，绝大部分华为员工会给你这样的回答：华为是一家以客户为中心的公司！

感悟　　华为为什么很少谈技术创新？

是因为，华为走过从"以技术创新为中心"转向"以客户为中心"的过程，在实践中认识到，企业过分重视创新或技术，就会导致企业忽视客户需求，甚至走向以自我为中心。

华为正是在经历了这种惨痛的教训后，才痛定思痛，走上了"以客户为中心"的正确道路，这也是现在华为提倡"工程商人"的原因。

以奋斗者为本

摘要：华为奋斗以及以奋斗者为本的含义。

谈到奋斗，很多人认为华为的奋斗就是加班。有些人还煞有根据地跟我说：你们公司领导自己说过，华为之所以成功，就是把别人喝咖啡的时间都用来工作。

不错，任总在与西方记者谈话时说过这句话，但任总也在很多场景说过："要多去喝咖啡，一杯咖啡吸收宇宙能量。"

加班并不是华为的奋斗标准，华为对奋斗的定义是：任何为客户创造价值的微小动作及其准备动作都是奋斗！华为的奋斗是直接对应于为客户创造价值的，看的是工作结果，而不是表面动作。

华为还为那些只做表面功夫，看似勤勤恳恳，实则磨洋工，甚至制造工作的人起了一个名字，叫作"把煤洗白的人"。就是说，把黑色的煤洗成白色有什么价值呢？要警惕这样的假动作，尽快清除这样的员工。

如果你工作没那么努力，但你为客户创造了价值并达到了良好的效果，你在华为可能就是马上要被提拔的人。

我身边就有这样的事，那时我在北京工作，有一位同事负责一个运营商总部机关的对口工作，他推动公司与运营商一起策划推出了一种崭新的业务，为运营商创造了很大的价值，并且部门的工作绩效也很优异。但他的表现并没有那么紧张，也没有让人感觉到夜以继日。

他曾经跟我说，这样的工作，他只用 1/4 的工作时间就可以从容应对。请你猜猜结果是什么？他很快被提拔，去负责更重要的工作了。这种事当然不是普遍现象，否则我们就要经常检讨一下工作安排的情况了。

想想华为起步的时间，20 世纪 90 年代，中国与世界先进水平存在着巨大的差距，尤其是华为所处的行业，全球技术最密集同时也是竞争最激烈的行业，身处这样的位置，如果华为人不拼搏，不比别人更努力，怎么可能有今天的成绩？这就好比赛马，本来我们就落后，既想让马儿领先，又要求马儿悠闲地跑，世界上哪有这样的道理？

回首我在华为的这些年，很多个夜晚都是在工作中度过的，确实很多时候觉得压力很大。有痛苦，有喜悦；有胜利，有挫折；有豪情万丈，有情绪低落。成长的路上，与同人一起跋山涉水，排除万难，千方百计地把事情做好。如果你问我自己对这段经历的看法，我的回答是：这是一段激情燃烧的岁月！

人们常说，华为人都是奋斗者。这是一种广义的说法，其实奋斗者在华为内部是一个专有名词。华为内部明确有两类员工：一类叫普通员工，另一类叫奋斗者。普通员工不需要考虑异地常住，不需要经常出差，当然也不可能有奋斗者的收入待遇，华为的机会也会主要留给奋斗者。

当然，作为奋斗者，你不能为奋斗设置前提。

我在海外负责地区部工作的时候，就曾遇到一个这样的例子。我们在阿根廷有一位本地的客户经理，工作努力，也很有抱负。有一次，我们在沟通时，他对我说："我也想像你一样，成为一名华为的地区部总裁，我也想成为一名华为的奋斗者。"

我和他讲，我非常支持他的想法，华为也可以帮助员工制订这样的个人发展计划。但在制订这个计划之前，请他先与家人商量一下，是否可以到其他国家工作。他问我为什么，我告诉他：如果你只了解阿根廷的情况，你如何运作管理地区部其他国家的业务呢？

第二天，他又过来找我，说昨天他与家人商量了一下，决定还是继续做现在的工作吧。

做奋斗者是自己的选择，华为要求奋斗者能以四海为家，在客户需要和自己利益之间，能够以客户为重。从公司自身而言，公司还是希望越来越多的人，在工作中不需要通过加班和出差也能解决问题。

公司现在正在进行一个新阶段的人力资源改革，在这个阶段的改革中，我们把员工分成三类：主管、职员和专家。主管和专家负责处理未确定的事情，或者将不确定的事情转变为确定的事情，职员负责处理确定的事情。

我们希望未来在华为的员工梯队中，职员占大部分，他们由于专注地处理确定性事宜，可以不断提高效率，成为本领域的能手，确定性事情可以进行有效规划，可以减少他们出差和加班的时间。

华为文化是一脉相承的，早期华为文化中的"不让雷锋吃亏"有几个含义：

第一，我们这里的雷锋不是指集大家优点于一身的榜样，而是指组织中踏踏实实做贡献的人。因此我们的假定是组织中大部分人都是雷锋，雷锋不是个例。

第二，要给雷锋相应回报，避免让那些做了贡献的人得不到应有的回报。

第三，组织对员工的回报基于贡献，贡献大，收入就应该高。当时华为没有完善的人力资源流程和制度，因此用口号和标语提醒大家，尤其是各级主管用这个标准来带队伍。

口号提多了，口号中的提法就能在实践当中获得践行，这一点就成为华为文化的一部分了，也构成了华为今天以奋斗者为本的基本内涵。现在，以奋斗者为本已经深深地融入了华为人力资源制度和流程中，也成为我们价值评价和分配制度的制定基础。

很多人问我：为什么华为的员工敬业程度较高，工作聚焦度比较好？这并不是因为华为让员工只想着工作，而是因为华为把以奋斗者为本落实到管理体系当中。

一个公司的管理可以分为价值创造、价值评价和价值分配三个环节。华为把价值创造的主体人群定义为奋斗者，在价值评价中，依据每个人的岗位责任结果，即贡献进行考评，贡献越大考评结果就会越好。再根据考评贡献，决定价值分配比例。

所以华为不但在思想上倡导以奋斗者为本，还把它落实在自己的人力资源制度和流程当中。在华为公司，只有考评成绩在前25%的人才有可能被提升为干部，也就是说，只有贡献大的员工才可能升级。所以华为公司的发展机会也主要提供给奋斗者。

我认为这套机制的本质其实就是，在实践中脚踏实地、多劳多得。如果说"以客户为中心"是华为公司价值创造的最高准则，那么"以奋斗者为本"就是华为公司价值评价和价值分配的最高准则。当然，华为坚持以奋斗者为本，也是为了更好地践行以客户为中心！

> **感悟**　如果说"以客户为中心"是华为公司处理外部关系的最高准则，那么，"以奋斗者为本"就是华为公司处理内部关系的最高准则。
>
> 1. 坚持"以奋斗者为本"，就是为了贯彻"以客户为中心"，鼓励员工争先恐后地为客户创造价值。
>
> 2. "以奋斗者为本"是华为公司价值评价政策的基础，岗位责任结果导向就是为了贯彻"以奋斗者为本"。
>
> 3. "以奋斗者为本"是华为公司价值分配的基础，公司推行的获取分享制是"以奋斗者为本"的具体体现。

长期艰苦奋斗

摘要：从生活的艰苦奋斗到思想的艰苦奋斗。

生活的艰苦奋斗

客观地说，在华为的早期，员工的生活环境是艰苦的。

我刚刚进入华为的时候，公司当时正在从最困难的环境走出来，现金流非常紧张。公司把每一分能省下的钱，都放在了新产品的研发上，因此我在机关做技术开发时，对于"艰苦"二字并没有太多感觉。

到公司没多久，我就被安排到外地出差，去安装华为当时的新设备——C&C08数字程控交换机，这个交换机就是公司第一款成为世界第一的产品，但那是后来的结果。在当时它还刚刚处于起步阶段，主要应用在中国的乡村。我们这次设备安装的地点在东北的一个镇上。由于是新设备，安装就由我们中试部来负责完成。考虑到当时公司的困难，我和同事都只向财务借了尽量少的钱，就赶往设备安装地点。

当时装设备用的是大木箱，木箱 2.2 米高，1.1 米宽。我们到达后，打开木箱，把机器搬出来，箱子里装机柜的四周各有一块泡沫板。我们把 4 块泡沫板摞到一起，放在机房的角落，上面铺个大衣，晚上就睡在那里。

坦率地说，我没觉得有什么艰苦，这里不需要花钱，还有空调呢！而且又可以像在公司一样随时工作，很方便。泡沫板不软不硬，睡在上面也很舒服。

等设备安装完了，机房需要保持清洁，我们只好搬出去，就在机房附近找了一个小旅店。旅店是由过去农村的"大车店"改成的，男同志都一起睡在炕上，旅店只有一个小单间，就留给我们一位来参加设备安装的女工程师。

旅店只有一个厕所，没有男女标志。每次这位女士去厕所，都会找一位男士在厕所外面站岗。有一天清晨，突然听到这位女同事在房间里大喊，我们几位男同志就赶快冲了过去，等大家冲进去才发现，女士所住房间的一面土墙塌了，万幸的是墙朝外面塌，没有压到人。房子当然是不能住了，局里（设备安装单位）特批我们的女士可以搬回机房，重新享受空调。

这就是我们早期的生活，我们的生活条件是艰苦的，大家也体谅公司的困难，尽量为公司省钱。那个时候，我们很羡慕那些国外公司或者合资公司的中国雇员们，他们的工资待遇比我们好得多，出差的地点也都是大城市，他们每天穿着高档的西装和衬衣。有时偶然在局里遇到他们，看看自己一身皱皱巴巴的衣服都自惭形秽，只有在心里下决心有一天超过他们。但说实在的，当时自己都不知道哪一天会实现这个目标。

坦率地讲，当时我们的生活条件和待遇水平谈不上是高的，但华为对技术的投入是最敢花钱的。我在 C&C08 数字程控交换机项目组时，有一次我们要验证交换机的处理能力，需要多台大话务量呼叫仪，这是一种非常昂贵的实验仪器，我在原公司时，整个公司只有一台，可在华为，我们提出需求没多久，公司就给我们项目组买了三台。我这里仅仅是以呼叫仪举个例子，其实我们开发设备所需要的各种材料、仪器和工具，公司都是第一时间尽全力满足我们。这就是当时的华为，在研发上敢于投入是华为的一个显著特点。我们在生活上是相对艰苦的，但在工作所需上又是富足的。

思想的艰苦奋斗

后来随着公司的情况一天天好起来，我们员工的收入和待遇也显著提升，很多员工摆脱了经济的压力。这个时候，艰苦奋斗是什么含义呢？

此时艰苦奋斗主要指的是思想上的艰苦奋斗！在我的职业生涯当中，有一件事情给我留下非常深刻的印象。

当时我在南美地区负责华为的地区部工作，在我们地区部所负责的区域内，有智利这个国家。那一年智利发生了有史以来最大的地震，虽然地震的中心在海上，但离陆地很近，所以对智利整个国家都破坏很大，靠近地震中心几个省的通信都中断了，首都的基础设施也受到较大破坏。

地震发生后，我的脑海中浮现的第一件事是人员安全。在与当地代表处联系上以后，他们汇报说有三位员工失去了联系，分别为一位中国籍员工和两位巴西籍员工。

我听到这个消息，心马上就揪了起来，人的生命是最重要的，如果出了问题，怎么向他们的家属交代呀！我们赶快发动一切力量去寻找这几位员工，并请智利政府帮助我们一起寻找。当天晚上我们几个项目组的人，一夜都没有睡。

第二天早上四点多，我的手机突然响了，一看电话是来自智利的，赶紧接起来，对方是华为智利的代表，他兴奋地喊道："人找到了，人找到了！"随后他告诉了我这个故事的原委。原来在地震发生时，这三位员工正开车从震区出来，在返回首都的路上。地震过后，所有的通信都中断了，他们的第一反应是，对于抢险救灾而言，恢复灾区通信是前提，而他们自己车上正有几台微波设备,微波是恢复通信最快的方式。由于他们与外界的通信已经中断,无法向代表处汇报,因此三个人一商量,决定开车返回震区,帮助震区以最快的速度恢复通信。当时的公路上行驶着从地震区域涌出来的车辆,只有他们的车是逆向而行。

当知道他们返回的原因后,警察主动过来为他们清理道路,从震区开出来的车辆也纷纷为他们让路。就这样,他们冒着余震的风险,又返回了地震区域。在他们的连夜努力下,地震区和外界的联系又建立起来,从而帮助救灾工作也有效地进行。这时他们才有机会把情况向代表处汇报。

这就是华为所说的艰苦奋斗,把客户利益放在自身利益的前面,他们的行为就是华为艰苦奋斗的代表!

事实上,这些年在全世界的各大抢险救灾现场,都能看到华为人的影子,华为人把保障通信连接作为自己的使命,以这种方式为世界做出自己应有的贡献,这就是华为的艰苦奋斗。

感悟　　1. 艰苦奋斗是华为公司生生不息的发展机制。"以客户为中心"指出了工作的方向,"以奋斗者为本"是为了培养为客户服务的人,而"长期艰苦奋斗"就是华为的工作方式。

2. 在早期,生活条件艰苦是艰苦奋斗的外在体现。今天,华为更要求思想上的艰苦奋斗。踏过千山万水,不畏千难万险,千方百计地为客户创造价值,就是华为人长期坚持艰苦奋斗的表现!

坚持自我批判

摘要:从总结到坚持自我批判。

我刚进华为不久就发现公司内部有一种氛围,那就是华为人不仅努力工作，还致力于不断提高自己。

1995年，我还在中试部工作时接到公司要求，让我去参加一个设备展示会。展示会的地点是北京，我们在一个饭店租用了一个会议厅，将我们的设备展示给客户。我的任务就是去调试这批设备并讲解。

到了现场后我才知道，这是一个为高端客户准备的展示会，任总也会参加。这是我第一次参加这样的活动，我格外紧张，但也感觉很兴奋。我将设备调试好以后，在心中将自己编写的讲解词练了10次。由于我把设备的讲解词练得很熟，虽然现场场景有些变化，也有突发情况，但面对变化我很快调整了自己的讲解。所以整体的效果还不错，我自己也很高兴。

展示会结束后，任总把我们几个参加展示会的人留下来，与我们座谈。他问了我们一个问题：人如何提高自己？我们几个各自按照自己的理解进行了回答，有的说是通过学习，有的说是通过实践，我的回答来自我在展会中的体会，就是通过充分的练习。

任总听完我们的回答后，送给我们两个字——总结。他解释说，不管你的起点在哪里，只要按一个方向前进，在前进中每天总结自己，找到自己提高的地方，你就能进步最快。他的话给了我非常深刻的印象，这段话到现在还一直指导着我。

任总不但是这样说的，他本人也是这样做的。记得有一次，他到我们办事处来见客户，见客户的时间比预计时间长了40分钟，而他还要去机场坐飞机去参加另外一个会谈，从时间上看，他来不及回宾馆收拾东西了，他就把宾馆的钥匙给我，让我回宾馆帮他收拾一下东西，然后请司机帮他把东西直接送到机场，他自己打车直接去机场。

我赶到他宾馆的房间时发现，他仅有的东西是放在床上的六七本书，这些书大多翻扣在床上。我们昨天晚上9点多才见完客户，今天早上8点就从任总的酒店出发了，短短时间任总仍在看书，可见他读书勤奋。

任总是个非常喜欢读书、喜欢学习的人，也是一个非常善于总结的人。往往见到一个新鲜事物，他都会开放地去认识它，从中总结规律，并能有效地将规律应用在实践中。事实上，任总管理公司的很多措施和想法都是在他不断总结中产生、成熟和应用的。

后来，任总把总结升华为自我批判。我个人理解，自我批判有两个含义：一个含义是每日三省吾身，自省是自我进步的前提；另一个含义是找到改进点，自我批判的目的是改进和提高，并非为了自责而自责。任总后来在多个场合都说过：自我批判是华为走到今天的重要法宝之一。

华为的一位管理顾问曾经受邀担任华为高研班的引导员，后来他谈到对这次授课的感受时说，在走入教室后，他发现学员谈的都是公司的问题，观点之犀利，尺度之大令他瞠目结舌。在他过去的印象中，对于一家成功的公司，公司的主管们肯定洋溢着自豪和自信，把目光多放在公司的优点上，而华为的主管们却将目光放在华为的问题上。

后来他总结说，这可能就是华为的魅力，华为人已经把自我批判融入自己的血液中。华为人关注的不是自己的成功，而是可以改进之处。每当有人问我，什么是华为的自我批判，我常常这样回答：在工作中经常问自己还能改进吗？还能改进吗？还能改进吗？

感悟

1. 自我批判是华为人不断调整自己来适应外部世界的主要方式。

2. 在华为，自我批判是每个人提高自身的重要手段，华为也为干部提供360度调查和民主生活会，帮助大家认识和总结自己。

3. 变革是组织进行自我批判的主要方式，组织通过系统的变革来调整自身适应公司和业务的需要。

第 7 章

在企业策略中落实价值观

背　景

摘要：企业都希望将价值观落实在企业的实践中，但不少企业在文化和价值观建设上存在误区。在价值观落地过程中，华为注重价值观的宣传工作，同时将价值观的践行和传承设定为干部的首要职责，还将企业价值观融入企业的策略、流程和组织当中。

企业中核心价值观、文化和实践之间的关系是一个老生常谈的话题。之所以常谈，就是因为它重要。因为每个企业都希望自己的核心价值观和文化，能够很好地体现在企业的实践当中。

我们在第一部分介绍了华为文化的发展历程，以及华为文化的特征。文化是企业的土壤，也是企业的一种氛围。华为文化不是凭空存在的，而是围绕着一种目标来构建的，这种目标就是企业的商业价值。

华为文化也不是无源之水，它首先是建立在中华优秀传统文化基础上的企业文化。在华为走向国际化的道路上，华为文化又在吸收世界上优秀的文化传统，形成了普适的企业文化。

我们在第 6 章介绍了华为的核心价值观。核心价值观代表企业的核心观点，也是企业处理内外部关系的最高准则。它是企业文化的内核，也是企业文化的高度浓缩。

华为文化的集中体现是价值观系统。企业文化不是几个口号，其实质是管理。华为在实践中，逐步把朦胧的文化变成制度性的文化，文化的实质是制度性建设。事实上从广义上讲，华为文化不仅包括知识、技术、管理和情操等，也包括一切促进生产力发展的无形要素。

所有企业都有一个共同的梦想，那就是把自己的核心价值观和文化很好地落实在企业的实践当中。但是我发现，很多企业在价值观和文化践行方面存在着误区。

首先，很多企业并不真正重视文化建设。我看到很多企业在轰轰烈烈地搞文化和价值观建设，也许出发点是好的，但结果点是停留在形式上。

这里面的首要原因是价值观的定位出了问题，不少企业没有摆正价值观在企业思想体系当中的位置。今天想倡导啥，就把它作为价值观。明天又想倡导其他东西了，就再调整一下价值观。归根结底，是把价值观从道的层面带到了术的层面。

前段时间我到一个企业去讲课，企业领导人告诉我，他们正在调整价值观，我问他原因，他告诉我，企业跳槽的人很多，因此需要把忠诚纳入价值观。

这样不是不可以，但企业如果要把内部宣传策略和价值观等同起来，就需要非常清楚文化和价值观的关系，不能再把价值观作为文化的内核，而应定位为，价值观是企业员工行为规范的牵引方向。

其次，企业出现两种价值观，甚至出现两种文化。很多企业表面上很重视文化建设，文化活动也搞得轰轰烈烈。但其实总结出来的文化和价值观并不能真正代表企业的基因，这时就会出现"两张皮"的现象。

我到一个企业去参观，其负责人告诉我，他们非常重视价值观建设，还专门请了咨询公司，花了上千万的资金，就像华为搞基本法一样，用了将近一年时间，系统地整理了自己的思想体系。

这个企业是一个成立了几十年的金融企业，在业内有很好的口碑就是因为其老成持重的风格。我发现了其企业价值观中有一条叫创新，就问这个企业负责人，为什么他们把创新加入其中。没想到，他回答说这是来自咨询公司的意见。我听了之后，很为这家企业新价值观的命运担心。我当然不是说这个企业不需要创新，而是企业的价值观应该代表这个企业的内在基因。否则，这个企业就可能存在两种价值观，一种挂在墙上，另一种存在于员工的心里。企业存在两种价值观，就会搞乱企业员工的思想，自然就失去了企业提炼文化和价值观的初衷。

另外还有一个误区是，价值观是对外的而不是服务于企业内部的。

现在有一些企业，为了方便自己上市和融资，匆匆找人做一下包装，让自己的价值观、愿景和使命看起来高大上，满足投资人的胃口。这种方式，可能短期会给企业带来形象上的好处，但实际上往往会给企业的未来发展带来负面影响，企业很容易丧失赖以成长的发展基因，并可能引起思想体系的混乱。

此外，还有一些企业虽然仔细总结了自己的发展基因和提炼了自己的价值观、文化，但认为价值观和文化的传承主要是人力资源部的工作。

这几年，我在与企业交流，谈到有关价值观和文化的议题时，不少企业的领导有了感触后，把人力资源部的主管叫到自己面前，布置相应的企业文化事宜。

我不能说这样做是不对的，企业人力资源部当然对推动本公司的企业文化是有责任的。但企业文化的推动和传承绝不仅仅是人力资源部的责任。企业文化深入企业工作的方方面面，影响到企业的每一个人，企业各个业务部门的主管应该为此承担主要责任。

谈到华为的发展，人们都会说到华为的文化，企业文化对华为的发展起了很好的推动作用。那华为是如何把文化与企业实践有效地结合起来的呢？

华为会把企业文化宣传给所有员工

新员工进入华为的第一课就是学习华为的企业文化。这一点华为跟很多企业一样。

华为也会把企业文化的标语张贴在公司各处，让大家随时可以看到。我对华为文化的第一次了解，就是通过当时华为前台的标语，这句标语激励了我，也增强了我进入华为的信心。

同时公司会举办各种各样丰富多彩的活动来宣传企业文化。我前面提过华为的"明日之星"，每年华为会选出25%到30%的人，成为当年的"明日之星"。这些人除了业绩优秀以外，更重要的特点是能代表典型的华为人，通过明日之星身上的特征，你就可以清晰地看到华为人是什么样的。

公司用丰富多彩的活动和喜闻乐见的方式，向所有员工宣传、展示华为文化，引导员工践行华为文化。

华为把践行核心价值观作为干部的首要职责

华为认为，传承和践行核心价值观不仅仅是人力资源部的事情，还是所有业务部门的重要事情，因此，华为干部的首要职责是传承和践行华为的核心价值观。

很多人都发现华为有一个现象，那就是，华为人的一致性比较好。这个一致性，首先就体现为价值观践行的一致性。而一致性的最初来源就是直接主管的以身作则。

很多公司都有很好的价值观和主张，也很用心地去宣传它们。但真正对于员工行为影响最大的，是他周边的人，尤其是他的主管。

在家庭心理学上，人们发现，原生家庭对于孩子的行为模式影响最大。很多家长都在讨论如何教育孩子和引导孩子，其实教育和引导孩子最重要的方式就是以身作则。你怎么做，你的孩子未来就有可能怎么做。

在价值观的传承上有同样的逻辑，那就是主管怎么做，他的员工就会学他怎么做。各级主管在价值观和文化的传承及践行方面起到非常重要的作用。有句话叫"榜样的力量是无穷的"，榜样首先来自各级主管。

在价值观的认同和践行方面，华为采用的是温吞水方式

虽然我们非常重视价值观和文化的宣传，但华为没有搞强制性的归一

化。对于普通员工，我们没有强制要求他们一定要认同华为的价值观和文化，只要员工在华为公司的贡献大于公司付给员工的薪酬，员工就可以继续在华为公司工作。

在我负责海外业务时，我们部门中就有一些员工并不认同华为文化。他们以前在其他公司工作时已经形成了自己的职业习惯，来到华为后又不愿意调整。但是，观点不同并不影响他们在华为的工作。其中有个员工刚来华为时就告诉我，他不喜欢我们的文化，尤其不喜欢自我批判。我耐心地跟他解释了自己对相关文化内容的理解。但我没有想到，当我讲完后，他觉得这是我作为主管想强加给他的想法，就更不喜欢华为文化了。

五年后我又见到了他，他还在公司工作，我们又聊到了文化问题。我问他现在的想法，他告诉我说，他还是不喜欢华为文化，但他发现喜欢分享对于华为文化的认识是华为主管的特点。

我好奇地问他，为什么不喜欢华为文化，还能在公司工作五年呢？他想了想说："我想是因为公司对我很宽容吧。"

宽容是华为对于员工的态度，作为华为的员工，你可以不认同华为的文化，但只要你的贡献大于成本，你就可以在华为工作。

我在拉美负责华为地区部的时候，曾经遇到这样的事。当时我们出现了一个干部名额空缺，经过管理团队讨论，大家决定让一个本地员工来承担这个岗位。按照华为公司干部任用的流程，经管理团队确定后，需要进行干部公示，就是把干部的任命书在公司内部公示出来，其间如果谁有意见，可以随时提出来。在干部公示期间，另一个本地员工来找我，他认为自己的能力比任命的本地员工强得多，资历也比他深得多，而且工作绩效更好。他问我为什么不考虑提拔他？

我了解他的情况，就请他坦率地回答我，他是不是认同华为的文化并且愿意践行它？他沉默了一会儿说，工作和思想是两回事，华为是绩效导向，提拔干部难道不是主要看工作表现吗？我向他解释了我们的政策，我们从绩效优秀的人中选拔干部，绩效优秀是基础，但我们不是唯绩效论。

在华为，绩效排在前 25% 的人有机会成为干部，他们会进入干部资源池，对这些人的考查，就不再仅仅是按照绩效，而是按照华为的干部要求做综合考查。其中，是否认同和践行华为的价值观，是我们考查的重要方面。

他听了我的解释后，并不满意，但随后几年，他也一直在华为工作，而且工作表现也不错。这也是我理解的西方职业化的案例之一。在我离开拉美地区部时，他对我说，华为确实与他过去所在的公司都不同，其他的公司强调对老板忠诚，而华为强调的是对公司忠诚，而对公司忠诚的基础就是认同和践行公司的核心价值观。听了他的话，我觉得他越来越像华为人了，果然不久以后，他成为华为在当地的干部。

我前面讲，华为干部的首要职责是践行华为的核心价值观，但我们在实际任用干部的时候，并不是一刀切。

华为这么多年也在有意地从外部引进人才和干部。对于一般员工比较好办，他认不认同华为文化，并没有那么重要。因为一般员工是个人贡献者，我们以贡献来评价人才。

对于引进的干部，短期来看，他可以承担干部岗位，公司会尽量给他时间来认识和理解公司。长期来看，如果不认同华为的文化，他便很难在华为有所发展。

将价值观和文化与企业的流程和组织融合

在我看来，与其他几点相比，这一点尤其重要。如果说员工的态度来自他的认知和氛围，那么对于员工行为影响最大的就是流程和组织。如果要将企业的价值观和文化系统地体现在企业的实践中，那就必须将企业的价值观和文化与组织有效地结合起来。

本书第二部分就是在着重介绍，华为是如何把价值观和文化与企业的流程和组织融合起来的。

在讨论这个问题之前，我还是要重新提一下前面讲过的《华为基本法》和华为的管理纲要，因为它们在企业的价值观与企业的流程和组织间起到了重要的作用。

首先说一下基本法和管理纲要的本质，它们其实是华为的策略大纲。

如果说华为的价值观和文化中蕴含着华为的管理哲学，那么基本法和管理纲要就是管理哲学和企业实践之间的桥梁。这一点基本法和管理纲要的内容就可以印证。把华为的哲学落实在企业管理的方方面面所形成的策略汇总，就是华为的基本法和管理纲要。

接着我们谈一谈，基本法和管理纲要是为谁做的。虽然华为的基本法经过了华为全员讨论，达到了全员理解的目的，从而使企业意志达成高度一致，但基本法本身是给华为的骨干使用的。任总在解释制定基本法的宗旨时，明确讲过：基本法主要解决企业 1/3 骨干层的问题，基本法的中心是加强企业的制度建设，基本法总的核心是企业的潜力开发。

2011 年，华为做管理纲要时更是这样。我们在完成人力资源、业务和财经管理纲要总结后，就开始举办高研班，要求华为中高级以上的干部都要参加这三种高研班。这个做法本身就说明，我们的管理纲要是给华为干部使用的。很多企业的领导都有哲学思考，如果把哲学思考落实在企业的流程和组织中，基本法和管理纲要就是桥梁和纽带。这是华为管理与很多公司不同的原因，也是华为的管理思想能够系统地落实在实践当中的重要基础。

为客户服务是华为存在的唯一理由

摘要：为客户服务是华为存在的唯一理由，这是华为的基本假设，同时也是华为核心价值观的基础。

在总结企业管理思想的过程中，任总曾经讲过：没有正确的假设，就没有正确的方向；没有正确的方向，就没有正确的思想；没有正确的思想，就没有正确的理论；没有正确的理论，就不可能有正确的战略。

华为的基本假设

任何企业存在，都有其自身的基本假设。华为的一个基本假设就是，为客户服务是华为存在的唯一理由。

在我的记忆中，任总提出这个基本假设是在2000年左右。任总提出来后，其实很多人有不同意见，大家的意见集中体现在"唯一"这两个字上。

很多人，包括我自己都认为，"为客户服务是华为存在的理由"这种表达已经很充分了，为什么要加上"唯一"两个字？任总向大家解释，"唯一"的含义是我们只认准这一个方向。华为就踏踏实实做好一件事情，就是为客户服务，通过为客户创造价值，从而分享价值，这就是华为为自己选择的成长之路。

回首过去，要理解这句话的意思，首先要理解深圳。

我是1993年到深圳的，刚来的时候在另外一家通信公司工作。当时我周边的每个同事都在谈论股票，整个公司的员工包括扫地的阿姨都在炒股票。

当时，在深圳的人都愿意谈论的一个词叫作改变命运。大家都梦想着第二天就可以成为百万富翁。几乎每一天都会有新的造梦故事出现，某某通过炒股票成为富翁，故事被一传再传，越传越神奇，每个人都渴望成为那个幸运的人。但实际上幸运的人总是少数，就我原来所在公司而言，几乎所有人在股市的涨跌当中都成为不幸的人，我周边好几位同事把几年辛辛苦苦赚的钱，都赔到股市当中了。但这个事实，并没有降低大家炒股票的热情。

随着时间的推移，房地产又成了新的造梦工具。我刚来深圳的时候，房价是3000元/平方米，而自己每月的工资只有1000元，当时我还在想要攒多久才能买到房。好像转瞬间，深圳的房价就开始飞涨。人们很快发现，踏踏实实凭劳动所获得的收入增长，远远赶不上炒房。

深圳甚至出现了这样的怪象，不少企业辛辛苦苦干一年，所获得的利润还不如卖一套房。我认识的一位企业家就曾经告诉我，他的企业有几年发的奖金就是来自炒房地产。

前两年，我见到了一位记者。他和他的团队长期关注深圳的企业。他和我讲，在深圳这个充满诱惑的城市，有过多次房地产和股票狂潮，华为是极少数没有涉足其中的公司。他问我这是为什么？是什么让华为保持定力？此时我的头脑中第一个闪现出来的，就是"为客户服务是华为存在的唯一理由"这句话。我也由此加深了对这句话的理解。

华为的初衷

其实从华为发展的早期，我们就保持了自己的聚焦。在《华为基本法》当中，华为就明确了自己永远不进入信息服务业。

有些人问我这样做背后的逻辑是什么。其实并不复杂，华为当时的客户只有一种，那就是运营商，运营商的业务是信息服务。

我们在基本法中明确自己不进入信息服务业，显然有一个目的，那就是不与客户抢市场。其实背后还有一个原因，这个原因与时代的发展背景有关，当时世界上最赚钱的行业就是信息服务业。从一个方面你就可以理解这一点，在全世界大中城市里，最好的位置和最漂亮的楼都属于电信运营商。

华为不受高利润的信息服务业诱惑，全心全意服务于自己的客户，这就是华为当时的选择。

后来，华为的客户从只有运营商到包括运营商、企业和个人用户。华为的初衷并没有变，那就是以客户为中心，通过一心服务于自己的客户，为客户创造商业价值，从而发展自己。

力出一孔和利出一孔

今天，在华为的发展战略中有这样一条：力出一孔和利出一孔。

力出一孔是指聚焦和向一个方向努力，这个方向就是：以客户为中心，为客户创造商业价值。

有一年，任总在总结华为公司的发展历程时讲过：华为在过去28年只专心做一件事、攻击一个城墙口，那就是ICT基础设施建设。

华为通过自己的ICT解决方案，将数字世界带给每个人、每个家庭和每个组织，从而构建万物互联的智能社会，这就是华为公司的愿景和使命。

利出一孔指的是华为人的利益都来自一处，那就是公司，即通过为客户创造价值而分享到价值。

华为人不允许做第二职业，也许你会问，如果我在华为做了第二职业怎么办？在华为有一个所有员工参与讨论形成的"22条军规"，也就是员工守则，其中一条是这样描述的：

如果您喜欢第二职业，公司会很快帮助你，把它变为第一职业。

> **感悟** 华为成功的根本原因就是聚焦，将华为存在的唯一理由定位于"为客户服务"，促使公司专心于为客户提供更好的ICT解决方案，在一个狭窄的方向上形成竞争优势，从而引领行业的发展。

客户需求是华为发展的原动力

摘要：华为认为要虔诚对待客户，客户是我们的上帝！满足客户的需求就是以客户为中心。

说到华为的价值主张，本质上是华为在解决"什么是以客户为中心"这个问题。

虔诚对待客户

我在前面描述过，我刚进入公司开发部工作的时候，从任总身上体会到了什么是以虔诚的态度对待客户。这种对待客户的方式，在公司大力倡导和主管以身作则的引导下，逐步体现到了大多数华为人身上。

我在华为的中试部工作时，曾经被派到福州市，安装华为第一个万门局，是第一个带远端模块的局。由于工期的需要，针对远端模块区的电源，电信局没有自己采购，而是允许华为公司来进行配套。于是我们把华为自研的电源安装到了华为远端模块局的机房。一位电信局的电源工程师看到我们的电源设备后，发现我们的操作规程与电信局现有的不同。没容我们解释，他就开始破口大骂，骂了将近一个小时。作为工程督导的我在现场非常紧张，担心他会让我们把电源搬走。没想到，他骂完就走了。第二天，他又来到我们的机房，发现我们的操作规程已经按照他的要求改变过来了，并且把可以提高效率的两个改进点汇报给他，请他决策。他看后点了点头，说了声可以，就离开了。

之后，他再来到我们的机房，脸上常挂着笑容。后来，我听局里的人说，他成了华为产品的义务宣传员，经常推荐我们公司的产品。

再后来，我要离开福州时，他过来给我践行。我问他一个问题，是什么让他转变了对华为产品的态度。他笑了笑说：是你们虔诚的态度。

他接着说：我看到你们产品的第一反应，是让你们退回去。可是，我发现你们是一家与众不同的公司，当我在骂你们的时候，你们的反应不是推卸责任，也不是给予解释。你们用那样虔诚的态度对我，我最后都骂不下去了。就因为你们这样的态度，我决定再给你们一次机会。但当我第二次来时，你们不但按照我的意见迅速整改，还不怕我再骂你们，站在我们的角度来提优化意见。我觉得你们是一家真正想把事情做好的公司。

听了他的话我也很感动，我认为他的这些话是对我们虔诚对待客户的最好阐述。

客户是我们的上帝

在华为早期的口号中，有一个口号是"客户是我们的上帝"。针对这个口号，有些人曾经问过我，你们华为真是这么想的吗？在他们的眼里，买卖双方各有利益，做生意的过程就是双方为各自利益博弈的过程，如果你把客户当作上帝，一切听上帝的，怎么保护自己的利益呢？

我在刚刚看到这个口号时，也曾经这样想过。更巧的是，没过多久，我就从一名技术人员转变成市场人员去直接和客户打交道。作为一名刚刚入道的市场人员，我不会与人打成一片，也不善于和人谈天说地把关系拉近。但我很快发现，不靠这些，我同样能和客户建立良好关系。我所做的很简单，就是真诚地对待客户，一旦发现客户的问题，就把它作为优先事项，站在客户的角度，帮助他解决问题！这样做了以后，我发现自己很快便赢得了客户的尊重，是客户帮助我取得了良好的业绩，从而使我被公司逐步认可。

在华为，所有成功的销售人员，其秘诀和我一样。我开始真正理解"客户是我们的上帝"的含义。我也由此理解，这句口号不是喊给客户听的，而是用来指导我们自己的实践的。

客户是我们的上帝，要求我们尊重客户，但并不等于对客户卑躬屈膝。

我在华为交换事业部工作的时候，曾经遇到这样一位销售业绩极为优秀的同事。我请教他业绩优秀的原因。他告诉我，他刚进入市场的时候，真心认为客户是我们的上帝，要用一切方式讨好他们、巴结他们。但他很快发现，你越这样做，越不能换得客户和你的真心合作。于是他转变了另外一种工作方式，那就是：把重心放在解决客户的问题和为客户创造价值上。很快他的工作就有了很大的起色。

华为尊重客户，但反对卑躬屈膝的做法，我们认为，在精神上我们与客户是平等的，我们只是将客户的利益放在第一位。

也许有人会问，买卖是个博弈的过程，把客户当作我们的上帝是不是会让我们吃亏呀。其实我刚刚做市场时，也有这样的担忧，总担心如果一切为客户着想，客户让我们吃亏了怎么办？但我在参加商业活动的二十几年里，没有遇到这样的情况。我经常遇到的情况是，当我一心为客户着想、站在客户的角度思考问题的时候，客户往往会反过来，站在我们的利益角度考虑。相反，当我只关注自己的利益时，我和客户之间更容易发生针尖对麦芒式的不愉快。我不是心理学家，无法解释这种奇妙的现象。

我自己的经历也许是特例，前段时间我的朋友给我讲了他的类似故事。

他负责华为的一个地区部，地区部下面的一个代表处帮助一个运营商建立了3G网络，运营商对我们的服务不满意，认为我们的网络指标达不到合同标准，要求把整个网络拆除。这个网络涉及几亿美元规模的设备和巨大的工程安装与调试工作量，面对如此棘手的事情，代表只有向地区部求助了。

我的朋友作为地区部总裁，就直接飞往那个国家，请代表处安排与客户的会议。在与客户见面之前，代表处的人向他汇报的内容都是客户如何不讲理和如何自私之类的。但他与客户见面后，客户摆出了我们的问题，同样提出了拆除我们整个网络的要求。我的朋友诚恳地表示说，如果客户认为这样是必要的，他愿意拆除我们的设备。代表处的人听后都震惊了，但更让他们震惊的是客户对此的反应。他们没想到客户听到我们同意时，并没有欣喜若狂地马上要求我们签字，而是诚恳地回问我们，有没有不拆除设备就可以解决问题的方案。

难题由此而解，我们跟客户巩固了合作关系，后来这个客户还成了我们的战略合作伙伴。

听了他的案例后，我问了一个这样的问题：他在回答客户说他愿意拆除我们的设备前，想没想到过，如果客户直接要求他兑现承诺，他该怎么办？他笑着回答我说，他这样做不是谈判策略，他当然是事前和公司汇报过，公司是给了他这个权限的。

公司认为，客户过去给了我们这么大的支持，我们没有达到客户的标准，还让客户如此不满意，我们当然可以按照客户的要求去做。

以上这个案例给了我非常大的震撼！如果我们为客户安装的网络被搬迁了，公司会承受很大损失，相应的代表处和地区部也会承担相应的责任。我不能说每一个华为代表和地区部总裁都会做这样的选择，都会像那位地区部总裁一样优秀，但华为至少有这样的机制，促使这种事情发生。因为"客户是我们的上帝"就是华为的态度，也正因为华为这样的态度，我们赢得了一个又一个客户，从而获得了长足发展。

所以，任总在总结自己的两个"想不到"时，其中一个就是，我们一心一意帮助客户，想不到反过来是客户帮我们发展到今天。

以客户为中心就是满足客户的需求

我前面介绍过华为的宏观商业模式，其中第一条为：产品的发展目标是客户需求导向。这句话就是回答了"在华为什么是以客户为中心"。

华为认为满足客户需求就是华为坚持的以客户为中心。通过自己的产品和解决方案优先满足客户需求就是华为的核心竞争力。这句话虽然简单，但其实蕴含了几个对于公司而言的关键问题。

第一个问题：什么是华为的客户？

2011年时，在华为内部曾经有一个大讨论，那就是华为的客户是谁。也许你会问，这个问题很重要吗？当然重要，这涉及企业决定为谁工作和以谁为工作重心的问题。

经过讨论，我们确立了一个原则，为华为产品和解决方案付钱的人或单位都是我们的客户。以此为原则，华为确立了三类客户：

第一，在电信运营商领域，运营商是我们的客户，运营商为我们给他提供的产品和解决方案付钱，我们要以运营商的需求为我们产品和解决方案的路标。

在关注客户需求的同时，我们还要关注客户的客户，并且一直追踪到最终用户。他们虽然不给我们付钱，但他们是我们的产品和解决方案的使用者，关注这些使用者的需求，是为了让我们的产品和解决方案帮助我们的客户取得商业成功。

第二，在企业领域，华为的代理商和解决方案的使用企业都是我们的客户，它们的需求都是我们产品的发展目标。本质上说只有解决方案真正为使用企业创造商业价值，代理商和华为的价值才有可能体现。

第三，在消费者领域，消费者和渠道商都是华为的客户，华为需要满足他们的需求。在消费者领域，华为的产品从消费者中来，到消费者中去，为消费者打造最好的使用体验。

第二个问题：什么是客户需求？

很多人可能会说，这个问题还不简单，客户的需求就是客户的要求。其实不然，前面我讲过，在软件产品线里曾经有这样一个案例，客户的CEO把我们的产品人员叫到他的办公室，告诉我们，他们需要一款什么样的产品以及产品的规格是什么，要求我们赶快去做。

CEO是客户的主要负责人，肯定可以代表客户，他提出的要求看起来也肯定代表客户需求。华为的人按照客户的要求，把产品做出来之后展示给客户。客户的CEO看后说，这不是他要的产品。

为什么按照客户亲口说的要求去做，做出的东西反而得不到客户的认可呢？

很多人可能把原因直接归结为客户的CEO出尔反尔，其实这不一定是问题的症结。经过深入分析，我们就会发现，其实任何一个完整的客户需求都是由两部分组成的，一部分是问题，另一部分是解决方案。当我们与客户交流时，我们必须清晰地把握客户要解决的问题是什么，在此基础上用什么方案来解决它，则需要双方探讨。

在本案例中，华为没能给出让客户满意的解决方案是因为由客户CEO来告诉我们产品的要求和规格，并不一定能解决客户的问题。其实在很多情况下都是这样，客户可能更清楚自己要解决的问题，但用什么方案来解决问题，需要客户和供应商共同努力，客户了解应用场景，而供应商更了解技术和产品。

公司的战略要匹配客户的需求

公司的战略是用来指导公司运作的，只有公司的战略很好地匹配了客户的要求，公司的发展才会顺利。

在2005年，华为总结自己的战略时，其中有一条叫质量好、服务好和运作成本低。这条战略的提出，正是因为公司很好地总结了客户对我们的要求。

华为在通信领域是一个后来者，在很长时间内一直是市场的跟随者。客观上讲，客户对于华为的要求正是产品质量好和服务好，在此基础上性价比还要更好，而华为要做到这一点，就必须不断降低自己的运作成本。

华为正是认识到客户对我们的要求，把这些要求转变成我们自身的战略，从而促使整个公司不断提高竞争力，一直走到今天。

企业自身的战略必须与市场的要求相匹配，这样，企业的发展才会顺利。这些年很多人都在总结华为为什么能做到后来居上，其实这个战略本身就是原因。

首先说说价格低的问题，很多人都愿意给早期的华为戴上低价的帽子，好像华为故意压低价格，让别人活不下去，好独自占领市场。其实在电信市场当中，价格低是后来者进入市场的基本条件。在电信行业，不管你是谁，想进入这个市场就要比现网厂商价格低。更何况在当时，中国在技术上与世界先进水平相差那么大，要追赶是需要时间的。在电信领域的经验，也是要一天一天积累的，因此我们非常感谢早期支持我们的客户，给它们优惠多一些也是应该的。

今天华为发展壮大了，还在时刻提醒自己不要追求高利润。

另外我想说，价格低不等于质量低，华为之所以能够被全世界的客户认可，一个极其重要的原因就是质量。

我在华为负责固定网络产品行销时，曾经在公司展厅接待过一位中东运营商的副总裁。他带队来华为参观，在展厅听完我们各种产品的介绍后，对我说，展厅展示的所有产品，他们公司都要了。我听了很吃惊，这是我第一次遇到这样的事情。

一般来讲，运营商如果要选择一种产品，除了听产品介绍以外，最起码要测试和试商用！中东运营商虽然有钱，但平时做事并不任性啊！于是我问他为什么这样做。他告诉我说，因为华为的产品质量太棒了！他们在几年前买了华为的传输产品，虽然平时没人去管，但产品埋在沙子底下依旧运行状况良好。其他供应商的产品都做不到这一点，是华为的质量给了他信心。

在我刚刚进入公司的时候，有一句公司的标语给我留下非常深刻的印象，那句话是：质量是我们的生命。在这么多年的发展中，我们努力的目标是：质量是我们的代名词。

还有一点我想说明的是，价格低不等于技术含量低。想反驳这一点的人忽略了一个事实，那就是华为在拿到的大多数项目中，技术排名都是数一数二的。同时我还要说，华为能够持续做到价格低，核心的原因是我们持续降低成本，尤其是运作成本，因此我们把低运作成本做到我们的业务战略中。

其实，过去三十多年间，华为的低价格本质上来自创新。以华为3G分布式基站的解决方案为例，正是因为我们在产品设计中大幅度地降低了材料成本和后续服务成本，才能让客户获得比较低的价格。从本质上说，高质量和低价格是一种悖论。但由于华为现在在电信市场的口碑很好，其他厂家很难达到比华为更高的性价比，因此华为不追求高利润，从而让客户可以用合理的价格买到电信解决方案。

一位电信领域的老客户跟我讲，正是因为华为的存在，世界上越来越多的人用得起手机和电话，电信网络才可以如此快地在全世界铺设。

帮助客户取得商业成功

随着时间的推移，客户对于华为的要求是在发生变化的。以电信运营商领域为例，我个人明显体会到了这种变化。

变化发生在2011年之后。如果说在此之前电信客户对华为的要求是质量好、服务好和价格低，那么在此之后，越来越多的客户希望华为能够和它们共同发展。

举个例子来说，在我负责的领域，从 2012 年到 2014 年的两年间，与客户签订的战略合作伙伴协议超过了之前 10 年的总和。我们在其他领域的情况也大致如此。为什么客户有如此举动呢？背后原因是它们对华为的要求产生了变化。变化的原因有两点：一个原因来自华为的变化，华为从过去的跟随者，变成了行业的引领者。另一个原因来自客户，全球所有的电信运营商正在经历历史上最大的转型，这个转型就是数字化。客观上，需要合作伙伴帮助其完成转型。

华为帮助客户完成转型的过程，也就是帮助客户不断地取得商业成功的过程。

感悟

1. 在华为早期，对客户态度虔诚和服务好就是以客户为中心，华为人珍惜任何一个为客户服务的机会。

2. 从 1996 年到 2005 年，用自己的产品满足客户的需求就是以客户为中心，在这个时期，华为非常重视产品本身的竞争力。

3. 从 2005 年开始华为进入全球化的发展阶段，用解决方案来解决客户的问题、为客户创造价值，才是以客户为中心。这个阶段，华为人做事情已经从站在自己的角度转换为站在客户的角度。

4. 2011 年以后，华为进入了引领行业发展的阶段，站在客户的角度，帮助客户实现商业成功，才是以客户为中心。

发展是硬道理

摘要：华为认为企业只有自身发展得好，才有可能更好地为客户服务。华为的发展不唯目标论，追求均衡发展。

前面和大家分享了两个内容：一是华为为什么要以客户为中心；二是

什么是以客户为中心。下面我们来解决怎么做的问题，即如何做是以客户为中心。

在华为以客户为中心的业务策略中，"发展是硬道理"排在第一位。

其实我在做商业的很多年中对于这个策略都不理解。我当时认为，以客户为中心是指为客户做好服务，"发展是硬道理"说的是自己要好，两者能有什么关系呢？况且我们跟客户是买卖关系，华为发展得好，客户可以和华为合作。某一天华为不行了，客户也可以选择和其他厂家合作呀！因此我看不到华为发展得好与为客户服务之间的必然联系。

但是一个案例，给了我对于这个关系的比较深刻的认识。国外有一个运营商，把它的整个网络交由华为来网改，就是把现网的设备都替换成华为的，这是一个很大的项目，涉及几亿美元的资金。

签完这个项目的框架协议后，下一步要做详细的合同谈判，谈判的地点在客户公司。客户方谈判人员是由其 CEO 和项目团队组成的，华为方是由我带队参加的。开始的前三天，我们的谈判没有什么进展。原因很简单，客户希望华为在框架协议的基础上再做更多的让步。我们认为自己付出的足够了，不想再给更多的优惠条件。到了第四天上午，客户的 CEO 比较着急，就对我说，谈判能不能先暂停一下，希望和我单独做一下交流。

我同意了，与他一起到他的办公室。坐下后，他问了我一个问题，是不是可以认为在这件事情上运营商比华为更难？看着我疑惑的眼神，他解释道："这个项目是整个网络的搬迁，涉及二十多种产品和十几个厂家的设备。作为使用方，我们是不愿意搬迁这些设备的，但是这十几个厂家当中，大部分厂家已经倒闭了，剩下的几个厂家也没有办法提供良好的服务了。在这种情况下，我们不得不开启这个项目，把整网设备换成华为的设备，因为相信你们在电信行业的发展前景。在本次搬迁项目中，涉及新旧网络多种设备之间的衔接，不可能不出问题。一旦出了问题，对于你们而言，仅仅是一次事故。但对于我们运营商而言，可能会决定我们的生死。"

他的话给了我极为深刻的印象，从此我开始明白，作为一个企业，发展得好，是为客户提供良好服务的前提。

目标导向，但绝不唯目标论

华为是一家追求发展的公司，但从不为发展而发展。

一位企业家曾问我，你们任总很早就提出来，华为要成为中国通信企业的第一名，你们是怎么规划来实现这个第一名的？我的回答是，我们把成为第一名作为我们的理想，但我们认为达到第一名是结果，而不是若干年必须达到的目标。华为是一个对市场积极反应的公司，我们下一年的目标来自对自身和市场的认识，而不是某个第一名的牵引。

不仅如此，华为公司在实际工作中还经常检视自己是不是唯目标论。公司的各个经营单元每年都会向上一级组织汇报自己的下一个五年规划。在汇报当中，如果你的材料中出现几年要成为某某领域的第一名，那么你马上会受到质疑，大家会仔细询问这样设立目标的依据是什么，具体行动计划如何支撑这个目标，等等。

大家这样问的原因，不是怀疑你成为第一的能力，而是担心你为了第一而第一。华为是一家有追求的公司，但希望员工的追求体现在具体的工作当中，而不是体现在要成为第一的口号当中。

也许你会问，你们任总在早期不是就经常说你们要成为第一吗？任总难道不是按照第一的标准，而是反过来要求你们的？我的理解恰恰相反，公司提倡务实的工作作风和务实地制定目标，就是从任总开始的。

记得我在做华为地区部总裁的时候，有一次回公司述职。在汇报当中，我向大家展示了公司各产品在我们地区部未来几年的目标，其中涉及了市场地位的目标，这些目标包括成为本区域第一的时间表。任总看到后非常生气，马上对我说，不要把第一作为追求，第一是结果，不是目标。

正是从任总开始，华为形成了一种踏踏实实的工作作风，把追求体现在具体的工作中，不断改进自己的工作方法，提高自己的工作效率。

我们认为踏踏实实地工作，就是走在成为第一的路上。

华为追求均衡发展

产出目标之间的均衡

在前面介绍华为业务管理纲要的时候，我们谈到了华为的发展目标是长期有效增长。华为在追求业务规模增长的同时，也会追求利润和现金流的同步提升。

华为不追求单产出目标的最大化（这里的单业务目标指的是收入、利润和现金流），而是追求它们之间的均衡。但华为这种追求是整体的，而不是一刀切的，即对每个下属经营单元做一样的要求。这种要求不是通过导向，而是通过制定目标和考核权重来完成的。

比如我在海外负责华为巴西代表处工作的时候，代表处有四个大的系统部，年初时，我们给每个系统部下达的收入利润和现金流目标是不同的，而且这些目标值在考核中的占比也不相同。

对于增长机会最大的系统部，其与产出相关的目标（比如收入）绝对值最大，增长率也是最高的，同时产出指标占总指标的比例也最大。

对于利润增长机会最大的系统部，利润的增加目标值肯定是最大的。当然，利润这项指标占总指标的比例也是几个系统部当中最高的。

这个例子说明，华为对组织贯彻导向的方式，不但会把公司对此组织的要求导向清晰化，还会把对组织的要求转换成对它考核的目标。华为每年通过调整目标值和目标的权重，有针对地下达对组织的要求。

目标制定注重产出指标与效率指标的平衡

上面我们提过指标包括收入利润和现金流等。效率指标，一般是与企业运作成本相关的指标，比如 DSO 和 ITO，前者为资金占有率，后者是存货周转率。以这两个指标为例，两个指标的单位为天数，天数越少，表明企业运作效率越高，相对而言成本越低。

一般而言，企业有两个关键任务，一个是开源，不断扩大企业的规模；另一个是节流，本质是不断提高效率。华为讲产出指标与效率指标要均衡，并不等于僵化地要求下属组织。当然对一个下属组织而言，最好是业务和效率两个方面都做得好。但这种要求是一个过程。

华为公司管理组织的方式会根据组织成长的不同阶段的特征而定，在组织成长初期，公司会更关注下级组织的产出目标，从而尽快让组织形成规模效应。规模效应是指随着组织业务规模的增大，组织成本就会被摊薄，形成组织效率的自然提升。当组织具备一定规模以后，华为开始更关注效率，即要求组织效率每年都有一定比例的提升，来牵引组织更好地提升自己的效率，从而进一步提升组织的战斗力。

关注组织业务和管理改进的均衡

一个组织短期成长靠产出指标和效率指标来牵引，我一般将它们称为业务指标。而一个组织的长期发展能力需要靠管理改进的推动，这就是为什么华为各级组织在绩效指标当中总是要设置一些管理改进目标。

组织管理改进的本质，是不断调整自己的氛围、流程和架构等来适应业务不断发展的需要。以组织架构为例，这几年我见到的不少国内企业，它们的组织结构长期不变，而其所面临的市场和业务环境已经发生了重大变化。这些企业在面临挑战的时候，往往把工作重点放在调动组织人员的积极性和业务本身，其实组织这个时候最需要关注的很可能是自身架构与业务的匹配能力。

人们经常说战略决定组织，而战略一定来自业务。因此业务变化了，一定要首先考虑组织的适应性。组织架构就是一个企业面向业务的作战队形，而作战队形正是组织获得作战胜利的前提。

当然，当组织面向变化的业务时，流程和氛围同样很重要。我们经常将企业在市场中的活动比喻成打仗，组织架构就相当于企业作战当中的作战队形，而流程就是作战方式，哪个企业的流程更适应业务需要，哪个企业就更容易获胜。而氛围就是企业的战斗精神，强烈的求胜欲望和良好的团队配合就会使组织架构和流程发挥出最大的能力与潜力。

感悟

1. 华为的最低目标是活下去，华为人深知，企业可以为客户服务，前提是自己还活着。因此在践行"以客户为中心"的同时，以生存为底线。

2. 华为的最高目标是商业成功，商业成功的标准是长期有效发展，实现有利润的增长和有现金流的利润。

深淘滩、低作堰

摘要：华为人每天都要淘自己的滩，不断降低成本、提高工作效率和为未来投资。同时节制自己的欲望，把更多利益分给客户和产业链。

有人讲过一个故事，他本人曾经在四川都江堰市工作过。20世纪80年代初，那时的都江堰市还被称为贯县。那时正处于改革开放之初，当地来了一些外国人参观，外国人来是新鲜事，自然引起了本地人的注意。而且当时在四川有一些大三线工厂，大三线工厂在当时是生产国防相关设备的企业，都有保密的性质。这些外国人出现在工厂附近，很容易让人想到间谍，因此政府开始很紧张。后来知道这些人的背景趋同，他们都是水利学家和地质学家，是专门来研究都江堰水利工程的，大家的心才开始放下了。

在交流中，外国专家透露了一个重要的信息，那就是都江堰水利工程是全球建设最早的水利工程之一，并且有可能是唯一还在作为主力使用的水利工程。这一消息让当地政府非常兴奋，很快向联合国教科文组织申请非物质文化遗产，并很快获得批准。都江堰由此被世界瞩目。

今天，都江堰成为全国著名景点，每年接待众多来自全球的游客，当地也由县级市升为地级市。

都江堰水利工程是由当时秦国的太守李冰和他的儿子带领当地的老百姓修建，到今天已超过两千年。都江堰水利工程给四川经济发展做出了巨大的贡献，这个工程建设以前，四川盆地年年有水患，四川人民流离失所。这个水利工程建设之后，四川盆地的水患和土地灌溉问题得到解决，四川也由此被人们称为天府之国。

"深淘滩、低作堰"这六个字，来自都江堰水利工程旁边的李冰父子庙内的对联，是李冰父子修建和维护都江堰水利工程的心得。

每个公司都有自己的生意经，也就是大家经常说的做生意的秘诀，深淘滩、低作堰就是华为公司的生意经。那么怎么理解深淘滩、低作堰呢？

深淘滩

如果你去过都江堰，你就可以很快得出一个结论，都江堰水利工程不是一个修建一次就可以使用两千多年的水利工程，而是一个年年都要修的水利工程。都江堰的滩每年都要淘，当地的讲解人员告诉我，如果三年不淘，都江堰就会丧失作用，四川就会重新闹水患。淘滩要淘得深，为了保证每年淘滩都淘到足够的深度，智慧的四川人民在滩下埋了一个铁人，每年淘滩之时，只有挖到这个铁人的深度，才算达到标准。

那么深淘滩对于华为的启示是什么呢？

华为要不断降低自己的成本

这些年，华为每年都要发表对于未来数字世界的展望，其中有一个重要的结论：这个世界的方方面面都在走向数字化，有的企业把它称为数字化重构。

面向未来社会，华为立志将数字世界带给每个人、每个家庭和每个组织，构建全联接的智能社会。在完成这个使命的过程中，我们对自身有一个重要的要求，也就是不断降低建构和维护数字网络的成本，我们也称为每比特成本。所以降低成本首先来自我们自身使命的要求。

同时，降低成本也是我们的生存要求，ICT产业处于激烈的市场竞争当中，产品和解决方案的价格在不断降低，公司只有不断降低成本，才能在竞争当中生存和发展。在我的记忆中，有好几年，公司的利润额刚好等于当年的公司产品和解决方案成本的降低额度。

不断降低成本是企业自身的重要任务！我们对于降低成本也有一个认识和管理的过程。

1. 降低物料成本

第一个阶段降低成本首先是聚焦在降低物料成本，很多人认为降低物料成本就是选择更低价格的物料。但在相同使用规模下，更低价格的物料有可能会带来质量风险和性能下降，也就是经常说的质次价廉。

那么企业如何在降低物料成本的情况下，又不降低产品的质量和性能呢？华为的经验是归一化，即不同的产品和解决方案，在保证质量和性能的前提下，尽量使用相同的零部件。归一化使得我们对零部件的需求量做到最大化，于是我们有了更大的议价能力。更大的采购量，就会带来更低的物料成本。

前段时间，我在公司遇到了华为行政采购部的同事，看到他们正搬运着新采购的一款办公椅子。正好这个椅子我非常喜欢，给家里也买了一个。我随口问他公司采购这种椅子的大致价格。听到他的回答后我大吃一惊，因为椅子价格远远低于我买的价格。

看着我吃惊的表情，他跟我解释道：华为这款椅子是在全球范围使用的，我们一家公司的使用量占这个企业全年全球销量的10%，这个企业当然愿意给我们很好的价格。这就是归一化的好处。

我们在做归一化以前，每个产品各自有自己的成本，大家是以各产品成本最优为原则的。现在我们把所有产品的成本拉通，实现了众多部件的归一化，从而实现了在整个公司层面上成本最低。各个产品的成本降低幅度也变得更大了，而且质量管理也更容易了。

为了做好归一化管理，华为在公司解决方案层面成立了成本部，来拉通所有产品的成本管理，并且在采购部成立采购专家团来支撑相应的工作。这种有组织保障的管理使得归一化的策略可以持续有效地贯彻下去。

2. 成本是管理出来的

2001 年，公司的业务规模在 200 亿元左右，我们在华为的生产基地建立了一个非常先进的物料仓库，仓库占地面积很大，物料分拣和出入库都是由机器人自动完成的。

仓库建成后，有一次一家世界著名零售企业的 VP（企业副总裁）慕名来参观，他看后很震惊。我出面与他会谈，他对我说，据他所知，这个仓库是亚洲同类仓库当中最大的，他没有想到华为作为一家科技公司会建设一个如此先进的仓库。

我们有不少客户来华为参观，看过这个仓库后也都很震惊。其实大家有一个共同的问题，那就是华为为什么要建设如此先进和如此大规模的仓库。一个客户甚至开玩笑地说，华为的钱是不是太多了，没地方花，所以建设这么高大上的东西。

其实，这个原因在华为看来很简单。1998 年，我们开始做管理变革时曾经做过一个调研，调查一个器件从被华为选型进入公司，到分类管理、出库、进入单板中，再到被运送给客户的整个过程中华为所付出的总成本，其中包括场地建设支出、存储费用和人员成本等，最后的结果是 8000 元。

华为某一个海外地区部自己做过另外一个调研，一个客户发来的 po（执行合同），从被华为销售人员接收，到录入、审批、备货，再到发货至客户手中，公司的管理成本为 9000 美元。

从这两个例子你就可以看出，当一个公司的业务规模和复杂程度增加后，公司内部的管理成本就会成为公司总成本的重要部分。这也是公司发展到一定程度后，就要不断进行流程优化和管理变革的根本原因，变革的一个重要目的就是降低成本。

华为公司建设如此好的物料存储和分拣仓库，不是为了好看，而是为了从管理中出效益。公司这样做了之后，通过管理，实实在在地降低了我们的产品成本。我们的销售毛利率不是降低，而是提升了。这就是管理出效益，通过管理来降低我们的总成本。

3. 从设计中降低成本

在实践中，我们逐步摸索出一条经验：成本降低不但是省出来的和管理出来的，更是设计出来的。从设计中降低成本是指我们将降低成本这一目标融入产品开发的全流程当中，在产品设计时，就考虑产品的成本问题。

很多人看到华为的产品，都会发现产品的集成度很高。产品集成度高自然会提高产品的科技含量，也会带来产品质量的提升。但是很少有人想到，提高集成度是降成本最有效的手段之一。

我在华为公司中试部时，负责华为C&C08数字程控交换机的中间试验工作。我发现，电路板上的分离器件在迅速减少，往往几十个分离器件被一两个集成块所取代，从单板布局看，越来越简单。但我从未从其他角度思考这个问题。有一次，我遇到万门机的硬件经理，和他谈到这个问题，我才了解到用集成块取代分离器件，可以大幅度地降低成本。从这方面你也可以理解，华为为什么快速提高电路的集成度。集成电路不但会提高产品的性能，还可能会降低产品的成本。

4. 从架构中降低成本

如果你设计过产品，你就会发现，产品结构和设计思路对于产品成本影响巨大。

在移动网络进入3G时代后，华为的友商纷纷抱怨华为价格低，其实他们很少有人知道背后的原因。华为之所以能做比较低的价格，是因为我们改变了产品的设计架构。

根据客户的需求，华为设计了3G分布式解决方案，这种方案不但大幅度降低了产品的硬件成本，还大幅度降低客户的服务成本，而产品的性能和质量又很好。这样的产品自然使我们在市场竞争中处于有利位置，华为因此进入了主流移动网络供应商的行列。

持续提升运作效率

在华为有一个传统，那就是对于各项效率指标（比如人均利润和人均收入等），华为都会对标行业内乃至世界上最好的公司，不断地找改进点，每年都在原有基础上提升自己的效率。

公司不要求自己的效率一天就做到最好，而是要求每年在各项效率指标中要有改进率，持续改进这些效率指标就会不断提升工作的效率。

前些年，美国 IBM 公司的前 CEO 郭士纳先生写了一本书，叫作《谁说大象不能跳舞》。在书中，他表达了一个重要的观点，即大公司也可以像小公司一样迅速调整自己。我非常喜欢这个观点。很多人认为，公司规模大了，就会降低对市场的反应速度。但这个观点并不一定是正确的。只要大公司不断提升自己的工作效率，就有可能像小公司一样敏捷。

决定公司工作效率的，不是公司规模大小，而是公司的管理水平和持续要求进步的态度。

持续为未来投资

在华为内部流传着两句话，一句叫"增强土地肥力"，另一句叫"刨松土壤"。两句话表明同一个意思，那就是华为致力于不断地为未来投资。

21 世纪初的时候，华为管研发的干部有一项压力是在其他公司很难遇到的，那就是研发资金如果花不完，可能会被处理。大家开始还想不通，有的人说，为公司省钱有什么不好，为什么一定要逼大家把钱花完。也有人说，应该实事求是，少花钱做了同样多的研发项目不是更好吗！但是牢骚归牢骚，大家向公司反映后，发现公司没有改变决定，就只有在公司的压力下，按照公司要求把钱花完。这样做了几年，公司出现了更多的创新解决方案。

当大家回看这段历史时，才逐渐理解公司下定决心为未来投资的深义。未来是不确定的，要将产品和技术的不确定性转化为确定性只有一个方法，那就是尽可能地探索未来。公司当然不希望大家浪费，只有干部牢固树立探索未来的决心，而不是只顾眼前利益，想把钱分掉或者挪用他处，我们才能实实在在地探索未来。

后来大家都很明白这个道理，我们的研发经费也就再没有充裕过了。

大家掰着指头计算着，如何把公司分给我们的预算，尽可能地做更多的技术探索和创新实践。

过去三十几年，华为每年拿出销售收入 10% 以上的资金投入研发当中，累计已经超过 8000 亿元。在过去十年里，我们的专利申请数一直在全球所有企业当中名列前茅。正是这些积累使得华为不断推出创新的解决方案，在诸多领域引领着行业发展，也保证了公司的持续成长。

低作堰

在都江堰水利工程中有一个堰叫飞沙堰，堰就是立在水中的坝，用于分流水。飞沙堰在都江堰水利工程中起到了至关重要的作用。在涨水季节，飞沙堰使得从岷江流入的水量中，30% 的水流入内江灌溉农田，70% 的水流回岷江，防止四川平原发生水灾。在枯水季节，飞沙堰使得 60% 的水进入内江，保证农作物用水，40% 的水流回岷江。

以上数据，我是听都江堰的一位讲解员讲的。我个人认为，不同年份的岷江水流大小不一，虽然分流水的比例不见得如此精确，但正是这种设计方式保证了四川平原在一年四季都得以灌溉，并且没有水患，所以四川成为天府之国。

飞沙堰还有一个作用就是排沙，在设计上将水道收窄，从而加快水的流动速度，防止泥沙在水道淤积。

低作堰对于华为的重要启示是：华为要节制自己的欲望，不追求利润最大化。

回顾华为的发展历史，华为能从一家小公司发展到今天，本质上就是做了两件事。

一件事是以客户为中心。华为的工作中心是聚焦客户的，紧盯着客户的需求，竭尽全力提供最佳的解决方案，满足客户的需求。在这个过程中，华为关注的是客户的商业成功，而不是自己的利益最大化。

另一件事是以生存为底线。华为需要活下去，才能持续做到以客户为中心。华为不是不喜欢利润,公司发展需要利润用于再生产投资,但华为只追求合理的利润,而不是试图使利润最大化。在产品和解决方案定价上,华为不追求高毛利率。

很多人都在探索为什么都江堰水利工程可以工作两千年以上,而全球的绝大部分水利工程都无法持续这么长时间。都江堰水利工程的一个重要秘诀,就是低作堰,除飞沙堰以外,都江堰的其他堰都不是人为修建的,而是依托一座几十米高的石头山。

这一点是非常独特的,其他水利工程要修人工堰,而人工堰经历风吹日晒很容易破损,蚂蚁洞就可以让一个大坝被洪水冲毁。

而都江堰的堰就是自然的山,你走在堰上,就好像走在普通的平地上。风能把山吹走吗?能把地冲塌吗?蚂蚁和其他动物能在石头上打洞吗?不可能!这就是都江堰的秘诀,也是它存在两千多年的重要原因。

自古水利工程堰越高,越容易损毁。这一点给了华为重要的启示,那就是做一家公司,不要主动追求高毛利率,把更多的利益分享给客户、分享给供应商,才有可能实现长期发展。

> **感悟** 我们对于降低成本的认识有五个阶段,如图 7-1 所示。

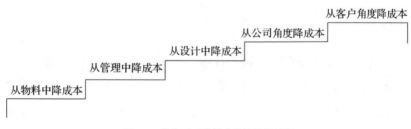

图 7-1 华为对于降低成本的认识过程

1. 一开始,华为认为降低物料成本才能降低产品成本,因此将物料品种尽量集中,从而降低采购成本。

2. 随着 IPD 流程在华为落地后,我们逐步认识到,在产品和解决方案研发的所有阶段，都要抓成本措施的落地，为此我们在产品管理团队中设置了成本经理。

3. 随着成本管理的深入，华为认识到，成本是设计出来的，越在产品研发早期进行降成本的设计，成本管理的成效越大。

4. 从管理单个产品和解决方案的成本，上升到从整个公司的成本出发，平台制就是华为在这方面最有效的措施。

5. 站在客户角度思考成本问题，华为跳出了以提升自身产品和解决方案竞争力为主要目的的小圈子，转向站在客户角度，持续降低整个行业的成本，从而引领行业持续发展。此时，华为将数据传输每比特成本作为成本管理目标。

健康的产业链与和谐的商业环境

摘要：企业与企业的竞争本质上是产业链之间的竞争，企业需要建立健康的产业链与和谐的商业环境。

健康的产业链

任总在很多场合讲过企业竞争的本质是产业链之间的竞争。针对这一点我在很长时间都没有理解。我一度认为，厂家之间的竞争不就是你打我一拳，我还你一掌，与其他人的关系并不大。但是一个案例给了我非常深刻的认识。

那是在1999年，全国31个省、自治区、直辖市都做了一项活动，这个活动叫固定电话的百万大放号，即在中国的每一个省新增固定电话用户数超过100万。这个活动在国内产生了深远的影响，当年中国的新增固定电话用户数成为世界第一，这一活动为中国未来宽带市场发展打下了雄厚的基础。这一活动也对当年的通信市场产生了直接影响，由于连接固定电话的交换机需求猛增，通信市场出现井喷。这一年交换机市场由买方市场转变为卖方市场。过去是卖方求着买房买货，现在是买方求着卖方供货。所有交换机生产企业都开足马力、夜以继日地生产，交换机只要能被生产出来，就会被迅速抢走。

很多运营商客户对于那次百万大放号活动都有深刻的记忆。十几年过去了，一位中国电信地区公司的总经理还和我绘声绘色地描述他在那次活动中的"遭遇"。为了抢设备，这位负责人带着运设备的车，在一个交换机设备供应商的门口等了几天几夜，还是没能等到货。后来从门卫口中知道有的人把车停在供应商的生产线外面，先把货抢走了。这位负责人很生气，强行开着车往厂里闯，还遭到了警察先生的"关心"。

这个负责人为了拿到交换机等几天几夜的遭遇不是个案，可见当时交换机市场火爆到什么程度！

正当所有交换机厂商都沉浸在狂欢之中时，大家很快就发现，这个盛宴不是为所有交换机厂商提供的，因为交换机的生产瓶颈马上就出现了。这个瓶颈出乎所有人的意料，它不是来自什么大部件，而是一个小小的电容，这个电容用在交换机的用户电路板上，不可或缺，平时几乎没人注意到它。在各个交换机厂商耗尽了存货却在市场中再也买不到这种电容时，才发现它的重要性。

原来这种电容在全球只有三个企业生产，其中两个企业在泰国，一个企业在中国台湾地区。三个企业的生产线虽都在全力运转着，但远远无法满足全球所有交换机厂商的需求。如果工厂要新建一条生产线，需要六个月左右的时间。更要命的是，这种电容所需要的电解质全球只有一个工厂生产，这个工厂在中国的内蒙古自治区，工厂扩充产能需要一年的时间。

因为无法买到这种电容，很多交换机生产企业只能先把电路板生产出来，这种电容一旦到货，就焊到电路板上，这样就可以出货了。因此很多交换机厂商把数量巨大的电路板排列在生产线上，等待买到这个电容。

华为在这一年取得了丰硕的战果，原因很简单。华为之前请 IBM 帮着做 ISC 变革，这个变革的其中一项便是建设强健的产业链。在这项变革中，华为识别了关键供应商，其中包括存在重大供应风险的和不可替代性的供应商，并且与关键供应商建立战略合作伙伴关系，对于存在的供应风险制订专门的供应方案。

另外，这一项变革还要求华为进行供应商的上游供应商识别，去检查整个供应链条的安全性，并寻求解决方案。

正是通过这次变革，华为识别出此电容的潜在供应风险，并预先与这三家电容生产企业中的两家建立了战略合作伙伴关系，同时与电解质生产企业也建立了战略合作关系。在这次电容缺货的事件当中，两家电容生产企业分别为华为预留了专门的产线，电解质生产厂也为华为专门预留了电解质，从而保证了电容的及时供应。

所以华为可以在这一次百万大放号行动中生产出更多的交换机，投入市场当中。由于华为是很少的几个可以充足供货的厂商，因此市场份额进一步扩大，从那一年开始华为成了中国交换机市场的第一名。

这个故事让我认识到了产业链对于一个企业的重要性。这些年，华为在通信市场的诸多领域不断取得进步，不但是华为自身能力在提高，更是产业链所形成的合力帮助了华为成长。

和谐的商业环境

很多人问我，在美国的如此打压下，华为为什么能挺那么久？其中一个原因就是华为重视商业环境建设。正是华为持之以恒的商业环境建设使得华为在很多国家受到所在地政府、运营商和客户的真心欢迎，所以华为的腰杆就会更硬一些。

和谐的商业环境建设包括很多方面，如与政府的沟通和合作、与媒体的沟通等。受本书篇幅所限，我无法对这些方面一一详述。在这里我结合自己的工作经验，举一个行业政策与产业发展之间的案例，供大家参考。

我在负责华为传送产品线的时候，所负责的产品线包括一个产业，这个产业有一个产品叫作 Eband，这是一种微波产品，产品的性能非常好，可以进行大带宽的数据传播。但是我们把这种产品开发出来以后发现销量不佳，调查之后才发现原来不少国家都没有开放这个产品所需要的频段。于是我们组成专门的项目组，和相关国家政府部门进行沟通，宣传这种产品对整个 ICT 产业的价值，以及它所带来的社会价值。

当这些政府真正了解到 Eband 产品能为社会所带来的价值后，纷纷开放了与这个产品相关的频段，我们的产品在这些国家的销售规模也获得了突飞猛进的进展。

感悟 华为对于自身价值的认识过程如图 7-2 所示。

图 7-2　华为对于自身价值的认识过程

第一阶段，主要目标是把产品做好，不断提升产品的竞争力，从而获得更大的市场。

第二阶段，华为在实践中逐渐认识到，企业竞争的本质是产业链之间的竞争。这时华为在市场竞争中不但关注自身的利益，同样关注整个产业链的利益，寻求产业链共赢。

第三阶段，将产业链利益的角度延伸到整个行业，从整个行业的角度出发，寻求建立和谐的商业环境。

第四阶段，进入行业引领阶段后，逐步从整个社会的角度来定位自己的价值，确立了新一版的使命和价值观，即"华为致力于将数字世界带给每个人、每个家庭和每个组织，构建万物互连的智能社会"。

抓住主要矛盾和矛盾的主要方面

摘要：在高科技行业发展，机会大于成本。企业必须时时抓住发展中的主要矛盾。在解决主要矛盾的过程中，要抓住矛盾的主要方面。

当我们谈到一个企业的成长过程，总是希望这个企业能够持续发展，每年利润和收入都能比上一年有所提高。而利润和收入是企业的经营结果，大多数情况下企业所面临的经营环境和经营机会并不是可持续发展的。企业管理的艺术往往体现在能够从具有不确定性的经营机会中获得持续成长的经营结果。

在高科技行业发展，需要前瞻性转型

近几年在和企业做管理交流时，我经常被问到一个问题，那就是怎么看待通信行业的发展历程。我经常用这样一句话来回答，那就是：你方唱罢我登场，城头变幻大王旗。

我是在 20 世纪 90 年代初进入通信行业的，在我刚刚进入通信领域的时候，这个行业中最牛的企业是朗讯公司。在那个时代，朗讯是全球最大的通信设备供应商，几乎所有通信企业都以朗讯为标杆。我经常想，如果有一天，我们的公司能成为朗讯，或者有一天我能成为朗讯的员工，那可能是自己最成功的人生。

那个时代，通信产业中最耀眼的是两个产品，一个是朗讯的交换机，也被业内人士称为 5 号机（朗讯公司的一款数字程控交换机设备）。另一个是朗讯的光传输设备。

华为 C&C08 数字程控交换机在中国是第一个用光纤连接交换机母局和模块设备的，最初这种连接方式的创意就来自朗讯的 5 号机。有关这个创意还有个有趣的故事。

在 1995 年，有一位同事从朗讯跳槽到华为，看到我们这种光纤连接方式的交换机非常吃惊。他问我，华为是怎么从朗讯偷来这项技术的？因为他所在的青岛朗讯公司，刚刚开始考虑这项技术，而华为已经在我们自己的设备上实现了。

我听了也很诧异，因为当时我们C&C08数字程控交换机开发部的人员都没有见识过朗讯的交换机，只是有人在一个刊物上看到了朗讯用光纤连接交换机内部模块的新闻后受到启发，从而推动华为的交换机技术升级。华为的特点是想到了就赶快去做，只是没想到，这次我们还走到了前面。

听了我的话，这位同事是面有疑色的，后来，当他了解了华为C&C08数字程控交换机之后，才真正相信这项技术是我们自己开发的，为此他还特意给我打过一个电话，来说明此事。

朗讯公司是业界翘楚，它还拥有贝尔实验室，这个实验室发明了众多产品和技术，这些产品和技术至今还在影响着世界。在这种情况下，朗讯公司的人是如此自豪，以至于在他们每个人的名片上，都印着这样一句话：朗讯的创造力是通信的原动力。

从我以上的描述你就可以看出，朗讯当时是多么强大。但在通信市场的下一波转型中，朗讯没能及时跟上，又遇上2000年的泡沫危机，很快就衰落，几年后被其他公司兼并，今天也无法在市场上见到朗讯公司这个名字了。

伴随着在传输市场中转型的胜利，加拿大北方电信公司取代朗讯公司，成为通信市场的第一名，并且成为全球高科技企业的代表。时至今日，很多人还知道这家公司，因为加拿大北方电信公司曾经聘用了大量的中国优秀毕业生。在那个时代，能进到北方电信公司，代表他本人非常优秀。但是在短短三年时间里，在通信市场的新一轮转型当中，加拿大北方电信公司没能成为引领者，从而迅速衰落。

前几年，我去加拿大渥太华出差，工作之余，坐车去了原来加拿大北方电信公司的总部，那里坐落了几十栋楼。这些楼建于20世纪90年代，到我去的时候这些楼都还很漂亮，但是这些楼里都空无一人。因为这些楼使用成本太高，后来没有其他公司可以承担这些费用，因此也就没有人敢租用这些楼了。

我在整个园区就仅仅碰到了一些野鸭，它们在这里游来荡去，成为这个大园区的主人。看到这个情景我非常感慨，在通信领域，机会对一家公司是非常重要的，抓住机会你就能获得发展，甚至成为王者；如果你没有抓住机会，你就会迅速衰退，甚至有可能丧失自己的生命。

由于没有能抓住传输网络和移动网络的转型机会，加拿大北方电信公司衰落了，取代它成为通信领域王者的是西门子通信公司。

西门子通信公司是我非常景仰的一家公司，世界上第一台通信设备就是西门子公司制造的。在很长时间内，西门子公司是业界质量的代名词，它的设备代表着高质量。西门子公司由于在固定网络和移动网络都拥有比较好的解决方案，所以产业比较均衡，从而代替了加拿大北方电信公司，成为世界上最大的通信设备制造商。

但是西门子公司在第一的位置上只待了很短的一段时间，就迅速被超越。原因是通信市场加速走向宽带转型，你能感受到的变化，就是家里的电脑要装宽带。转型先从固定网络开始，连接家庭电脑的网络带宽从64kbps 向超过 1M 发展，从而真正开启了互联网时代。同时移动网络从模拟时代走向 GSM 即 2G 时代，此时手机不但可以打电话，也可以发短信了。

西门子通信公司的策略没有及时跟上市场发展的节奏，导致它在这两个领域都没有领先，从而失去了它在通信界的领导位置，并且很快被其他公司并购。今天西门子公司仍旧在，但它已经没有在通信领域的业务了。

接替西门子通信公司成为世界第一的是诺基亚公司，诺基亚公司在移动 2G 网络和终端领域取得的成绩使它迅速走上巅峰。诺基亚公司在创立时只是一个木材公司，和通信并没有相关性，但最终发展成了通信巨头，足以证明成功不在出身，只要企业抓住适合自己的新发展机遇就可以完成转型，在新行业取得成功。

但是很快，诺基亚公司由于在移动终端领域没有抓住移动通信走向

3G 的发展机会，从而跌下了第一的宝座。

代替诺基亚公司成为世界第一的是法国阿尔卡特公司，这家公司有非常具有竞争力的固定网络解决方案，在固定网络走向宽带的过程中曾经引领世界的发展，正是这家公司并购了朗讯公司。但是伴随着移动 3G 网络的迅速崛起，爱立信取代阿尔卡特公司成为通信领域的第一名。

爱立信在移动领域有非常深厚的积累，并以卓越运营著称，可以说是通信市场的长青树。然而由于它缺少固定网络解决方案，华为在移动网络从 3G 转向 4G 的过程中赶超上来，爱立信也逐步失去了"老大"的位置。对于 4G，你能感受到的一个重要变化，就是可以直接在手机上看视频节目了。

以上就是我眼中的通信行业的发展和变化历程。在过去 30 年里，通信市场不是一成不变的，也不是在一个方向上持续成长，而是经历了大大小小几十次产业转型。

这就是我们所在的高科技领域面临的现实，产业转型越来越快，每一次转型都可能事关生死，面对挑战与机遇，只有不断抓住机会，才可能实现长期发展。

时时都有主要矛盾

管理商业的人都有这样的经历，事情总是千头万绪，好像什么都要做，什么都要管，那么如何理出头绪呢？办法就是抓住主要矛盾。

我刚刚开始管理商业时，就有这样的困惑。那个时候我在某省管理华为的分支机构，同时负责一家华为的合资公司。开始的时候总是感觉事情千头万绪，每天忙得不亦乐乎，有时连睡觉的时间都没有，但是工作的推进情况并不令人满意，自己也是一筹莫展。后来我从一位公司领导的经验分享中受到了启发，他总是把负责的工作分成 4 类，简称 abcd 类，a 类是指重要紧急的工作；b 类是指重要而不紧急的工作；c 类是指紧急而不重要的工作，d 类是指既不重要又不紧急的工作。

我发现，把工作这样分类之后，事情的轻重缓急一下子就明了起来。这样我就可以把工作重点先放到 a 类和 b 类工作上面，把 c 类和 d 类工作排在后面，有精力时再做，或尽量请别人分担。采用了这样的工作方法后，我的工作效率大幅度提高，工作成绩也逐步显现出来。

后来我逐步体会到，一个组织需要解决很多问题，比如说一个经营性组织需要解决规模问题、利润问题、效率问题、持续改进问题、组织排兵布阵和策略选择问题等。对于这些问题，如果你采用同步推进的方式，就会发现即使你用尽全力，效果也不会好。

有效率的工作方式是，找到组织目前最需要解决的关键问题，把重点放在解决这个关键问题上，你会发现，随着这个关键问题的解决，其他问题往往会迎刃而解，或者变得更加容易解决。

那么如何找到现阶段最需要解决的关键问题呢？我们在实践中摸索出两种方式。

一种方式叫作"找短板"，一个组织就好像一个木桶，所需要解决的各种各样的问题就相当于构成木桶的木板。根据木桶理论，木桶所容纳的水容量取决于最短的那块木板，一旦你找到那块短木板，把这个短木板提升，木桶的容量就会提升。所以找到那个最需要解决的问题并解决它，这样组织的整体绩效就会提升。

2003 年，我调回华为公司机关负责固定网络的销售。当时固定网络各项产出指标和效率指标都很好，那么如何确定当年的工作重点？经过分析，我们发现固定网络的短木板就是未来产品的发展方向，如果不解决它，三年以后固定网络的发展就可能处于停滞状态。因此下一年，我们就把工作重点放在固定网络未来产品的解决方案和布局上。实践证明，正是因为我们解决了华为固定网络的未来发展问题，从而在这个领域实现了中长期有效发展。

另一种方式叫作"抓长板"，当组织绩效达到一定程度，进一步提升组织绩效往往就会变得很困难。此时，如果想帮助组织上更大的台阶，往往需要先找到组织上台阶要解决的最关键问题，重点解决这个问题。你会发现，当这个问题解决了，其他问题也就更容易解决了。

有一年，我被调往华为一个海外代表处，当时的华为在这个市场已初具规模，如何让华为在这个市场迈上一个新的台阶是我们面临的核心问题。

经过分析后我们发现，切入点就是规模，只有优先解决这个市场的规模增长问题，才可能有效地解决这个市场存在的其他问题。因此我们把前两年定位为规模增长年，实际的结果是，我们抓住了移动网络 3G 布局问题的切入点，让华为在这个市场的业务规模提升了两倍，解决了增长问题。

简单总结一下上面的观点，面对纷繁复杂的局面，找到需要解决的主要问题，就是抓住主要矛盾，解决好主要矛盾，其他问题就可以更容易地解决甚至迎刃而解。但是，如果我们没有找到主要矛盾，而是把主要精力放在解决其他问题上，就会对组织产生负面影响，不利于组织的长期发展。

还有一点需要指出，在组织发展的不同阶段，组织的主要矛盾是会发生变化的。因此并不是抓住一个问题干到底，就是一个好的领导者。相反，当企业的自身条件和环境发生变化后，企业需要解决的关键问题，即主要矛盾就会发生变化，企业的领导者只有洞悉这种变化，抓住这个主要矛盾，才可能制定出正确的策略，领导组织向正确的方向前进。

有人说一个好的管理者就是艺术工作者，也有人说管理者管理企业就像弹钢琴。我个人认为，他们说的是一件事情。面对纷繁复杂的商业环境，一个企业领导者的核心职责是确定企业的主要矛盾，以及主要矛盾与其他矛盾之间的关系。在我的眼里任总就是这样的管理大师，在华为不同的发展阶段，任总总是能第一时间告诉我们，公司的主要矛盾是什么、关键要解决什么问题，以及这些问题和其他问题之间的关系是什么。然后带领华为管理团队通过流程和组织变革，使我们能更有效地解决这些问题。事实上，正是任总和华为管理团队对于公司发展节奏的准确把握，使华为抓住了发展道路中的大部分机会。

抓住矛盾的主要方面

作为一个组织的管理者，抓住组织所需要解决的主要矛盾很重要，能够解决这些矛盾同样重要，因为只有解决矛盾，组织才能真正前进。

华为的一位代表处代表，讲述了这个代表处解决主要矛盾的过程。这个代表处很早就认识到，要实现规模的持续成长就必须解决移动市场问题。抓住这个主要矛盾后，为解决这个主要矛盾，代表处进行了多轮策略调整。代表处一开始采用直接应标的方式，千方百计地从客户那里拿到移动项目的标书，然后集中精力来达标，最大限度地展示我们的产品优势，并给客户最好的价格，但这些工作未能获得客户的认可，整整一年时间，他们在移动项目上都没有进展。接着代表处又换了另外一个思路，他们认为如果要改变客户整体对于移动产品的认识，那就必须首先改变每一个人对我们移动产品的认识，于是代表处制订了详细的客户引导计划，对每一个与移动项目相关的客户进行有针对性的引导和技术汇报，这样工作了一年，确实改变了不少客户的态度，有更多的客户认可了我们，但仍旧没有给我们项目。

就这样两年过去了，代表处仍然在移动项目上没有收获，在这种情况下，代表处痛下决心，重新梳理了自己移动产品行销部的组织架构，从其他代表处引入了成功实现移动产品突破的行销部主管和几名骨干。在完成组织调整之后，很快，在移动产品方面的进展也快了起来。由于新加入营销部的主管全程参加过移动产品的突破项目，熟知客户在各个阶段的需求，因此在移动产品项目各个阶段的工作效率大幅度提高。代表处为了真正建立起客户的信心，根据移动项目涉及面广和难度大的特点，在当地送给了客户一个实验网，通过这个实验网，让客户实实在在地体验到了我们的产品优势，同时也解决了绝大部分客户在网络的实际使用过程中可能遇到的问题，从而真正获得了客户的信任。

终于在第三年年末，代表处实现了在移动产品方面的突破。在总结这个发展历程时，代表深有体会地说："如果我们更早地认识到移动项目与其他项目的不同，更早地引入明白人，就能更早地解决客户在这方面对我们的信任问题，从而更早地实现突破。"

这个例子说明，找到关键问题只是解决问题的第一步，只有抓住了矛盾的主要方面，才能制定出行之有效的策略，从而解决这些矛盾。

抓住主要矛盾和矛盾的主要方面是指导华为公司业务发展的重要策略。

感悟 高科技行业经常会面对技术和产品的更新换代和转型，华为在过去三十多年中，起码经历了几十次这样的产业转型。面对转型，华为的实践经验如图7-3所示。

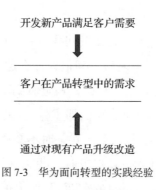

图7-3 华为面向转型的实践经验

1. 对于现有产品进行优化，通过现有网络升级的方式，满足客户在转型过程中的需求，最大限度地节省和保护客户的已有投资。

2. 开发最适合新技术的产品和解决方案，满足客户直接使用新技术和新产品的需求。

把困难留给自己，把方便留给客户，使华为可以最大限度地满足客户需求，最大限度地保护客户投资，其结果就是帮助华为自身获得更大的市场份额。

治中求乱和乱中求治

摘要：企业的治中求乱和乱中求治本质上是不断打破平衡和建立平衡的过程，通过打破平衡实现扩张，通过建立平衡实现效率提升和精细化管理，为下一步扩张做好准备。

我在拉美地区工作的时候，结识了一个特殊的朋友。他是欧洲一个通信设备公司在我们那个区域的总裁。说我们的关系特殊，是因为我们两家公司是竞争对手。我们两个人经常在客户的办公室外相遇，有时他先进去和客户会谈，有时是我先进去。总之，每次都是见两次面，不管是不是在客户的面前说了对方的坏话，见面时总是要问候一下，问候多了，就熟了起来，偶尔也会相约去吃饭。

在一次吃饭的时候，他突然问我说："你的公司是不是最近从我们公司偷了东西？"我听了很诧异，问他为什么这么讲。他回答说："我公司的组织结构是在全球建立七个片区，最近看到华为的组织结构也调整成七个地区部。难道这不是华为从我们那里偷的吗？"我听后很生气，但的确我们正在做这样的组织结构调整，我一时不知道该如何回答他。

过了两年，我们又一起吃饭时，我想到了这件事，就对他说："我发现你们公司正在偷我们公司的东西。"他也很诧异，回问我为什么。我告诉他："华为在前两年把七个片区拆成了十几个地区部运作。而你的公司也正在做这件事。显然这个想法是从华为偷来的。"他涨红了脸，也不知道如何回答我。看着他窘迫的表情，我可算解了气。

后来我们两个人都调走了，一晃好几年都没有见面。时间到了2015年的2月，我去巴塞罗那参加每年一度的移动通信展，途经荷兰阿姆斯特丹转机，当我走上飞机，竟然发现这位老朋友坐在我的邻座。

我们两个人见面都很兴奋，又攀谈了起来，谈着谈着，我又想起了关于"偷东西"这件事，就对他说："据我所知，你的公司还在偷我们东西。"他连忙问为什么，我回答他说："华为这几年一直在做地区部的合并工作，听说你们公司也在做这个工作，这是不是说明你的公司还在偷我们东西啊？"我说完后，我们两个人都哈哈大笑起来。其实这个问题的本质，并不是华为从这家公司"偷东西"，或者那家公司从华为"偷东西"，而是两家公司不停地调整自己去适应市场对自己的要求。

这种调整的过程就是，当一个组织建设好后，打乱它，待重新调整后，再打乱它。

管理学家经常讲，组织的发展路径呈现螺旋上升的曲线，这个曲线的拐点就是治中求乱的过程，而平滑处就是一个乱中求治的阶段。

精细化管理的目的是扩张而不是陷入混乱

如果从公司管理上来区分企业的发展过程，那么华为的发展可以分成两个阶段。

粗放型经营阶段

公司从成立到成长的很长一段时间里，都属于粗放型经营阶段。

我刚进入华为公司时是在开发部工作，后来进入中试部。作为基层技术人员，我们的工作都是主管安排的，目标也是主管给我们的。把主管交给我们的工作做好，就是我们对自己的要求。那时我们对于经营两字根本没什么概念，对于产品，只有进度、性能和质量这几个简单的要求。

在那个时代，开发部门的主管们对于经营的理解也比较浅显。产品立项时，也都会有立项报告、规模利润和成本的预估，但实际工作中，哪个项目组能最快地把产品推出来，产品性能比竞争对手的产品强，产品在市场上不出问题，这个项目组就会受到好的评价！因此当时没人对仔细经营产品感兴趣。

后来我们又发现，产品卖得好很重要。如果产品卖得好，销售规模大，我们就会受到公司的重视，人员更容易得到补充，项目组的骨干也就更容易被提拔。因此华为的开发项目组对市场的支持是很大的，支持的原因是要双赢，市场卖得好，项目组才会好。

在市场当中，竞争是在所难免的。不要说我们的大部分产品，都是别人先有，我们再有的，即使是当时我们自己创新出来少数的独特产品，出来几个月后，别人也会纷纷推出来。大家都想把产品卖给客户，除了性能和质量外，价格也会成为一个重要因素。

既然要比价格，自然就会引导大家对产品成本的关注。于是尽可能降低成本，又成为研发项目组的一个关注重点。由于成本对产品的市场竞争力影响很大，因此研发项目组会在这个问题上做重点投入，时间长了，持续降低成本的能力就成了华为研发的一个核心能力。在这个阶段，研发项目组对于支出的管理也是粗放的。在项目开始的时候，项目组也是有预算的，但这个预算更像预估，因为当时我们大家的想法很简单，没钱了就向公司申请，至于是不是已经超出了预算，大家都没怎么关注。

在网上，有很多华为早期敢于在产品研发上投资的故事，故事的大致情节都是雷同的，任总及公司的管理层敢于在产品上投资，研发项目组的人不管要多少钱都尽可能满足，即使浪费了也在所不惜。其实背后的原因是这样的，公司也不知道投资一个产品的准确预算是多少，因此选择了相信项目组。而项目组的人也不是只知铺张浪费，那时的大家都认为，该花的钱一分不少地花，不该花的钱一分不花。我当时的感觉是，大家在把事情做好的前提下，还是在尽量想办法为公司省钱的。

我在市场体系工作时，对于管理发展过程的认识也大致如此。在我刚刚进市场部的时候，只知道一项目标，就是销售目标。做产品经理的时候，领导会给我划一个区域，自己去规划那个区域的产品拓展和项目支持。在交代工作的时候，领导会给我一个目标值，感觉那更像一个参考值，你努力工作了，没完成，只要清楚原因，也就过去了。你大大超额了这个目标，领导也会看你其他方面的工作，如果他认为你的结果有点儿像天上掉馅饼，也不一定就给你好评价。

后来我被安排去做客户经理，也被分配到一个区域了，这个区域要比我做产品经理的时候具体得多，也小得多，产品经理负责的区域是以省为单位的，做客户经理时，是以地区为单位的。这时我们对于客户经理的管理，更有点像承包制，给你个目标，不管你卖什么产品，只要你达到了，你就算完成任务了。如果你超额完成了目标，也别想歇下来，领导会给你更多的目标，让你去完成，当然，在年底考评和奖金分配时，领导会考虑你超额完成目标这一点。

我也做过另外一种客户经理，那时叫片区客户经理，不用负责具体区域，但会被安排去做具体项目，这些项目一般是大项目，对公司或代表处的意义比较大。这时我的角色更像是机动力量，而给我的目标也很简单，就是拿下项目。

从以上的分享你可以看到，我们在销售领域一开始只有销售目标。在谈到具体项目的价格时，我们会根据公司给办事处的授权来谈，权限以内，只要经办事处主任同意即可，超过权限就找相应的产品部，如果还是无法达到客户要求的足够低的价格，那就向市场部总裁做汇报，这就是我们当时的流程。从这一点你就可以看出，客户经理向公司要价格的原因，不是为了利润，而是为了项目成交。

那么，针对诸如付款方式等合同相关的其他条款，华为采用的是基线方式。所谓基线方式就是华为有自己的合同范本。我们与客户的合作项目采用华为的合同范本签署。客户有自己的法务部门，一般会根据自己的情况对合同做些修改，我们将客户的修改情况上报，公司同意，就签署合同。否则，就按照公司的意见与客户再协商，直到双方都同意为止。从这个过程你也可以看出，其他合同条款，也是由公司集中管理的。

由于当时的客户经理只为销售目标负责，一旦出现其他问题，协调起来就自然不那么顺畅。

首先是回款问题，回款关系到公司的生命线，因此公司首先把回款指标下达给了客户经理，但效果还是达不到公司的要求，于是成立了一个回款部。这个部门不是取代客户经理的回款职责，而是帮助他们加快回款，后来这个部门又负责融资，很好地提升了华为在这方面的竞争力。

其次是收入问题，按照财务准则，并不是所有订货额都会转成收入，以通信行业为例，只有经客户验收后才可能形成收入，而收入是形成公司财务报表的基础。为了解决这方面问题，公司又将收入作为指标下达给客户经理。

总之在粗放经营阶段，公司将各个部门的关键职责转化为各个部门的目标，而涉及公司总体经营结果的目标则由公司统一负责。这种管理方式的优点很清晰，让各个部门聚焦在自己的主要职责上面，比如研发，就是把产品开发好，销售就是把产品卖出去。

当公司规模不大的时候，公司可以清晰地了解各个部门的工作，各个部门也能看到自己的工作与公司整个经营结果之间的关系。这种管理方式是有效的，华为的发展本身就证明了它的有效性。

但是随着华为的规模进一步扩大，各个部门的工作也进一步细分，各部门已经很难看到自己的工作与公司最终结果之间的关系。在这种情况下必须提升各个部门的经营意识，才能保证整个公司的经营结果。

精细化经营阶段

公司在这个阶段的管理变革是有序进行的。

1996 年，华为开始制定基本法，通过基本法，大家统一了思想，为下一步的变革奠定了基础。

1997 年，华为开始了大规模的流程变革，从国外引入了先进的管理流程。这一工作的本质是用流程将各个部门拉通，为公司的最终结果负责。在流程建立的基础上，通过流程梳理岗位角色，进行组织变革，使组织更适于业务发展。同时，按照流程中的职责为各级组织设置目标。

从 2005 年开始，公司进一步明确了各部门的经营职责，将各部门转变为责任中心。

华为首先将过去的市场体系和研发体系转换成商业单元，具体地说就是要求代表处和产品线为经营结果负责，而不是仅仅为某些指标负责，在华为内部被称为 BU（经营单元）。后来华为的服务部门也被定位成经营单元。从 2011 年开始，华为公司设立运营商 BG、企业 BG 和消费者 BG，这三个 BG，分别以运营商客户、企业客户和消费者为中心，并且为经营结果负责。后来，华为又成立了云 BG，为客户提供云服务，同样为自身的经营结果负责。

打破平衡，继续扩张

近几年，华为采取了一些新做法。对于这些做法，外界觉得很新奇，很多人问我为什么？其实原因很简单，这些做法的本质就是打破过去的平衡，继续前进。

炸开人力资源金字塔

经过三十多年的努力，华为建立了比较完整的人力资源管理体系，我们也称之为金字塔。这个金字塔是华为在人力资源领域探索、学习和实践的结晶。它有效地解决了华为人才的选用育留问题，为华为的发展做出了重大贡献。

那为什么要提炸开人力资源金字塔呢？

炸开的目的首先是优化，华为要继续引领全球 ICT 产业，需要很多过去没有的人才。

前一阶段看到网上在报道华为的天才少年，为什么一个刚刚毕业的学生，就能在华为拿到上百万的年薪。这并不是华为要提升新员工的收入水平，而是吸引更多的天才少年来华为。华为的技术进入无人区之后，需要做大量的技术突破工作，这些工作不是仅靠普通的开发工程师或程序员就能完成的。华为希望能够通过引入天才少年来加快技术的突破工作。

其实天才少年的引进政策只是外界看到的部分，华为炸开人才金字塔是为了引入更多的外界专家和人才。过去华为的人才主要是自己培养的。华为大多数人的成长道路趋同，那就是一群一贫如洗而又有志向的年轻人，通过自身的努力，改变命运的故事。

华为要用世界上最好的人创造世界上最好的解决方案，因此我们需要引入大量的业界专家。这些专家有技术方面的，也有管理方面的。为了让这些专家愿意来华为并能够在这里更好地工作，公司需要调整自己的人力资源政策来适应这个变化。

还有一个方面是晋升制度，华为在过去三十多年形成了完善的晋升机制，如果你在一个工作岗位考评成绩不错，每半年可能升一等，三等为一级，如果你的考评成绩是优秀，就可以升两等。在新的形势下，华为公司需要加快优秀人才涌现出来的速度。因此采用了破格提拔的策略，破格的含义就是可以超越平常的提拔速度。

在华为的2012实验室有这样一个案例，一位刚来不久的技术人员，在很短的时间内解决了一个芯片领域的难题，这个难题是专家花了很长时间都没有解决的问题。2012实验室决定破格提升其个人职级。

2012实验室的管理团队经过讨论，决定给这位员工破格升三级，三级在华为的管理序列当中，相当于一个员工工作五年才可能积累的晋升资格。但就是这样的升级速度，任总知道后还不满意，他希望管理团队能考虑给这个员工升五级。

仅2019年，华为就破格提拔了4000名员工，为优秀人才和干部提供了快速成长的通道。破格提拔对于员工个人显然是很大的激励，对整个公司也带来了正向的力量，大家减少了论资排辈的想法，多了通过奋斗争取更多进步的雄心。这也加快了华为"新陈代谢"的速度，在这个创立了三十多年的公司，你仍旧可以看到30岁就管几十亿元业务规模的代表，40岁左右就负责公司一级部门的地区部总裁，组织活力明显加强。

获取分享制

经过三十多年的努力，公司已经逐步建立了良好的分配体系，正是这个分配体系推动公司发展到今天的规模。

近些年，公司对于分配体系正在做新的变革，以解决公司未来的发展动力问题。公司过去的分配机制是由上往下的分配制。经过公司上上下下一年的努力，取得相应的经营结果。等到财报出来后，大家知道公司创造的利润。于是公司开始分配这个利润，首先划出一部分钱用于股权分红，剩下的钱作为奖金。接着开始分配奖金，集团先留一部分，然后分给各个一级部门，一级部门再综合平衡一下，分给二级部门。以此类推，最后分到每个人的手上。这种分配方式是由上到下的，奖金是由上面分配而来的。

现在公司正在做的变革是将奖金分配方式由上至下改为由下至上。这样做的假定是，公司所有的收入和利润都来自与客户合作的项目。而项目又是公司最小也是最基本的经营单元。公司对于项目的经营采用概算计划，即预算和核算管理。建立了这套管理机制后，公司对于项目的进展状况以及项目进展与财务指标之间的关系非常清楚。在此基础上公司开始推行以项目为核心的奖金分享制。

这种分享机制以项目进展为主线，根据项目进展中的各个阶段进行奖金分配，这样便保证了奖金分配的即时性。奖金根据项目组人员的贡献进行分配。这种情况下，一线代表处人员的奖金就来自他对于项目的贡献和支持，加入的项目多、贡献多，自然奖金就多，反之就没有奖金。

我在华为代表处听到了这样一个案例，在新奖金政策开始实行的时候，代表处的平台部部门之一的合同评审部人员还像过去一样工作，等着一些项目组的人员把合同报上来评审，但他们很快发现按照新政策自己的奖金很少。因此他们马上转变工作思路，由过去提出问题的人转变为解决问题的人，主动服务于项目组。通过了解项目组的需求，以及为需求准备解决方案，大大减少了项目评审时间，并且提升了项目评审效率。这些工作让项目组感受到了帮助和支持，项目组一开始便给他们分配奖金。

获取分享制使一线人员全心全意关注客户需求，并将客户的需求转化为解决方案，从而为客户创造价值。为客户创造的价值越多，他们可能分享的价值才可能越多。

推行获取分享制也是为了推动公司机关部门的职能转变。根据公司的组织结构，在代表处以上有地区部和公司机关两级组织。过去这两级组织的职责是管理代表处，这里说的管理绝不仅仅是公司市场部总裁和地区部总裁。一般地区部机关和公司机关的员工同样定位为管理岗位，负责给代表处布置工作和要求代表处交报告。

在目前这个阶段，地区部和公司机关的奖金还是采用分配方式，但二者同级别员工的平均奖金会大大低于一线，从而牵引更多的人去一线作战。

未来地区部部门和公司机关部门的奖金大部分来自一线代表处利润的分享。至于分享的多少则来自这些机关对代表处的支持力度。这种由代表处来给地区部和公司机关分奖金的方式，将非常有助于地区部和公司机关从管理职能向服务职能转变，使二者变成服务型组织。

感悟 治中求乱和乱中求治既是华为的策略，又是我们自己实践中的经验。

第 8 章

在企业流程和组织中落实企业策略

对于流程的认识

摘要：流程是业务的映射，也是企业最佳实践的总结。业务决定流程，流程决定组织。

作为业务主管，我参加过华为绝大部分流程和管理变革。给我印象最深的肯定是第一次变革。这次变革的名字叫 IPD（集成产品开发），这是次有关产品开发流程的变革。针对这次变革，华为请美国 IBM 公司担任咨询顾问。坦率地说，华为为这次变革是花了大价钱的。变革开始后，很多 IBM 顾问驻扎在华为公司。这些顾问是按天付费的，有的顾问一天要几百美元，有的顾问一天要几千美元。想想那是在 20 世纪 90 年代末，即使是一位普通的 IBM 顾问，他一天的咨询费也远远高于我们一个月的工资。

后来，一位华为的老同事回忆说，他当时是这个项目组的负责人之一，专门负责在顾问的咨询费用单上签字，看到每天要付给顾问们这么多钱，他签字时手都是颤抖的。

既然公司出了这么多钱，大家当然希望顾问能不停地工作，好让公司的钱没有白花。于是，即使顾问们上厕所，也有人为他们数时间，希望他们赶快上完回来工作。但是顾问们好像没有理解我们的苦心，他们竟然还要求安排喝咖啡的时间，上午和下午都要休息一下，喝杯咖啡。当时华为的国际化刚刚开始，还不清楚这是国际惯例，因为工作中间休息一下，接下来可以更有效率地工作。当时大家认为，这是顾问们专门和我们作对，甚至有人试图破坏咖啡机。但大家很快发现，即便咖啡机被破坏了，顾问们还是要休息。

还有，大家当时普遍认为这次流程变革不会太难，可实际根本不是大家想象的那样。到了具体写流程的阶段，顾问们把大家叫到一起，在白板上画了一个简单的框架图，然后对大家说：你们好好讨论，一起把内容填进去，这就是华为未来的流程。

大家一听，肺都快气炸了。都让我们来讨论、让我们来填，那要你们这些高价顾问干什么呢？可是没有人敢站出来指出这一点，大家都敢怒不敢言。

因为在此之前，任总在和大家开会时，讲到这次变革要削足适履。开始大家还没太明白这话的真正含义。所以在变革中，有的干部与顾问意见不一致，就站出来质疑顾问，结果第二天干部被撤职了，顾问还是顾问。

于是大家彻底明白什么叫削足适履了，那就是一切听顾问的，按照顾问的要求去做。大家即使心里再有意见，或者再不愿意，也都是满脸堆着笑。顾问让讨论，大家就认真讨论；顾问让总结，大家就认真总结。

这次业务变革就是在这种情况下开始落地的。按照公司的定位，做变革的目的是促进业务，而不是耽误业务发展，因此在业务变革的同时，原来定的业务增长目标一点都没有少。

至今我还记得，我们那时既要负责业务，又要在顾问的指导下做流程变革。大家都忙得不亦乐乎，甚至晕头转向。新的业务流程与过去做事的方式有很大的不同。我们基本上要把每一件事情都按照过去的方式和新的方式各做一遍。

对于过去的做事方式，我们都很熟悉，虽然这些方式不一定适应未来华为的发展，但是对于我们现在的业务还是非常有效的。新的做事方式看起来适应华为的未来,但套在华为现有的业务上,大家都不熟悉,也自然不知道这样做的结果。

坦率地说,大家当时都感觉在打疲劳战。不要说普通员工有怨气,就是我们这些干部也都是嘴里喊着支持,心里并没有底气,不知道结果怎么样。

华为的第一次业务变革就是在这种氛围之下走下去的。走了一段时间之后,随着大家对新业务运作流程的熟悉和习惯,这种抵触的心理就逐步减弱了。

变革后的流程也逐步落地到业务当中,一开始与旧流程并行运作,之后逐步成为业务运作的主流程。

坦率地说,当变革后的业务流程运行时,我和很多人一样,并没有看到它的真正价值,很多年过去后,大家才真正领会到它的价值,对它的体会,才逐步多了起来。

业务流程是什么

我刚开始接受 IBM 顾问培训时,对流程的概念很模糊。我认为流程就是规范,是放在抽屉里的文件,并不认为流程和自己的工作相关,甚至认为流程是别人强加给自己的。

这样想也很正常,本来流程框架就是顾问给我们画的。在大家一起讨论流程动作的时候,还感觉和自己有关系,等这些讨论的内容被专家们画成流程图、写成流程说明文件,然后交到自己手中时,就觉得它是一种高高在上的东西了。

尤其是当自己在实际工作中,发现自己的工作习惯和文件内容有明显差异时,就更觉得流程是自己工作的羁绊。

甚至有时候就想,流程是给别人看的。因为社会上都认为有流程的公司就是正规公司,没有流程的就不是正规公司,因此我们需要做出个流程向大家证明,我们是一家正规的公司。

本来我们在做流程时，就想让顾问多考虑华为公司业务的特殊性，希望在流程形成过程中，更多地考虑我们过去习惯的做事方式。但在削足适履政策的压力下，我们要想留下来，并继续负责自己以前的业务，只有一种办法，就是听顾问的。

流程准备落地时，公司又提出流程落地的策略：先僵化，后优化，再固化。这个策略给我们带来了巨大压力，我们不管愿不愿意，都必须把变革项目组形成的流程文件落实到实践当中，由此我们才真正明白，流程不是为了看的，原来是给我们用的。

坦率地说，一开始在执行流程时，我们心里还是有些抵触情绪的。这种情绪不敢体现在脸上，但是会体现在行动上。那就是遇到困难，就愿意把它归结于流程的缺陷上，找到了缺陷，就要求流程变革项目组整改。

客观地说，公司在变革的思想准备上是做得很充分的。经过将近两年对基本法的研讨，大家都明白，我们要想走向未来，就必须变革，通过变革把世界上最先进的管理经验落实在自己的工作中，因此我们从心底是真心支持变革和愿意变革的。

但是在实践中，习惯的力量是巨大的，人们往往愿意改变，但要打破过去的习惯，从心理舒适区走出来不是很容易。尤其当暂时看不到变革的结果时，人很容易陷入自我怀疑当中，往往倾向于选择回到舒适区，而不是克服困难前进。

在流程的推行过程中，公司和 IBM 的顾问组一直非常关注这一点，很注重变革思想的传播和氛围的营造。在从过去的习惯走向新习惯的过程中，要克服人的思想波动，就需要主动地宣传和营造变革的氛围，时刻注意不断巩固思想和正确认识。回首过去，公司和变革项目组在这方面做的工作对于变革的成功起到了重要作用。

在公司第一次业务流程变革中，我对于自己表现的总结是：在加入之前，充满信心，既有愿望，又有动力。在过程之中，充满甜酸苦辣，有时是动员者，鼓舞大家前行；有时会犹豫彷徨，不知道方向走得对不对；有时又痛苦万分，不知道能不能坚持下去；还有的时候想走回头路。

每当回首，总觉得自己参与了一件非常有意义的事情。正是从这个项目开始，华为开始了脱胎换骨的变化，从而有能力成为全球 ICT 市场的主力军。

应该说经历了这个项目后，我开始思考流程的真正含义。但当时总是觉得自己的认识很模糊，很难清晰地定义或定位它是什么。直到我参加了华为的几次业务流程变革之后，突然有一天，我感觉自己顿悟了：流程是业务的映射。流程的本质就是将我们做业务的过程清晰地展现出来。流程源于实践又回到实践，流程首先是对自身工作最佳实践的总结。将这个领域当中最优秀的人关于业务的做法总结出来，落实在流程当中，这样可以让所有的人都按照最优秀的做法和经验去做。

流程中的做法和经验也可以来自外部，华为正是把业界优秀的实践经验引进来，从而拉近了自己与业界标杆之间做法的距离。简单地说，就是让华为人可以像世界上最优秀的人一样工作。

流程解决能力一致性的问题，让大家可以与同水平的人一起工作，工作结果的输出也趋近一致。这使得企业的质量管理可以有序并且持续地做好，工作质量得到了根本保证。流程也解决了效率提升的问题，流程中任何一个环节提高了效率，该流程的效率就可以得到提升，从而使企业效率的提升可以有序并且持续地进行。

流程和组织的关系

对于流程和组织的关系，我自己也有一个认识过程。

早期我认为这个问题不用讨论，任何企业都是先建立了组织，再谈流程问题。组织是刚性的，流程是柔性的。中国古代有句话叫"铁打的衙门"，"铁打的"含义很简单，就是设了就不轻易变，至于组织如何做事，根据需要选择合适的人，就能把事情做好。

因此在这个阶段，用人最重要。因为不想变动组织，就只有找到那些能人，依靠自己的个人影响力或者远见卓识，牵引整个组织做好不断变化的业务工作。

我在和一些企业接触时,发现它们现在仍旧处于这个阶段,某些主管明显已经不适合企业发展的需要了,但企业仍旧不敢换掉他们。原因很简单,因为只有他们熟悉和把握着一些业务的运作细节,离开他们,业务会出问题。

如果你认识到业务流程是业务的映射,那么这个问题就很容易理解。当一个企业,没有厘清组织和业务之间的关系时,一定只能使用人治的方式。

在华为1996年流程变革之前,任总曾经有一个提法:坚决反对用人不疑和疑人不用。开始我们对此不理解,随着流程和组织变更的进行,我们后来都理解了他,企业在发展过程中要逐步摆脱对人的依赖,厘清流程和组织的关系是必由之路。经过业务流程变革,我才理解,过去自己认为的:先有组织,后有业务,是假设错了。我们最初的组织设计,就是按照业务的简单角色来做的,比如开发部的工作是做产品,市场部是销售产品,财务部是算账等。那么随着业务量的提升和业务的变化,组织应该随之做出调整。

认识到组织应该随着业务变化而调整后,究竟怎么调整?依据什么来调整?这些又是摆在每一个企业管理者面前的,必须回答的问题。

针对这些问题,最容易想到的解决方案是成立新部门来应对新挑战。华为也是这样想的,过去在华为负责产品开发的部门只有一个,那就是开发部。后来我们需要加强产品预研工作,就在开发部下面成立预研部;需要加强产品的测试工作,就成立测试部;需要解决好产品开发到生产之间的质量问题,就成立中间试验部。

总之,新部门的定位很清楚,解决组织过去没有办法解决好的问题。这种方式一开始肯定是有效的,因此很多企业长期走在这样的路上。

华为开始也认为这样的方法不错,至少是有效的,但后来我们发现,随着企业业务规模的增大和业务种类的增多,企业需要解决的问题变多,上述这种办法的弊端就暴露出来了。

首先是部门众多和专业过于细分的问题。每个部门只负责一小块业务，职责的细分使得各部门只能看到自己的"一亩三分地"，无法看到整体。同时由于专业细分，各个部门又专注在自己的职责上，使整个企业出现大量模糊地带，模糊地带的工作就需要协调，协调就需要领导，因此企业主管们的大量时间都用到了内部协调上。

还有一点，部门细分之后，很容易产生部门墙，企业虽然是一个整体，但人员都分在各个部门当中，如果部门当中的人只关注自己部门的利益，就好像多匹马拉一辆车，每匹马只走有利于自己的方向，整个马车向哪儿前进都有问题，这就是大企业病产生的根本原因。

很多企业现在非常强调责任心和大局观，其中很大一部分原因是流程和组织的匹配性不好，导致很多事情无法分清责任，大部分事情都需要协调才能解决，这种情况下恐怕只有责任心和大局观才可能会解决问题。其实对于这些问题，企业的最佳解决方案是做流程变革，通过流程变革，将企业的最佳实践和业界的最佳实践总结出来，落实在企业的业务流程当中。

现在"流程型组织"这个词非常流行，很多企业是给组织赋予流程，这些企业做流程变革的目的是用流程将组织各个部门拉通，从而实现组织的整体目标。这样做不是不行，通过流程将组织各部门连接起来，使各个部门的接口清晰起来，从而也便于确定各个部门在流程中的职责。但这样做是旧瓶装新酒，从本质上是为了解决内部协调和考评问题，没有从业务运作效率和结果本身来找解决方案。

流程变革的目的是提高业务结果和业务运行效率，而不是用流程把各个部门串起来。因此流程变革的方法最好是端到端来梳理，从客户的需求开始，到为客户提供良好的服务。端到端地理出我们所有的业务动作，同时顺着业务流动的顺序，把所有业务动作之间的关系理顺。在此基础上，确定每个业务节点上的角色，明确这些角色的定位和职责。反过来，再通过角色来调整组织。组织优化的目的是使流程角色更好地完成自己的职责。

这才是华为所谓的流程型组织，流程型组织是为流程建设组织，而不是为了组织建设流程。

业务策略决定流程和组织建设

以华为引入的第一个业务流程 IPD 为例，全世界采用这一个业务流程的公司很多，这些公司虽然采用了一样的流程，却呈现出不同的特点。有的公司是以客户为中心的，有的公司是以技术为中心的，还有的公司是以市场份额为中心的。这种差异来自公司的不同业务策略。

前面我们讲过，公司的流程一定要贴近业务，而如何做业务取决于公司自身的策略。正是因为业务策略的不同，从而导致公司呈现出不同的特征。

最早引导我思考这个问题的是 IBM 的顾问，他在向我们解释前面大家都困惑的一个问题时说，为什么需要华为的业务主管自己来研讨做业务的细节，这是因为，同样一个业务环节，不同公司的要求是不一样的。

他举了一个例子，比如说做汽车方向盘，虽然各个厂家制造汽车方向盘的流程是一样的，但不同厂家对于汽车方向盘的定位和要求是完全不同的。有的厂家是成本驱动型的，制作方向盘时，在满足基本质量和安全要求的情况下，会尽可能地降低物料和生产成本；有的厂商是质量驱动型的，对于方向盘的物料不会特别关注，但对于方向盘的制作精度会有很高要求；还有的厂家是制作高端车的，对于方向盘的物料要求高档，要求做工精细。

因此，不同的厂家要求产生不同的流程动作，从而制作不同的方向盘。IPD 流程是一个方法论，落地在一个企业，就是结合这个企业的具体业务策略，形成有自己企业特色的业务动作组合。

即使两个企业开发的产品是一样的，如果其中一个采用 IPD 流程，另一个企业也是无法直接拷贝和使用这个流程的。原因很简单，两个企业的业务策略不会完全相同。例如，对于产品的性能、质量和外观等要求不可能完全相同。

最后这位顾问做了一下总结，他认为如果可以把企业的业务流程比喻成一个人，那么企业的业务策略就是这个人的灵魂。流程是企业业务策略的具体体现，就是人的各个循环系统，而组织就是人的各个器官。我觉得这个比喻很好，在这里也分享给大家参考。

感悟 一个企业主管发现问题时,处理方式如图8-1所示。

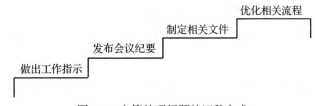

图 8-1 主管处理问题的四种方式

1. 马上做出工作指示,针对相关人员提出处理要求。这种方式往往对于偶发的个案有效,能影响的范围有限。

2. 召集相关人员开会,研究处理意见,并发布会议纪要。这种方式能影响到会议参加人员和接收到会议纪要的人员,遇到类似案例,会按照纪要中的要求处理。

3. 针对个性问题,研究根本原因,找到预防和处理这类问题的方法,并在公司以文件形式发布。这种处理方式能影响到所有看到文件的人。

4. 找到问题的根本原因,以及预防和处理此类问题的方法,通过流程优化的方式,写入业务流程中,从而保证此类问题不再发生,或者发生后大家都能有效处理。

华为的流程体系

摘要:讲述华为的流程架构以及流程的种类和作用,流程的生命力体现在不断自我优化上,流程承载着业务和监控两个职能。

华为的流程架构

可能业界都知道华为很重视流程建设,流程在华为发展中也起到了重要的作用。有一次，一位客户的 CEO 到公司访问，在会谈的过程中，他对我说，他与华为的合作有 30 年的历史，每次来华为谈的都是业务，其实他对华为的管理同样很感兴趣。他发现华为公司做事的一致性非常好，这肯定和华为的流程相关，问我能不能把华为最重要的流程给他看一看。

既然是华为老客户和老朋友的要求，我就请公司流程与 IT 部的同事将华为的流程列表展示给他。他看完后说，听说华为的流程分成 6 个等级，第 1 级的流程一定是最重要的，过去他的同事也没有看到过华为的 1 级流程，这次他想见识一下。这位流程与 IT 部的同事听完都愣了，因为华为流程的第 1 级中，除了流程组名外，没有其他内容。客户看后也哈哈大笑，原来坊间传说本就是个笑话。在华为的流程体系中，华为的流程确实分为 6 级，但并不是第 1 级就比其他几级更重要。流程体系中的第 1 级到第 6 级是层层打开，一层比一层更具体的过程。

如图 8-2 所示，为了说明方便，我们将第 1 级到第 6 级分别称为 L1 到 L6。

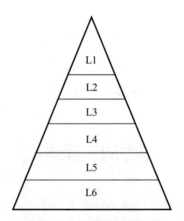

图 8-2 华为流程框架

实际上，从 L1 到 L3 的内容是流程组名称和流程框架，它体现的是公司对业务的整体性和系统性的思考。由于每一家公司都有其特殊性，因此它对一项业务的思考与其他公司不尽相同。它的基本选择和定位,也是其自身的经营理念在业务上的具体体现。

我在这里给大家举一个例子,华为有一个流程叫 MTL(市场到线索的流程),这个流程本身就不是所有公司都会选择建立的。华为要建立这个流程是因为华为是一家以客户为中心的公司,我们以帮助客户持续商业成功为己任,客户没有给我们合同时,我们同样会投入,与客户一起寻找发展的机会。

华为是一个非常强调主动挖掘市场机会的公司,我们不会等着销售机会出现,而是会与客户一起创造未来。

但是,MTL 流程叫作市场到线索,在华为的定位中,线索和机会是有差别的。线索是从客户角度与客户一起挖掘出来的发展机遇。一般而言,在线索阶段,这个机遇还没有直接与公司现有的产品和解决方案联系起来,往往需要创造新的解决方案。而机会指的是机会点,是指从自身角度出发,发现公司产品和解决方案可能产生销售的机会。

公司的机会点是由线索而来的,但并不是每条线索都有可能成为机会点,就像一个漏斗一样,公司创造了很多线索,最后可能只有很少一部分线索,才能转化为机会点。

MTL 流程的 L2 体现了公司对这个业务的系统性思考框架(见图 8-3),这个思考框架同样来自公司对这个业务的认识和策略。

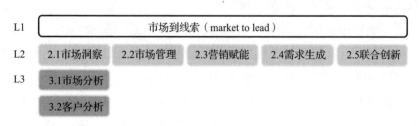

图 8-3　MTL 流程框架

这里给大家举一个例子,在华为 MTL 流程的 L2 中的一个子流程组——联合创新。这个子流程组就是华为在实践当中摸索出来的,我在其他的公司也看到过这种子流程组,但它们往往是把它当作一种营销手段,很少有像华为这样把它提高到帮助客户商业成功的高度。

华为更了解 ICT 技术解决方案,而客户更了解最终用户,华为与客户一起研究如何为最终用户带来价值,并沿着这个路径进行创新。

事实上,华为很多的技术和解决方案创新都来自与客户成立的联合创新。华为的 Single RAN 解决方案就是其中一个典型的例子,这套解决方案用一套硬件设备来解决各种移动制式的融合问题,为华为的运营商大大节省了固定资产投资和运营成本,同时大幅度提高了最终用户使用移动网络的带宽。

这套解决方案从表面上看,对于华为公司是不值得的,因为如果没有这套解决方案,我们以前可以同时卖给运营商多套设备,有了这套解决方案,我们只能卖一套。华为之所以推动和实现这种创新,就是因为我们首先考虑的不是商业利益,而是如何为客户创造更大的商业价值。

当然这个世界也没有亏待华为,就像任总的"没想到",华为一心为客户着想,是客户把华为推到今天。这套解决方案也帮助华为持续引领了全球移动市场。

通过以上的分享和案例,你可以更清晰地看到,当你的公司引进咨询公司做流程变革的时候,你引进的是一个方法论,或者说要思考的框架,而流程的内容都应该也必须来自你的公司,公司的管理理念、业务策略和实践总结根本上决定着流程的内容。

下面我们再来说一下华为 MTL 流程的 L3,这一层级体现了公司对这一业务领域(也就是我们前面所说的子流程组)的系统思考,它的内容是要做好这一业务领域,公司需要选择的业务框架。

我们选择 MTL 流程中的另一个 L2 为例向大家说明,这个 L2 是市场洞察。对于华为而言,要做好市场洞察,必须做好两方面的工作:一方面是市场分析,只有了解市场,把握准市场的发展脉搏、解决方案的走向和竞争的特征、宏观环境等,华为才有可能在市场中生存和发展,才能找到适合自己的发展线索。另一方面是客户分析,为什么华为把客户分析单独列出来并提到这个高度？同样是因为华为是一家以客户为中心的公司。华为把为客户创造价值和帮助客户商业成功作为自己的职责，所以华为不仅要分析市场，更要分析客户。这就是图 8-3 中华为市场洞察业务中的基本思维框架，也就是华为在 L2 领域的核心内容（L3）。

在华为的流程架构中，L4 和 L5 才真正关系到做事的具体逻辑和动作。

你可以把 L4 当中的模块理解为动作组。模块之间的关系理解为动作组之间的逻辑关系。比如在 MTL 流程中，我们分解出来一个 L2 流程是市场洞察，接着从这个 L2 流程中分解出一个 L3 流程是客户分析。下面就用这个案例接着往下说。

针对 L3 客户分析需要进行客户的财务分析和客户的网络分析，这两种分析就是 MTL 流程中 L4 的两个模块。说到这儿，你可以看出来，在流程架构当中，到 L4 这个层级时，就已经分解到了具体的事情上。L4 中各模块之间的关系就体现出我们做事的逻辑。

比如说客户的财务分析，可以使我们对于客户的财务状况比较了解，从而找到可以帮助客户商业成功的线索；通过对于客户的网络分析，可以帮助我们找到客户网络的短板和需要解决的问题，从而找到开发产品和解决方案的线索。

这两种分析是相辅相成的，前者有助于我们实现以客户为中心，后者有助于找到我们产品和解决方案的切入点。

进展到华为流程体系的第 5 层级即 L5，就到了具体动作的场景，将做一件事情的具体动作及相互顺序排列下来，就是华为流程中 L5 的主要内容。

比如你要做客户的财务分析，就要针对客户的财报做利润分析、运行效率分析和投入产出分析等，这些具体的动作按照最有效的方式排列起来就是 L5 流程的内容。

华为流程体系的最后一个层级是 L6，主要是业务动作所需要的指导书、工具和模板。这一层级实现了业务动作的一致性。

总之，华为流程体系中的 L1 到 L3，体现了公司对业务的思考和策略，L4 到 L5 是业务逻辑和具体业务动作，L6 是业务动作所需要的模板工具和指导书。

华为流程的种类和作用

华为流程分成三类，一类流程叫业务流程，如图 8-4 所示。

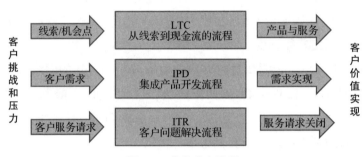

图 8-4　华为业务流程

在华为内部，直接为客户创造价值的流程被称为业务流程。图 8-4 列出了华为的三个业务流程，这三个流程也是华为业务运行当中的主流程。

LTC 流程又被称为从线索到现金流的流程，是从分析客户线索到维护客户、提供服务、结束闭环的产品销售与服务流程。

IPD 流程又被称为集成产品开发流程，是从分析客户需求到形成解决方案的产品开发流程。

ITR 流程又被称为客户问题解决流程，是从收到客户问题到闭环解决的服务流程。

华为所有的业务流程都有一个共同的特征，那就是端到端，从客户中来，到客户中去。华为强调端到端的原因也很简单，华为是一家以客户为中心的公司，所有价值体现在客户层面上。

华为的第二类流程叫作使能流程，使能流程往往并不直接面对客户，它的定位是使能业务流程，帮助业务流程更有效运作。

比如说华为的 ISC 流程（集成供应流程），是主要负责产业链建设和产品供应的流程。这个流程并不直接面对客户，但它可以被业务流程调用，帮助业务流程更好地给客户提供服务，可以直接提高业务流程的运作效率和运作效果。

华为还有一类流程叫作支持流程，这一类流程并不直接与业务流程发生关系，但它支持业务流程的运作。

比如说华为的人力资源流程，它作用于华为的人力资源体系，并不直接参与业务流程，但它支撑业务流程的运作。

在分享了华为流程的分类之后，我们来谈一谈华为对于流程作用的认识，或者说华为认为什么是一个好流程。

在很多人眼里，流程是一个刚性的东西，它代表着规范性和一致性，也代表着僵硬和不变。这并不是华为对于流程的认识，有一位流程专家曾经做过一个比喻，说华为要在流程变革中建设像蛇一样的流程体系。蛇头就像公司的大脑，紧紧盯着客户和市场，一旦客户需求发生变化或市场环境突变，大脑要迅速进行调整，产生新的策略和要求。因此蛇头是随着客户和市场而随时摆动的。

流程就是蛇身，蛇头发生摆动和调整，整个身子随之而变化。在伴随蛇头的运动中，蛇身的动作应该是快速和敏捷的，全身的各个部分被紧密地连接在一起，随着客户和市场而动。同时保证，运动中身体的各个部分能够有效协调，而不是各自为政，甚至垮掉。

因此，华为认为一个好流程不是僵化不变的，而是能够随着公司策略的变化而变化，在变化中，要敏捷而快速，同时又表现出有序而协调的特点。

流程是有生命力的

我在负责产品线的时候，写过一篇心得，名字就叫《流程是有生命力的》。为什么我认为流程是有生命力的，因为我发现华为的流程不是静止的，也不是一成不变的，而是在不断优化、迭代和递进的。

首先，华为的流程是持续优化的。每年华为都会将上一年的优秀经验固化到流程当中，同时在发现现有流程的问题后会持续跟踪，直至找到解决方案，然后把解决方案固化在流程中。

我个人认为华为效率的不断提升与流程有很大关系。因为一个优秀实践经验往往来自一个人或一个工作小组，这个经验优化到流程中后，就会被相同工作岗位的人共同采用，大家都像优秀的人或团队一样工作，这样整体效率就提升了。

其次，华为的流程是不断迭代的。以华为的产品开发流程 IPD 为例，我接触这个流程的时候，是它在华为刚刚落地的时候，当时 IPD 版本是 1.0。十多年之后，我又回到产品体系负责产品线时，IPD 的版本号已经是 7.0 了。每一个版本都覆盖上一个版本，并在此基础上固化了新的经验和教训。7.0 版的 IPD 已经和 1.0 版的 IPD 有巨大差异了。

最后，华为的流程也是不断递进的。还是以产品开发流程 IPD 为例，在流程的持续优化过程中，不但流程的内容在优化和完善，就是产品开发的基本方法也在发生巨大的变化。华为开始的开发是瀑布式的，一次性把一个产品版本开发完。接着开发的模式变成了迭代式，不同版本可以一起开发。再接下来华为引入了敏捷式的开发方式等。所以 IPD 流程的基础逻辑也在不断递进。

华为有一个部门叫流程质量部，这个部门是专门负责华为流程的运作质量和运作效率的。这个部门会从运作的角度看流程的运行状况，找到和弥补流程的断点，找到影响流程运作效率和质量的改进点，不断提升流程的运作质量和效率，同时也负责将实践中新的经验固化在持续运转的流程中。它会和业务部门一起，不断找到最佳业务实践，以及找到将优秀业务实践固化到流程中的有效方式。

这个部门也负责流程的与时俱进，华为是一家对市场反应非常快的公司，这就决定了我们的业务策略会经常变化，因此流程也会随之调整，这个部门负责为调整提供解决方案，并配合相应的流程决策组织来迅速实施。

我非常推崇这个部门的作用，正是这个部门帮助公司完成了经验的不断累积和运作的持续进步。一般而言，一个组织的生命力取决于它适应环境变化和持续优化的能力。从这个意义上讲，正是这个部门赋予了流程生命力。

流程具有业务和监控两个职能

流程是业务的映射，做流程的目的是让业务做得更好，这一点大家都清楚。其实流程的另外一个作用也很重要，那就是监控。

企业一旦建立流程后，需要解决一个问题，那就是让大家都使用流程，并按照流程的要求去做事。这个问题就需要用监控来解决，因此在做流程的时候，同时要考虑监控问题。

但是很多企业没有认识到这一点，它们认为业务和监控是分离的，华为早期也有这样的认识。那时候我们建立业务流程时没有考虑监控。为了做好监控工作，建立了专门的监控流程，后来发现它与业务难以耦合。流程中的关键控制点，往往也是监控的重点，而流程一旦做好后，监控就很难再插入。

我本人作为业务主管，一度对公司的监控工作很抵触。开始派到我们部门的监控人员是外部招聘的人员，我一见到他们就没有好感，认为他们就是来找碴和挑刺的，而他们又不懂业务，怎么可能找到业务中的问题呢。

于是公司请我们自己来推荐懂业务的监控人员，新监控人员上岗后没多久，我又不满意起来，认为他们位置变了，思想就出了问题。他们过去是业务工作者，对业务结果负责。现在作为监控者，他们以找到业务运作过程当中的问题和瑕疵作为自己的绩效。他们这样做不是为了帮助业务，而是阻碍了业务，并且降低了业务人员工作的积极性。

公司看到了我认识上的问题，帮助我认识到：监控工作并不是例外工作，就像业务工作一样，是我自身需要负责的工作的一部分。我也主动调整自己的认识和态度，但仍然发现监控工作很难有效开展。其实根本原因就在于，我们把业务和监控工作做成了"两张皮"。于是我们改变了做法，在做流程的时候，一起把监控做起来。后来我们发现，这样做起来不但对监控有用，对流程本身也有帮助。因为流程本身就是把业务动作有序地组合起来。当你把流程和监控结合起来一起做时，你在考虑如何描述业务动作的同时也要从监控的角度考虑，业务动作如何做才是对的，以及这个动作如果没有做，会出现什么样的情况，等等。这些从监控角度考虑的问题，反过来可以帮助我们把流程中的动作描述和指导书做得更好。

当我们这样做了之后，我们发现监控本身也会做得更好。因为这个时候，监控工作真正融入了流程之中，监控人员可以很方便地了解流程中的业务实质，就可以从做业务的角度来思考和做好监控工作，这样的监控工作才不会走偏和浮于表面，才能真正帮助业务而不是阻碍业务。

我们理顺了流程和监控的关系之后，逐步体会到做好业务流程和做好监控其实是两件相得益彰的事，业务流程当中的关键控制点其实也是监控工作需要重点关注的环节。当做好了这些关键控制点的监控后，不但保证了业务流程的有序进行，同时可以提高业务流程的运行效率。

比如说当监控工作发现某个业务关键点决策环节过多时，我们就会优化流程中的决策方式，减少不必要的环节，从而使流程流得更快，工作效率也就自然提高了。

反过来，我们评价监控工作的方式也发生了变化。过去我们评价监控工作是看找到了多少流程运作的问题，这样自然引导监控工作为了找问题而找业务的问题。现在我们看监控工作的效果，重点看流程本身的运作效率、运作质量及大家使用流程的遵从度是否提高，这样监控工作的重点就发生了根本的转变。业务人员就会主动配合监控人员，双方一起把流程运作得更好，也优化得更好。

感悟　不同企业对流程的认知并不相同，一般有四种。

1. 流程是文件。这类企业对于流程的定位往往是：流程是给别人看的，与自己的工作没有关系。

2. 流程是规范。规范是给大家做参考的，要求大家按流程做，但实际上大家还是按照各自的做事习惯去做。

3. 流程是业务动作。具体怎么处理业务，就把这些业务动作变成流程。这样的流程不能提高效率，因此对于企业没有实际意义。

4. 流程是企业最佳实践的总结。可以来自企业自身，也可以来自业界标杆企业。这样做，可以帮助企业员工像最优秀的人那样工作，大幅度提高企业工作效率。

华为 IPD 流程

摘要：华为从 IBM 公司引入产品开发流程，又称为 IPD 流程。这个流程帮助华为从以技术为中心转向以客户为中心。

我们在前面章节提到过华为 IPD 流程这个名字，在这里，我将着重向大家介绍一下这个流程，因为它真正使华为把以客户为中心的价值观落地到了企业的实践当中。

华为引入 IPD 流程的背景和过程

IPD 流程全名叫集成产品开发流程，是 20 世纪 80 年代由美国 PRTM 公司研发出来的，它是服务于企业产品和解决方案开发的业务流程。后来，美国 IBM 公司引入了这个流程，并对它进行了完善和优化，然后把 IPD 流程作为自己产品和解决方案开发的业务流程。

在使用了这个流程后，IBM 公司取得了巨大的商业成功。后来，IBM 公司向服务转型，就把经过自己优化和使用的 IPD 流程作为服务咨询产品对外进行销售。

20世纪90年代中后期，华为在与IBM公司交流的过程中，接触到了这个流程，并最终决定从IBM购买这个服务咨询产品。

华为从1997年开始，着手引入IPD流程，到今天已经二十几年了。这个流程在华为的落地经历了先僵化、后优化、再固化的阶段。我的一位研发同事讲，今天你看到的华为IPD流程，已经与我们刚引入的时候有天壤之别。因为我们每年把大量优秀的新实践固化到流程中，就连流程中承载的研发方式也经历了几代的变化。

IPD作为华为产品和解决方案研发的主流程，对于华为的发展起到了巨大的作用。坦率地说，作为这个流程的使用者之一，我对于这个流程作用的认识也是一波三折。

这个流程开始引入时，我是充满期待的！因为过去的产品研发方向，已经无法持续下去了。那个时候为了快速响应市场，客户需要什么，我们就赶紧开发什么，每一个产品都产生了众多版本，版本之间也不兼容。各个研发项目就像脱缰的野马，都在飞奔着。

当时我们的主力产品是C&C08数字程控交换机，仅这种产品就有几百个版本。我曾经接到一位客户的电话，他们使用了华为某种设备，要求我们给他们升级。经过调查我们才发现，他们使用的设备是多年前买的，版本是唯一的。当时给客户做了大量的定制，到现在连图纸都找不全了，而当时开发这个版本的研发人员也已经找不到了。为了响应这个客户需求，我们不得不临时集结上百名研发人员，用了半年时间，专门重新开发客户所需要的版本。

以上案例仅仅是我们众多问题中的沧海一粟。当时我们的开发根本没有质量保证体系，质量问题频出，每卖给客户一台新的设备，都需要开发人员在现场守局，守局的意思就是待一段时间，一旦设备出问题可以及时在现场处理，处理问题需要在现场修改设备代码，我们当时的C&C08数字程控交换机已经有超过100万行代码了，要找到一个问题点非常难！

当时多开一个局，就像是开发一座新火山，大家都是救火队员，每天忙得精疲力竭，又不知何时是尽头。因此大家知道 IPD 流程帮助 IBM 解决了这些问题时都非常兴奋，所以当 IPD 变革准备在华为推行时，大部分人都是非常欢迎的，恨不得变革明天就能落地。

但是我们大多数人的高兴劲头没有持续多久，因为大家很快发现变革首先带来的不是便利而是麻烦，变革给大家带来了很多新要求，这些要求就好像是套在我们身上的枷锁。但是即使我们觉得麻烦和不自在，大家还是愿意忍着的，因为毕竟还是有未来的成功愿景的。

但是开始使用新流程后，大家的感受变得越来越差。首先工作量剧增，新流程要求大家填很多新表格、写很多新文件和做很多汇报胶片。这些是我们研发人员最讨厌做的事情，过去我们都认为这些事情应该是秘书或者辅助人员做的，现在它们占用了我们大量的时间和精力。有的开发人员甚至开玩笑说：过去我们是开发产品的，现在我们主要是开发胶片的。

另外，会议增多，IPD 流程在华为落地后，有一件事令大家非常不适应，那就是会议数量剧增。过去要确定一个产品特性，和领导汇报一下就好了，现在要层层汇报，哪个汇报没有做，事情都进展不下去。大家过去喜欢晚上待在公司，是因为晚上清静，做开发时头脑清醒。现在晚上不得不待在公司，因为白天还得与一线联系，只有晚上才能开会。

任何事情都是这样，即使有很好的愿景，但是让当事人当下觉得给自己增加了很多麻烦，又看不到自己关心的产品质量问题和开发当中的具体问题马上得到解决，当事人就不会喜欢这个新东西了，因此可以说 IPD 推行初期大家是怨声载道的。

这个情绪不但中基层员工有，我们这些中高层干部同样也有。很多人回首当时的情况，说我们那个时候，先做了什么，又做了什么，大家一起向着一个胜利的目标前进，并最终获得胜利。其实这不客观，实际的情况是，真理往往掌握在少数人手里，是少数人带领大多数人前进。我自己就不属于那少数人，我也曾彷徨过，甚至失去了对这个流程的信心，觉得这就是一次作秀。

华为做任何流程变革，都不是一下子铺开，总是先种试验田，摸索经验后，再逐步推开。我们先在每一个产品线都选了一个产品，来做 IPD 推行的试验。一年多后，才决定在所有产品中开始推行。当公司宣布试验推行的项目成功、准备全面推行 IPD 流程时，我并不在决策层，并不知道公司是基于什么原因做出的这个结论。当时自己的认识是，大家只是觉得这个流程在我们这里推得下去，至于原来宣传的 IPD 流程的那些好处，还没有体现出来。

为了验证我的认识，我还曾经问过一个参与试验项目的骨干，他跟我说，他们总结的大部分新流程的好处都是预期。他还自嘲地说，优点靠的是总结而不是结果。

那么我是从什么时候开始接受流程变革的呢？是变革一年多后，我们开始看到了初步的结果：第一，过去混乱的版本管理得到了有效梳理，大家认为版本逐步归一化的思路用这种办法可以实现。第二，开发什么产品特性和为什么开发产品特性等，这些问题越来越清晰了，明显感觉现在我们的决策是有的放矢，变得有章法了。第三，产品质量变得越来越好，那时候我们还没有全流程质量管理，但是 IPD 第一个阶段就帮助我们抓了产品开发过程当中的质量控制，对于产品线而言，质量变好了，对整个产品的信心就起来了。

经历了这些思想转变过程，我的体会是：在管理变革中，正确的定位和合理的目标是非常重要的。反过来想，为什么任总会做这样的决定，后来他在一个场合说了有关他决策这件事情的原因：第一，IBM 用这个流程完成了从以技术为中心向以市场为中心的转变。第二，这个流程支撑 IBM 获得了几百亿美元的产品规模，已经被 IBM 自身验证过。另外，任总和公司管理层对于流程变革的目标定位也比较合理，那就是不追求完美主义，确定了先僵化、再优化和后固化的策略。僵化就是先完成向市场的转变，把流程用起来；优化就是进一步把流程与自己的实践相结合；固化就是可以持续地把优秀实践放入流程中。

坦率地说，认识到变革的好处是相对容易的，经历变革的过程是困难的。难就难在新的工作方法与过去的工作习惯不相同，这种冲突会引发自己的不舒适感，尤其对于那些过去相对成功的公司，大家会自然地认为，过去的工作习惯和方法也是成功的，主动调整的意愿就会很差。再加上新的工作方法取得成效需要时间，常见的情况是，你努力做了一段时间，发现没有效果，你开始怀疑是自己能力不行，然后怀疑很快就会转到新流程上，不是认为它本身有缺陷，就是认为它不适合自己的实际情况。当这种怀疑开始蔓延时，对于变革项目，往往也是最危险的时候，这时大家最容易放弃。华为之所以有今天，只是因为当时我们没放弃，坚持走下来罢了。

另外，在这里我还是要感谢那些IBM的顾问，他们在我们迷茫的时候，给我们的指导是得当的，给我们分享的案例增强了我们的信心。他们本身就参加了IBM的IPD变革，非常了解IBM在处于类似问题时所采取的措施，后来我体会到，他们分享的这些措施给了我们非常有用的帮助，他们也能感同身受地陪我们一起渡过难关。

当我们亲身体会到了IPD所带来的好处后，变革就迅速深入人心，大家也都愿意主动调整自己，去适应新的工作方式。于是IPD变革迅速走上快车道，成为我们产品和解决方案工作领域的主流程。

这种情况下，形势迅速向有利于IPD流程的方面发展，大家纷纷放弃过去的工作方式，把双轨运行的方式改成了现在单轨运行的方式，相当于解放了我们的一部分精力，我们也就更有意愿把IPD流程运作好。于是，IPD流程落地就顺利地完成了。这个过程就是公司所谓的僵化过程。对于这个过程，我的体会就是一句话：好方法也需要下决心去贯彻，任何好方法的落地都要经历从不适应到适应的过程。

当IPD作为主流程在我们体系运转时，我们发现新流程与我们的工作场景有不匹配的地方，这个时候优化流程的必要性就逐步显现出来。对于主应用流程，牵一发就会动全身，涉及诸多业务环节，因此必须解决改而不变和改而不乱的问题。

改而不变就是在改的过程中要保持流程的稳定性，只有相对稳定的流程，才是可以被管理的流程，才能保证流程的运作效率。

改而不乱指的是改要有规矩，不能说改就改，前端改了，后端要跟着联动，才不会引起混乱。优化的目的就是前后要有承接性，从而使修改的部分可以无缝地与没有改的部分保持衔接。

既然要优化，就必须解决过程有序的问题，就必须解决由谁提出优化需求、谁做流程优化方案和谁评审优化方案的问题。优化之后的流程必须进行验证，并在经过批准之后才能固化到流程当中。

为了管理整个公司的流程和其他管理变革，公司专门成立了变革指导委员会，用于管理和协调公司所有的变革，在方向和节奏上服务于公司的战略。变革指导委员会是公司保持时间最长的跨部门委员会，是公司变革项目群的决策委员会。

在变革指导委员会下，公司设立了一个执行委员会，华为人把它称为C3T。这个委员会具体地管理公司正在进行的各个变革项目立项，以及项目与项目之间的协调。委员会采用例会的方式进行运作。

除委员会之外，公司成立了流程与IT部，这个部门是公司的一级部门，负责公司具体的流程建设和公司的IT化建设。我们把流程和IT联合管起来的目的，是希望有更多的流程能够用IT来支撑，这样就会大幅度地降低对流程人员素质和能力的要求，同时提升流程的运行速度。

后来，公司将质量部也放到流程与IT部下面，因为我们认识到只有管好流程质量，才能从根本上解决公司的质量管理问题。一般来说，公司流程与IT部的总裁会兼任执行委员会的主任。

在公司各个一级部门成立质量与运营部来具体承接流程质量和IT建设的相应管理。在公司的二级以下部门，会有相应的工作模块来管理质量、流程、IT这三方面的建设。

公司各级流程管理机构的职权范围是不一样的，1～3级流程由公司统一管理，每个流程设流程负责人（owner）。流程owner做日常管理，重大事宜需上报公司流程管理委员会决策。

4～6级流程由公司各一级部门负责建设，并设立相应的子流程owner。对于5～6级的流程建设，各一级部门也可以向下授权，但必须有明确的授权文件。

IPD 流程的内容

现在市场上介绍华为 IPD 流程的咨询公司不少,谈到 IPD 流程内容的书和资料也非常多。我今天是想以这个流程的使用者从业务角度来谈谈这个流程。

狭义的 IPD 流程

华为 IPD 流程框架如图 8-5 所示。

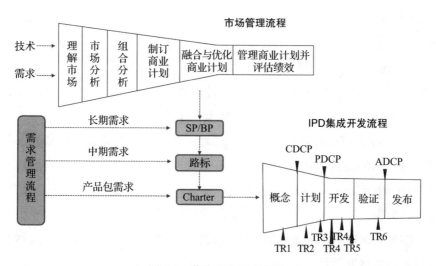

图 8-5 华为 IPD 流程框架

从产品和解决方案开发顺序角度,这个流程分为 5 个阶段,即概念阶段、计划阶段、开发阶段、验证阶段和发布阶段。

很多人谈到 IPD 流程,都认为它是为大企业创造出来的流程,其实它植根于人类创造力本身。前段时间,我听一个艺术家演讲,他分享了艺术创造模型,模型的名字叫 design thinking(见图 8-6)。

图 8-6 design thinking 模型图

这个设计模型揭示的是一个艺术家创作的过程。IPD 流程是不是与 design thinking 很像？如果说 design thinking 的共情是艺术家在寻找灵感，那么 IPD 流程当中的概念就是确定产品是个什么样的东西。后面的过程就更像了，两者都要进行设计，都要把设计付诸实施，都要开发出样机或模型品来进行验证，最后再发布它。

IPD 是采用团队评审的方式来验收每一个阶段产品开发的情况，并决定是不是可以进入下一个阶段。IPD 的评审分为两种。

第一种评审分为 4 个阶段，它们分别是 Charter 评审、CDCP 评审、PDCP 评审和 ADCP 评审。这 4 个评审都为综合评审，由产品投资委员会来实施。

Charter 为商业计划书，又被称为任务书，是说明此产品或解决方案的机会和投资收益的商业计划。通过计划来确定商业计划的合理性，以及是不是可以进入下一个阶段的产品概念设计开发。

Charter 评审的核心是回答 6 个问题，在华为也被称作 4W+2H：why 回答为什么要做这个产品；what 回答做的产品是什么；when 回答什么时间做到什么程度；who 回答谁来做；how 回答怎么做；how much 回答要投入多少钱。

CDCP 评审是产品概念评审，CDCP 评审通过后，产品就会开始做架构与系统等概要设计。

PDCP 评审为计划决策评审，通过这一评审后产品就会开始进行详细设计。

ADCP 评审为可获得性评审，是产品发布前的最后评审。产品经过详细设计、原型机开发、功能模块测试和系统测试后，会进入 ADCP，决定是否正式发布此产品。

第二种评审分为 6 个阶段，分别为 TR1、TR2、TR3、TR4、TR5 和 TR6 评审。评审的重点是产品的可实现性，评审的责任主体为产品开发管理团队。

TR1 评审主要评审产品需求和概念设计的可行性。

TR2 评审主要评审产品的架构设计和系统设计的可行性。

TR3 评审主要评审产品概要设计的可行性。

TR4 评审主要评审产品详细设计和模块测试的可行性。

TR5 评审主要评审产品是否经过系统测试和外部测试。

TR6 评审主要评审产品的实验局结果和制造的可行性。一般 TR6 评审通过后，产品就可以正式对外发布。

后来，华为在实践中在 TR4 到 TR5 之间又增加了一个评审环节，我们称为 TR4A 评审，以满足华为的客户希望测试我们的产品和开实验局的需求。

从以上的介绍你就可以看出来，IPD 流程本身并不神秘，只是一种把人类创造事物的过程更有序地管理起来的方式。

市场管理流程

市场管理流程（华为内部称为 MM 流程）是与 IPD 流程配套使用的流程。在这次变革当中，华为首先将 IPD 流程进行落地，在 IPD 流程运行顺畅后，华为才开始市场管理流程的变革，市场管理流程大大提高了我们产品与市场的契合度。

如图 8-5 中的市场管理流程所示，华为 MM 市场管理流程包括理解市场、市场细分、组合分析、制订商业计划、融合与优化商业计划以及管理商业计划并评估绩效等 6 个主要模块。

华为市场管理是通过对市场和细分市场的分析，制定细分市场的策略，形成商业计划，把商业计划落实在日常工作当中。

市场管理流程的目的是保证工作方向的正确性。市场管理流程输出的商业计划包括 3～5 年的战略计划（华为内部称为 SP）和未来一年的商业计划（华为内部称为 BP），是华为公司产品管理团队工作的基础。

需求管理流程

华为宏观管理模式的第一条是，产品发展路标以客户需求为导向。因此需求管理是华为产品和解决方案管理工作的重中之重。

华为需求管理流程（华为内部称为 OR 流程），包括需求收集、需求分析、需求分发、需求实现和需求验证 5 个模块。

需求管理贯穿于华为 IPD 流程的始终，通过需求收集和需求分析，可能会产生三种需求，它们分别是产品包需求、中期需求和长期需求。产品包需求会马上纳入正在开发的版本，中期需求会进入产品的路标，长期需求会作为产品未来规划的输入。

结构化和场景化流程

在华为，当我们谈到 IPD 时，往往指的是 IPD 管理体系，它由三个流程构成，它们分别是 IPD 流程、市场管理流程和需求管理流程。

它们的作用有所不同：市场管理流程保证华为做正确的事，使我们工作在正确的方向上，保持正确的节奏。IPD 流程保证华为正确地做事，从而保证事情的结果。需求管理流程是要保证我们高质量地做事，使客户需求能够得到准确的识别和即时的满足。

另外，IPD 流程在华为是场景化流程，华为的 IPD 流程不但服务于产品开发，同时服务于华为的技术和芯片开发、系统开发、平台开发和解决方案开发等。每个业务有其不同的特点，每个业务的 IPD 流程都会有所不同，华为的 IPD 流程对于每一类业务都会有所定制，以便满足业务开发本身的需要。

IPD 流程的作用

华为在总结自身的发展经验时，认为 IPD 流程对于华为的发展起到了巨大的作用。

我的一位同事和我讲，前两年他曾经听到一位 IBM 的顾问说：看到华为把 IPD 流程用这么好，这个流程卖给华为的价格太便宜了。那么，IPD 流程究竟给我们带来了什么好处，帮助我们解决了什么问题呢？我个人认为，有如下几点。

改变了的产品研发方式

在 IPD 流程变革以前，华为的产品开发模式和很多公司一样是串行的。当时公司的产品开发是完全由开发部负责的。

开发部根据市场部反映的客户需求、竞争对手的产品情况以及技术的发展等要素决定开发什么样的产品。有时候，产品开发的要求也来自公司，但实际操作是由开发部全权负责的。开发部的产品开发工作快要完成时，市场部开始介入，根据市场的情况，开展市场宣传和销售工作。当产品卖给客户之后，服务部门会深度介入，帮助客户安装产品，并为客户提供售后服务。

从以上的描述你就可以看出，产品从开发到市场再到服务是个串行过程。前面的过程我仅仅是简单地描述，其实在实际的产品从开发走向市场的过程中，串接在其中的部门会更多，比如说制造、采购和供应等。

产品开发工作是按照产品从研制到销售到服务等工作的先后顺序进行的，在产品简单和市场规模不大的情况下，这种方式是实用的。但当产品变得复杂以后，过去产品开发的工作方式存在的问题就会逐步显现出来。华为要把产品卖给客户，就需要满足客户各个方面的需求，而这些需求又分布在公司的各个部门：开发部门对客户的技术领先性需求把握得最好，市场部门对客户的性能需求最了解，服务部门了解客户的安装场景和降低服务成本的需求，采购部门知道采用什么样的方案来实现成本最低和最易采购。

过去这种产品开发的工作方式无法把各个部门所掌握和把握的客户需求，一次性地落实在产品当中，在产品销售、制造、安装和服务等各个使用环节发现过去没有考虑到的客户需求时，会再回过头修改产品。当时 IBM 的顾问给我们总结了一句话：华为人不是想一次把事情做对，而是认真地把事情一次又一次地重做。

IPD 变革给我们带来的第一个转变就是把这种创新的工作方式改成了并行。在决定做一个产品时，各个部门坐在一起确定产品要做成什么样子。这样产品在开始做时,就会考虑到它技术的先进性、客户需求的满足度、可制造性、可采购性和可服务性等。我们一次性把事情想好后再做。

我说一次性把事情想好,并不等于只想一次。负责管理和产品研发的人都深有体会,你经常会处于想要开发的产品特性所需要的能力远大于你的现有能力。这种并行的工作方式可以让大家一起来商量,能获得有限能力的最佳效果。

总之,这种并行工作方式大幅度地提高了满足客户需求的效率。大家都经常说,过去这些年,华为的产品在市场上竞争力很强,这种并行的工作方式是其最大的秘密,这种方式可以使我们更快地从各个方面满足客户的需求,自然,我们的产品就更受客户欢迎。所以华为的以客户为中心,不但建立在自己的价值观上和企业的策略中,还实实在在地落在我们的流程当中。

模块化开发

我在早期做产品研发的时候,愿意做硬件开发而不愿意做软件开发。原因很简单,对于硬件设备,一般确定了各部分的连接接口之后,你就可以聚焦在你自己那一部分工作上,不用担心其他部分对你的影响。但软件开发不同,虽然软件也有流程图,但经常会出现要解决一个问题就必须调用另一个软件,有时甚至是交叉调用。这种情况下经常会使得软件调试变得更复杂。还有一个问题是当你要修改或借用别人的代码时,一旦软件代码行数太多,你就会抓狂,很难找到头绪。而且不同的人,编出的代码质量相差巨大,有的人用很少的代码就可以达到目的,有的人用很长的代码才能解决问题。华为当时的情况是软件编程质量亟待改善。

当时世界上软件编程水平最高的是印度人。于是我们决定向印度人学习,我们在印度的班加罗尔建立了研究所,请印度的软件专家来参加编程。由于各个产品线都争着请印度软件专家,我所在的产品线当时在公司最大,自然请的专家最多。但没过多久,我们产品线的软件经理就抱怨起来,原因是一个中国软件工程师一天可以编300行代码,而一个印度软件工程师一天最多编 100 行代码。后者产的代码量太低了，大家担心这些印度工程师会大大拉长我们的产品开发时间。

但是随着时间的推移以及我们软件代码量的增大，我们很快发现，印度工程师编出的软件质量大大好于中国软件工程师，就一个产品开发周期而言，他们不是拉长了我们的产品开发时间，而是大大缩短了这个时间。于是公司下决心把印度的软件开发模式引入华为，这就是公司引入 CMM（软件能力成熟度模型）的背景。印度软件开发能力的一个重大秘密就是可以实现模块化，这样软件就可以像搭积木一样进行编程，从而可以构造高质量的大规模的软件。而 IPD 帮助华为实现了产品和解决方案的模块化开发。在我们将 IPD 流程落地后，产品开发每完成一个阶段，在走入下一个阶段以前，都必须经过严格的评审和验收。这种验收就像我们过去完成整个产品开发的验收一样，这使得产品开发中各个阶段的接口非常清晰，从而使得华为公司的产品开发走向模块化。只要产品或产品的某一阶段经过 IPD 流程，就可以像模块一样叠加起来，构成新的产品或新的产品形态。

这是华为产品开发中的一个重大飞跃，使华为的产品可拆分和可重构，为一个产品开发的技术或平台可以被所有产品直接采用。

很多公司都奇怪，为什么在技术更新换代之时，华为总是能最先推出满足客户的解决方案？其实秘密就在这里，华为只要开发出变化的新技术，其他过去通过 IPD 开发的产品和技术可以迅速被拿出来，像模块一样与新技术组成新的产品。

这种模块式的开发方式还带来另外一个好处，那就是一个产品在开发过程中，市场可能发生变化，此时你可以迅速决定把产品开发停在现有阶段。过一段时间之后，市场再次发生变化，你又需要继续开发该产品时，随时可以从上次停止的阶段继续开发。这样也可以保证我们产品开发的节奏与市场有很好的契合度，也不浪费开发资源。

质量管理的飞跃

在引入 IPD 流程之前，华为产品的质量是测出来的。

最初我们在华为的生产部设立了测试部门，专门负责测试从生产线上生产出来的产品，最大限度地把问题截留在公司内，而不是发给客户。

这样做了一段时间后，我们发现，测试部只能解决生产中的问题，没有办法解决产品开发当中的遗留问题。要更好地把控产品的质量，需要把质量管理工作进一步提前，于是我们在开发部和生产部之间成立了中试部，把开发部的一部分人抽调出来，专门来测试刚刚开发出来的产品，从而把产品开发中遗留的质量问题筛查出来。

坦率地说，中试部的成立对于华为的产品质量起到了一定的作用。但这种质量管理方式仍旧是事后测试方式，如果想进一步提高产品的质量管理，必须做好过程控制。

而 IPD 流程恰恰为做好开发过程中的质量管理提供了有效的管理工具。我们在 IPD 的产品管理团队当中，专门设置了质量代表这个角色，质量代表在产品研发过程中负责把住质量关，从而进一步提升了华为质量管理的水平。在这种情况下，中试部开发后测试的作用就不明显了，于是我们撤销了中试部。

在追求进一步提高质量的过程中，我们认识到产品的质量不仅仅是过程控制出来的，更重要的是在产品设计时就要充分考虑到。

于是我们重点抓产品在设计当中的质量管理，通过产品设计，更好地提升我们的产品和解决方案的质量。我们的质量代表不仅仅参与到产品开发质量的过程控制中，同时还参与到产品的设计中，把质量观念和质量方法赋能给产品管理团队的所有同人，让大家一起来管好我们的产品质量。

在抓产品质量的过程当中，我们逐步认识到，产品的质量问题不应局限于产品的瑕疵问题，还应该定位在我们的产品满足客户需求的质量上。于是，我们从过去狭义的质量管理体系，开始转向全面的质量管理。

于是我们重点建设了市场管理流程、需求管理流程和 Charter 质量管理。这些工作又把我们的质量管理推上了一个新的高度。

我相信华为在质量管理上会不断进步，质量是华为的生命，华为致力于成为 ICT 产业高质量的代名词。

感悟 对于先僵化、后优化、再固化（见图8-7）的认识如下。

图8-7 管理变革三部曲

1. 先僵化。这一步是中国企业引入国际先进流程的必由之路。企业在变革初期会遇到很多阻力，尤其是部分中高层领导并不会真心拥抱变革，有人不愿意改变过去的习惯，有人不愿意给自己找麻烦，也有人不愿意失去自己手中的权力。于是会出现各种反对变革的声音，比如"其他企业的变革方案并不一定适用于本公司""企业需要先做好充分的准备后再变革"等，这些情况下，可以考虑华为所说的"削足适履"，也就是先僵化，让流程落地后再慢慢调整。

2. 后优化。僵化的流程落地之后，大家开始逐步熟悉和掌握流程的特点。这时，企业各级人员会发现，流程里确实有不少地方是需要根据企业的实践来进一步完善的。于是，再开始一步一步地流程优化，通过这些优化，让流程更加适应本企业的业务。

3. 再固化。不断地将流程优化结果固化下来，是流程与时俱进的前提。以华为为例，将流程部门与IT部门合为一个部门，持续地通过IT手段将流程优化的结果固化下来，从而保证流程不因人的变动而发生偏移，使得流程有了生命力。

华为产品线组织

摘要： 华为产品线组织是以客户为中心策略落地的产物。产品线的基本单元是重量级团队。产品线是端到端为客户服务的组织,并为商业结果负责。

如果说一个公司的流程是公司策略的具体体现,那么一个公司的组织就是策略的执行机构。在华为的宏观管理策略当中,第二句话是组织的发展目标是流程型组织建设,它说明了华为的组织特征是流程化组织。

华为的组织建设有一个重要特征叫作流程决定组织。华为的产品线组织就是在华为 IPD 流程落地后,依据流程运作建立的组织。

华为产品线组织的形成背景

华为在建立产品线以前,是开发部在负责产品的开发工作。当时华为的产品非常少,在开发部下面,华为设立了产品经理。产品经理负责产品的开发和整个生命周期的管理,产品开发所需要的所有硬件人员、软件人员和测试人员等都直接归产品经理管。这个时候,华为开发部的结构是柱状图式的,各个产品之间是相互独立的,它们之间的人才和资源也很少共享。

后来,公司为了实现各个产品之间能力的共享,采用了矩阵式组织,即在开发部下成立硬件、软件和测试部等功能部门,这些功能部门负责将相应能力在各个产品之间拉齐以及保持能力的持续成长。

在这种情况下,产品经理所负责的队伍人员来自各功能部门,平时这些人员的业务管理由产品经理负责。公司为了牵引产品经理做出更好的产品,就要求他们为产品的最终结果负责。但是产品经理的队伍只包括开发部的人员。这种工作方式就好比隔山打牛,一群开发人员既不了解市场也不了解服务,却要为市场和服务结果负责。这种工作方式好的方面是产品线的人员会迅速响应市场的要求,并主动到市场上面去见客户和推动产品的销售。

但是,这种工作方式的弊端也非常明显。由于产品经理的队伍中,没有除开发以外的能力,这样就会出现没有相应的能力,却要为相应的结果负责的情况。这种情况下经常会出现产品开发出来了，但产品的市场策略、服务策略和制造策略等无法及时出来，只能靠各个部门之间的不停协调来完成。当这些策略中的某一个策略出现变化、其他的策略不能及时跟上时，对于华为产品的整体影响就会很大。

我在那个时候已经从技术部门调到销售部门，当时经常出现这样的情况，我们按照与开发部一起商量的产品特性向客户宣传，等我们把产品卖给客户后，开发部的同事告诉我们，他们现在提供不了某些产品特性。最可笑的情况是，我们把一个产品卖给客户后，开发部的同事告诉我们，公司后来决定不开发这个产品了。我们质问他们为什么没有及时告知市场部门，他们回答我们说，决策会议刚开完，他们正在起草文件。

对于上面这个例子你也许会问，为什么不等到产品开发完，再到市场上卖呢，这样就可以避免两个部门因信息不对等产生的问题。你说的是理想状态，实际的市场运作当中，往往是一边在开发，一边在销售。过去的流程和组织形态无法支撑开发和销售两个部门的有效协调。这个问题随着市场规模的加大和产品复杂度的提高，就会变得越来越明显！

事实上，在这种组织状态下，各部门的协调运作问题绝不仅仅发生在开发部与市场部之间，在开发部与服务部、开发部与制造部和开发部与采购部等部门间也广泛存在着。

我在负责华为办事处时，就遇到过一个这样的案例，我们的客户经理卖给客户一款设备，当服务经理去安装时，才发现我们的安装手册根本不能用，客户对这种情况很生气，于是发起投诉。公司接到投诉后去调查，发现新的安装手册正在归档过程中，也就是说正处于从开发部向服务部交接的过程中。那么哪个部门应该为这个投诉负责呢？

公司责令两个部门拿出整改措施。但万万没想到，上一个投诉的处理意见刚刚发布，一个新的事故就出现了，事故原因很简单，另一个客户买了我们的产品，但产品到货之后，却没有找到安装手册。客户当然更生气，又发起了一个投诉。公司一调查才发现，原来这个产品的安装手册也正在归档过程中，服务部门就把旧的安装手册撤掉，因此没有手册发给客户。

各种各样的协调问题发生后，公司需要找到合适的解决方案。在引入 IPD 流程后，由于 IPD 流程要求各部门并行工作，为了让这个流程运作得更好，华为想到了建立产品线组织。

产品线的最小业务单元：PDT

PDT（product development team，产品开发团队）是产品线的最小业务单元（见图 8-8）。

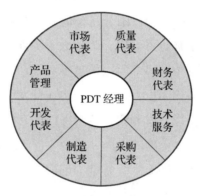

图 8-8　PDT 组织结构

PDT 由各个业务代表构成，各业务代表分别代表原部门来 PDT 负责相应领域工作。比如说开发代表就是代表开发部来 PDT 负责产品的研发工作，当然也有销售代表来代表产品与解决方案销售部在 PDT 负责产品的销售工作。

从这个结构中你就可以看出，PDT 不是产品开发部门，而是一个为产品商业结果负责的部门。在华为，一个 PDT 往往负责一个产品族（即一个或多个产品）的开发、市场、销售、生产、采购和服务等所有涉及这个产品的生命周期管理的工作。

华为 PDT 的人员和业务规模也不尽相同，有的 PDT 负责几千万美元的业务，也有的 PDT 会负责几十亿美元的业务。因此，各个 PDT 的人员规模从几十人到上千人不等。

PDT 不是职能部门

PDT 的人员来自各部门，这些人在 PDT 工作，业务由 PDT 经理负责，但他们的人事关系并不放在 PDT，而是放在相应的职能部门。PDT 经理负责日常管理 PDT 的工作人员，但并不负责这些人员的能力提升和个人职级的评定。这些人员在 PDT 的工作时间是以工作量来确定的，当工作量减少后，他们就会返回自己的原部门，反之部门就会派更多的人来 PDT 工作。

当然人员的增加和减少，是要双方协调进行的。任何一方有异议，会把异议交上级管理团队来裁决。

PDT 团队不是项目组

华为对于 IPD 流程变革的一个重要优化是建立了流程型组织。

一般公司采用 IPD 流程是用项目制的组织来适配这个流程。它们的工作方式是，在产品开发开始时就建立开发项目组，当然项目组的成员也涵盖研发、市场和服务等部门。产品开发结束后，项目组就解散，大家各回各的部门。等新的产品开发项目立项，再成立新的项目组。

华为的工作方式有所不同，我们成立的 PDT 不但负责把产品开发出来，并且为产品的商业结果承担责任。这个 PDT 不仅负责产品的第一次开发，还负责产品的优化和升级，一直负责到产品生命周期结束。所以，华为的 PDT 团队不同于一般的项目团队，后者是为项目成功负责，前者是为产品的市场结果负责，也就是为客户负责。

你可能会问，华为为什么要成立这样的组织？答案很简单，华为是一家以客户为中心的公司，我们倾向于选择端到端为客户服务的组织方式。所谓端到端的含义就是从客户中来，到客户中去，以满足客户需求，为客户创造价值为己任。

PDT 是重量级团队

在华为的组织定位当中，PDT 是重量级团队。那么重量级团队中的重量级又体现在哪里呢？

首先，PDT 当中的各个功能部门代表都是重量级的，他们有职权和能力，可以代表功能部门，并且在这个 PDT 当中承担相应部门的职责。以 PDT 当中的采购代表为例，这个代表负责在这个 PDT 中所有与采购相关的事宜。这个代表要负责 PDT 中产品所需要的器件和材料的采购，既要保证这些物料的可获得性，又要承担 PDT 所赋予的成本目标，同时也负责将公司的采购要求和流程落实到这个 PDT 领域，从而保证公司的采购体系流程和政策在所有产品领域拉通。

其次，PDT 经理是重量级的。针对各业务代表，PDT 经理不仅具有直接业务的管理权，还负责大家奖金的评定。另外，根据华为组织三权分立的管理原则，PDT 经理针对各业务代表的选育用留和考评均有建议权或建议否决权。

华为建立 PDT 团队，以保证 IPD 流程按照华为以客户为中心的策略高效地运转。PDT 团队成员共同为产品的商业结果负责，同时又能贡献其独特价值。

PDT 组织为华为的产品和发展起到了关键作用。华为的经验证明，针对产品领域，建立端到端的团队，为商业结果负责，是华为以客户为中心在组织中的具体体现。

华为的产品线组织

华为的产品线为华为的一个或多个产业的商业结果负责，在华为的组织结构中产品线是实体组织（见图 8-9）。

产品线包括开发部、市场部、采购部、供应部和质量部等，是面向客户端到端的组织。这里的端到端有两层含义：

一层含义是能力的端到端，产品线拥有为客户提供产品和解决方案的所有能力，产品线负责挖掘和了解客户需求，同时要负责客户需求的满足过程，并为商业结果负责。

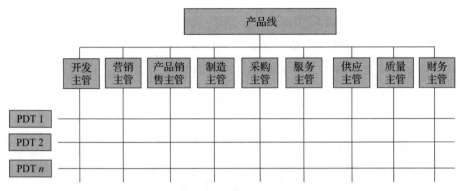

图8-9 产品线架构图

另一层含义是责任的端到端，产品线是华为产品投资的责任主体，负责有关产品投资的资金和人力投入的分配，同时也需要为产品投资的结果负责。

产品线所管理的业务规模受其所负责的产业影响，有的产品线负责几亿美元的业务规模，有的产品线业务规模则超过了百亿美元，产品线所管理的人员规模也从几千人到几万人不等。

产品线不是开发部

很多华为以外的人谈到华为的产品线，都以为它是开发部，甚至部分不了解产品线运作的华为员工也这么认为。这其实是个很大的误解。

华为的产品线既不是研究部，也不是开发部。虽然华为产品线下面的组织确实有研究部和开发部，但开发产品和解决方案仅仅是产品线众多职能当中的一项。产品线是一个商业组织，承担着产品和解决方案的商业结果。

有一次我去见一个客户，他是中国电信在某一个省的负责人。会谈中他问了我一个问题，他说前段时间他见了一个华为搞开发的人，他发现这个华为人不但能讲产品，对财报也很了解。这位负责人问我，华为是如何给开发部培训财务知识的？因为他那里也有产品开发人员，他们希望自己的产品开发人员也能多了解一些财务方面的知识。恰好他见到的这位华为人，我比较熟悉。我回答他说，这位华为人是一个产品线的负责人，产品线的职责不仅仅是开发产品，更重要的是为产品的商业结果负责。我们是从工作责任上来要求产品线人员必须了解财务知识的。

产品线是投资主体

产品线是华为相应产业领域的投资主体，为投资结果负责。

每年年初，产品线都要在各个产品之间分配预算，这是每年产品线最重要的工作之一。预算包括人力资源预算和资金预算。

在做预算时，我们会分别做人力资源预算和资金预算，这是因为华为奉行人力资本的增值大于财务资本的增值这一原则。当然人力资源预算也会转化成资金预算体现出来，因为人力资本投入会带来相应人员工资和奖金等资金的投入。

产品线管理投资还有一个作用是拉通各产品在技术和平台等领域的资源。每个产品之所以存在，就是因为其有特殊性，但在产品架构和开发上过分强调特殊性的话，每个产品就会形成自己的架构和技术体系。对于公司而言，这会形成投资的浪费。

对于大公司而言，平台、技术和器件的共享是非常有优势的！

第一个优势是最快响应市场并且竞争力最优。拉通技术和平台可以像搭积木一样形成新的产品和解决方案，这样可以保证对于市场的最快响应。同时新的产品和解决方案可以迅速形成新的优势。

如果说过去 20 年是 ICT 领域 IP 化[1]转型的时代，即所有领域和产品都在走向 IP 化，那为什么华为做得最好呢？原因很简单，由于华为的平台和技术可以共享，这样华为 IP 产品的所有技术和性能，可以在其他产品上迅速体现出来，从而推动了一个又一个领域的 IP 化进程。在这个过程中，华为也表达了自身竞争力最佳的诉求。

第二个优势是质量最优。大家知道，新推出一个产品，质量往往是最关键的问题。在现实中，一个好的流程并不能确保没有质量问题。

以华为开发的 ICT 产品为例，它往往在实际中有无数种应用场景，你不可能测试到所有的应用场景，更何况有些问题不是马上会发生的。华为为什么产品质量越来越好？有一个重要原因，就是我们的新产品建立在成熟产品的基础上以及已经经过了无数次实践验证的平台、技术和模块基础上，自身需要新增的硬软件并不多，所以质量问题非常好管理。

第三个优势是成本。产品开发过程中需要管理的成本有两种，一种是开发和维护产品版本的成本，另一种是产品物料成本。华为拉通平台和技术的方式，自然可以降低前一种成本。华为将关键和价格高的同一种物料在整个公司拉通，这样就会大大提高物料的数量，从而提高公司的议价能力、降低我们的成本。

产品线也是评审主体

前面我们在讲 IPD 流程时，讲到了 Charter 评审、CDCP 评审、PDCP 评审和 ADCP 评审，这些评审的责任主体就是 IPMT[2]。产品线不仅要分预算，还要负责管理各个产品的预算是如何花的，方法就是这几种评审。

由于产品线也包括开发部和市场部等各个部门的评审，那么评审也是综合的，但最终是服务于商业目的的，评审的目的是这个产品的商业成功。由于产品线管理的产品非常多，并不是每个产品的每个版本的过程评审都需要 IPMT 来自己做，IPMT 可以授权，授权必须有目前的授权文件。但即使授权后，对于公司而言，IPMT 仍然要为授权结果承担责任。

产品与解决方案部和 IRB

华为在产品线之上的组织为产品与解决方案部，它是华为产品投资的最高管理机构。它存在的目的是协调和拉通各产品线的工作。

华为产品与解决方案部总裁和公司相关部门总裁一起组成华为投资决

策管理委员会,也被称为 IRB,以下简称 IRB。

IRB 采用例行会议的工作方式,审视各个 IPMT 的工作,决定公司各产品领域的投资,并从产品维度审视公司的战略规划和商业计划。

华为所处的 ICT 领域竞争激烈而且市场变化很快,因此,在华为没有一成不变的组织。产品线组织当然也不例外,从建立到今天也经历了多次调整和优化。

早期公司产品不多,产业特征也比较类似。因此在公司只设了一个 IRB,包括 5 个产品线及其 IPMT,在每个产品线下设置了 3～5 个 PDT。纵向组织只有 3 级。

随着公司所涉产业的增多,公司的产品种类大幅度增加,公司在产品域的组织层级也随之增加。

公司在 PDT 的基础上成立了 SPDT,SPDT 的定位与 PDT 类似。一个 SPDT 管几个 PDT,可以负责更多的产品。一般来说一个 SPDT 会覆盖一个产业,比如微波领域。

在产品线的基础上成立子产品线。子产品线的定位与产品线相似,一个子产品线管理多个产业,在产品线那里汇集为一个完整的大解决方案,比如说移动产品线负责移动领域的解决方案。

随着公司进入的领域增多,比如 2011 年以后,公司进入了消费者领域和云服务领域,各个领域的差异很大,很难再用一个 IRB 来覆盖所有领域,于是公司成立了 3 个 IRB 方便覆盖消费者、网络和云服务领域。

但随着管理层级的增多,管理复杂度变大,尤其是协调量剧增,典型的情况就是会议很多。如此高的协调量,反过来又会影响工作效率,降低流程的运作效率。

因此在 2018 年华为又进行了新的组织优化,将从 PDT 到 IPMT 的 5 层组织重新简化为 3 层组织,只保留了 SPDT、IPMT 和 IRB 这 3 层组织,取消了 PDT 和 BMT 两级管理机构。

优化后的组织比之前减少了 70% 的会议,精简了大量的管理岗位,流程的运作效率也明显提高。

总的来说，华为的产品管理组织是流程型组织，不是开发部，而是商业组织。这个组织经历了由3层到5层、再由5层回到3层的螺旋式发展过程。我相信这个组织还会继续随着华为业务和流程的变化而持续优化。

感悟

华为的重量级团队：

1. 重量级团队既不是职能部门，也不是项目组。

2. 重量级团队成员为同一个目标负责，这个目标就是产品的商业成功。

3. 重量级团队成员，在团队代表其部门承担团队的职责，在能力和职责上都是重量级的。

4. 团队主管对于团队成员有直接和全面的影响力。

华为LTC流程

摘要：华为LTC流程是端到端为客户服务的流程，包括线索生成和管理、机会点管理和合同执行管理三个流程。这个流程不但提高了华为抓住机会的能力，同时提升了华为合同管理的有效性。

为了让大家更清晰地了解华为的策略通过华为的流程和组织落地的情况，我再给大家分享一下华为的LTC流程和相应的组织。LTC流程又被称为从线索到现金流的流程，以下简称LTC流程，它是华为公司面向客户的市场主流程（见图8-10）。

图8-10　LTC流程框架

华为 LTC 流程产生的背景

我给大家分享这个流程的原因有二。

第一，LTC 流程与 IPD 流程在华为的形成过程是不一样的。IPD 是一个由 IBM 验证后被引入华为落地的现成的流程，后来在华为被优化。而 LTC 流程则是为华为定制的流程，它是一个在华为产生的流程。

第二，LTC 流程是华为的市场运作流程。市场是最能体现公司意志和策略的地方，很多在企业工作的人会对这个流程感兴趣。

华为在 2000 年左右开始准备市场运作方面的流程变革，我记得最初这个流程变革是由公司的财经体系发起的。当时我们的情况是，华为市场发展得非常迅猛，我们的客户数量在迅速增多，给客户提供的产品和服务的规模也在激增，而客户欠华为的钱也在迅速增加。长久来说这种拖欠会威胁公司的生存。

而造成拖欠的原因是复杂的，只有极少数的客户是恶意拖欠，绝大部分拖欠的原因都与销售合同的执行情况相关，比如说该做的验收没有做。因此财经体系希望能优化现有的销售和服务流程，从源头解决回款问题。

财经体系提出优化流程的建议后，销售和服务体系也各自提出了流程优化的需求。

销售部门希望通过流程的优化来提高华为响应客户需求的速度，获得更多的销售机会，牵引销售人员更早挖掘客户需求，并可以将更多的客户需求转化成我们未来的市场机会。

服务部门希望通过流程的优化来提升我们交付的质量和降低交付的成本。通过流程牵引交付人员更早地参与到合同当中，从而提升交付的准备度，使我们更早地知道交付需求，也就能更好地保证交付的质量。

公司把这三部分需求合起来，决定成立公司级的流程优化项目，并最终将这个流程命名为 LTC 流程。

LTC 流程的主要内容

LTC 流程由三个二级流程构成，它们分别是生成和管理线索流程、管理机会点流程和管理合同执行流程。

生成和管理线索流程

生成和管理线索流程在华为又被称为 ML，以下简称 ML。ML 包括线索的收集和生成、线索的验证和分发以及线索的跟踪和培育（见图 8-11）。

图 8-11　ML（生成和管理线索）流程框架

我们过去的销售方式是等待销售机会的出现，ML 流程帮助我们挖掘销售机会，而机会往往产生自销售线索。线索可能来自行业信息、客户信息和竞争信息的收集和分析。通过这些信息的分析，找到未被满足的客户需求线索，并通过验证和培育，将它们转成销售机会。

线索也可能来自客户的网络，通过对客户的网络进行分析，发现存在的问题和优化点，这些优化点就是未来可以转换成销售机会的线索。

线索也可能来自客户想解决的问题，从问题中找到我们可以帮助客户商业成功的线索，并把这些线索培育成未来的销售机遇。

管理机会点流程

管理机会点流程在华为又被称作 MO，以下简称 MO。MO 流程包括验证机会点、标前引导、制订和提交解决方案以及谈判和生成合同等几个子模块（见图 8-12）。

图 8-12　MO（管理机会点）流程框架

线索经过验证和培育后，会有部分转换成机会点。这样的做法使我们销售项目的工作时间大大提前。

华为过去销售项目的起始点往往是客户发标的时刻，MO 流程把我们销售项目的起点提前到机会点出现的那一刻。在这个时候，客户虽然没有发标书，但是已经明确了必须要解决的问题。华为在这个时刻，就会成立项目组来验证和培育机会点。

项目组会通过对客户的需求分析，帮助客户找到最佳解决方案。找到解决方案的途径有两个，一个是从为客户创造价值的角度出发，牵引公司做出最佳解决方案；另一个是从公司角度出发向客户展示华为产品和解决方案的优势。

MO 流程大大强化了华为在客户发标书以前的引导工作，这些引导工作可以为客户决策提供建议。

客户的决策包括合适的投资规模，客户的投资并不是越大越好，投资小可能解决不了问题，投资大有可能导致投资回报率太低。

客户的决策也包括最佳的解决方案，解决一个问题的路径可能有千百种，选择最佳的解决方案，既可以高效解决现在的问题，又可以面向未来持续发展。

在帮客户提供建议的同时，通过更早地介入客户的需求和解决方案，华为可以更准确地把握客户的需求，并且有更多的时间来准备解决方案，这样做非常有利于形成华为的竞争优势，也会大大加强客户与我们合作的意愿！

管理合同执行流程

在华为内部管理合同执行的流程也被称为 MCE，以下简称 MCE（见图 8-13）。

图 8-13　MCE（管理合同执行）流程框架

通过 MO 和 MCE 流程的衔接，华为解决了一个过去很难解决的问题，那就是将交付工作提前到合同谈判阶段。

过去华为的工作方式是，合同谈判结束后，销售部门将合同转给交付部门，交付部门开始做交付准备工作。由于合同签订后，为客户交付产品的时间就已经确定，因此交付准备工作往往就会很仓促。

在新的流程中，交付经理在合同谈判阶段就会参与进来。这样会带来两个好处：一个好处是，交付经理可以更早地了解合同的情况，并且开始组织交付资源，这样便为交付准备工作争取了更多的时间；另一个好处是，在合同商谈和成立过程中，有关交付的条款合理性和准确度会更高，华为和客户之间的交互界面也会更加清晰，这样使得合同更容易执行。

MCE 流程解决了合同和 PO 的关系，合同是我们与客户合作项目的具体内容和条款，PO 是客户发给我们具体执行项目的任务书。

一般而言，客户在与华为签订合同时，往往签订的是一个框架合同。比如说，客户与华为签订了一个 500 套产品的采购合同，但实际执行时，客户会分批给华为下订单，这个订单就是 PO。华为在执行合同时，实际上是执行这些订单。

过去在签订合同条款时，一般的约定是只有将 500 套产品的合同全部执行完，客户才会付全款。而有的时候，框架合同的执行期可能是几年，这就会造成华为有大量的产品已发给客户并安装完成，但无法收到货款。

也会出现这样的情况，在 500 套产品的交付当中，客户对于绝大部分产品的交付满意，但对于少部分产品的交付不满意，按照过去的合同和流程，也无法给华为支付货款。

在 MCE 流程中，华为实现了合同与客户 PO 的一一对应，在签合同的时候，就把两者的关联性描述清楚，这样客户就可以按照每个 PO 来验收和付款，华为此举大大提高了资金的使用效率。

LTC 流程的作用

LTC 流程给华为带来诸多方面的变化。

大大提高了华为抓机会的能力

华为是一家以客户为中心的公司，它的价值观是以客户为中心。围绕着这个核心价值观，华为制定了以客户为中心的策略，并在这个策略的指导下，优化自己的流程和组织。LTC 就是在这样的背景下诞生的。从本质上讲，LTC 流程是华为以客户为中心在市场运作中的具体体现。

每当谈到以客户为中心，很多人心里的概念可能是把自己的利益让给客户和多为客户奉献。这样的想法并没有错，华为也一直是这样做的，深淘滩、低作堰策略是华为的基本定位。

但我们逐渐也认识到，光这样做是不够的。真正的以客户为中心是帮助客户商业成功，我们的责任不仅是帮客户省钱，更重要的是去帮助客户解决他们在发展中遇到的那些问题；急客户之所急，优先满足客户的需求，从而帮助客户商业成功。

那么如何更早地帮助客户发现发展中的问题，更早地明确客户的需求，更快地做出客户需要的解决方案？这些成为华为市场运作中必须要解决的问题。LTC 流程为解决这些问题提供了钥匙。

在 LTC 流程落地之前，在市场运作当中，华为的工作起点往往是客户标书发出来的时间。华为人拿到标书，对照着客户的需求，牵引着整个公司，争取满足客户更多的需求。客观地说，华为在这一发展阶段是成功的，在这一阶段，华为的一些做法是与众不同的。

首先，华为不是拿产品来对准市场，而是拿市场来要求产品。这句话不是绕口令，也不是文字游戏，而是华为人选择的立场和角度，这一点与很多公司不同。华为人拿着客户的要求，反过来要求自己的产品开发组织在最短时间内满足客户更多的需求。因此华为产品销售的本质，不是把一个标准产品卖给很多客户，而是定制，争取最大限度地满足目标客户的要求。正是在这种角度或者叫策略的驱动下，华为产品逐渐成为最能满足全球客户需求的产品和解决方案。

其次，产品展示方式不同。一个产品究竟能满足客户什么样的需求？这需要你站在客户的角度，把你能给他们带来的结果展示给他们。华为在这方面无疑是一个佼佼者。当其他厂家还停留在给人看说明书时，华为人就背起了投影仪，用胶片给更多的人展示我们的产品。在早期的产品展示中，有一份资料叫一指禅，华为产品人员人手一份，可以用最短的时间将我们产品的优势讲给客户。

后来，华为给每一个产品人员都配了便携机，他们不仅可以给客户展示我们产品的主打胶片，即适用于所有客户的产品宣传胶片，还可以给每一个客户定制胶片，从而根据每个需求，定制内容。便携机在那个时代成了华为人的标志性装备。

再后来，华为人通过云服务的方式向客户展示我们的产品，在客户现场，客户可以通过云的方式体验华为产品的服务效果；华为最好的专家可以通过云的方式为客户讲解和定制方案；销售人员也可以通过云的方式迅速求助和找到客户需要的材料。

同时华为将市场拓展方式从华为与客户之间的沟通，转而形成客户与客户的沟通。华为在市场上有两个很好的优秀实践，那就是样板点和现场会。

华为会与客户协商，将客户的华为产品应用现场设置为样板点，通过真实的场景，向其他客户展示华为的产品是如何满足客户需求的，以及华为产品的优势。中国有句古话叫"眼见为实"，华为的样板点采用的就是这样的逻辑，让客户在真实的应用场景下看到华为产品的表现，这样会增加产品的可信性。

现场会则是将很多客户请到样板点来，这不但可以一次性地让更多的客户身临其境地了解华为的产品，更重要的是可以让客户与客户之间进行交流，从而增加对华为产品的认识。这样做有两个好处，一个好处是客户是从客户处了解华为的服务，通过客户之间的分享来了解华为的产品的。这样可信度大大增强，客户可以从产品使用者的角度认识华为产品和解决方案的价值。另一个好处是，经过参与客户之间的讨论，可以帮助华为更好地了解客户的需求，从而牵引公司做出更好的产品来。

很多人问我，为什么华为的市场比别人做得好一些？我上面讲的就是华为当时成功的一些关键要素。最初这些做法只被一部分人掌握，所以这些人的销售业绩也就最好。而LTC流程的作用就是将这些做法固化下来。这样所有华为的市场人员都被要求采用这样的做法，导致这些好的做法被最广泛地使用，让所有人像优秀的人一样工作，从而提高了工作效率。

但华为没有止步于此，我们将工作界面进一步前移。从客户准备投资解决自己问题的那一刻，也就是机会点出现的时候，华为人就开始帮助客户一起分析需要解决的问题，并一起探索各种可能的解决方案，从中找到可以满足客户需求的最佳方案。在这个过程当中，华为更早获得了客户需求，也争取了更多的时间开发和准备相应的解决方案。同时客户也更了解华为的相应产品和解决方案，这样帮助华为建立了更多的竞争优势。

在LTC流程落地之前，只有部分华为一线机构的员工是这样工作的，他们拥有相应的能力和工作方法。LTC流程将他们的工作方法和能力融入流程当中，这样就可以让全球的市场人员都这样工作。

在不断提高满足客户需求能力的道路上，华为是没有止境的。我们在实践中又探索出把工作流程进一步提前的工作方式，那就是客户意识到自己的问题的时候，在华为看来，是机会点开始的时候，华为人此时就开始协助客户定位问题、分析根本原因，并一起找到可能的解决方案。在这个过程中，华为不仅更早地了解到客户需求，而且是更深刻地理解了客户需求。这样华为可以有针对性地做出更好的解决方案，并且有更长的产品开发时间。

管理过产品的人都知道，更长的开发时间对于产品意味着更好的质量和更低的成本，因此华为的解决方案自然就拥有更强的竞争力！

LTC流程也将这种工作方法落在了流程中，从而让所有华为人都可以使用这种方法来更好地帮助客户商业成功，同时更好地提升公司产品和解决方案的竞争力。

解决了决策和评审规范性问题

由于市场情况瞬息万变，市场项目的决策既要及时又要合理，这是每个企业都要解决的关键问题。

华为一直在致力于解决这个问题，最早华为与客户的合作关系就是产品的买卖关系，我们是通过授权的方式来解决这个问题的。针对每一种产品，公司采用两级授权的方式，第一级是授权给市场部，市场部在此基础上给各个办事处进行授权。办事处主任根据授权对项目进行决策，如果项目的价格在授权之内，办事处则可以自行决定。如果项目的可能成交价格在授权之外，则报市场部审批。市场部总裁或总裁指定的相关负责人接到审批申请后，发现价格在市场部授权之内，就可以直接决策，如发现价格已经超过授权，就需要上报公司总裁，由公司总裁决策。

以上这种决策方式在公司发展初期运行是顺畅的，但是随着我们与客户合作的深入，合作关系也在过去只有产品买卖的基础上增加了很多新的内容，比如说服务和融资等。在这种情况下，过去以一个人为决策中心的决策方式，显然不适合新的发展形势。

为此我们优化了原有的项目决策方式，新方式还是采用分级授权，但授权的不再是价格，而是价位和盈利能力。授权价位是为了保证这个产品在此区域的长期发展，同时这个产品在此区域的价格不影响其他区域。授权盈利能力的原因是我们给客户提供的服务类型在发生变化，比如说增加了服务和融资，只看价格已经无法看到项目的盈利情况。

项目的决策主体也由个人转变成团队。由于过去影响项目决策的要素只有一个，那就是价格，因此一个人决策没有问题。现在影响项目的决策要素有多个，就需要相关部门来参与这个决策。因此公司成立了公司级、市场部级和代表处级项目管理团队，来分级授权、分级决策。

随着我们市场规模越来越大，需要决策的项目越来越多，华为采用了五级决策机制，每一级都由一个决策团队构成。它们分别是公司级、片联级、地区部级、代表处级和系统部级。其中针对片联，我想做一下说明，公司负责市场的机构最早叫市场部，由销售部的各要素部门构成。后来公司采用销售部和服务部来承担市场管理的模式，即将服务也纳入统一的市场管理当中来，这个机构简称销服。随着项目复杂度的进一步增加，公司开始采用片区联席会议的方式来管理市场。所谓片区联席会议是将公司相关的一级部门也一起并入市场运作当中，以强化我们对市场的支持和管理，简称片联。

地区部也是公司的一级部门，它介于片联和代表处之间，是公司对于区域市场的最高管理机构。

五级决策机制完善了华为对于市场的管理，也加强了对市场一线的支持，但是也加大了我们的管理复杂度，降低了我们的市场响应速度。

为了加快对市场的响应速度，让更接近市场的人进行决策，华为又开始了新的改革。改革的目的是把绝大部分项目放在代表处决策。也就是说要加大代表处的授权力度，减少其他几个层级决策的项目数量，从而缩短对市场的反应时间。公司希望通过这种方式让前线变成指挥机构，而后端转换职能，成为服务机构。

从现在做试验的几个代表处看，初步结果是非常令人鼓舞的，85%的合同在这些代表处决策，决策效率大幅度提高，项目决策质量也做得不错，未来华为会更大面积地推行合同的代表处决策制度。

而这一切都是建立在LTC流程上的，正是LTC流程，使我们的项目运作更加规范，项目运作过程实现可视化，才使得我们高效和高质量决策项目的改革得以持续进行。

> **感悟** 华为LTC流程不是华为的产品销售流程，而是牵引华为各部门都能参与市场运作的流程，是华为"以客户为中心"在市场业务运作上的具体体现。同理，华为IPD流程是"以客户为中心"的理念在产品和解决方案业务上的具体体现。

华为铁三角

摘要：华为铁三角是LTC流程的市场一线执行组织。铁三角分为系统部和项目型两种，是华为以客户为中心的策略在市场运作中的具体体现。

随着华为LTC流程的落地,华为的市场组织也相应地做出了优化,其中最典型的就是铁三角组织的建立和运作,华为铁三角组织是LTC流程的执行主体。

华为铁三角组织产生的背景

现在市场上有很多咨询公司在介绍华为的铁三角组织,也有很多公司在学习华为的铁三角组织,但如果你只知其然而不知其所以然,不知道华为为什么要引入铁三角组织,以及这个组织究竟为华为解决了什么问题,你就很难掌握这个组织建设的要害。

铁三角组织是华为面向客户的市场一线组织,但华为最初面向市场一线的组织并不是铁三角,它有其自身的成长背景。

最初的时候,华为面向市场的人员只有一种,叫作销售员。当时华为的产品是用户交换机,种类很单一,也很简单。因此销售员既负责把货卖给客户,又负责做方案和配置,同时又要负责安装和维护,可以说是一专多能。

后来华为的设备种类和数量越来越多,于是产生了第一次市场分工,设备销售与设备安装分离。很多人回忆中早期的华为办事处,在一个省是有两个机构的,一个机构是销售机构,另一个机构是服务机构。前者负责销售,负责人叫办事处主任;后者负责安装、维护和故障处理,负责人叫维护主任。维护主任在业务上受办事处主任管理。

再后来华为卖的设备也越来越复杂,如C&C08数字程控交换机。它的技术复杂度很高,只有专业人士才能讲清楚这款设备。于是产生了新的分工,这个分工发生在销售领域:一部分人专注于合同谈判和联络客户,我们把这部分人叫作客户经理;另一部分人专注于给客户讲解产品和技术,这部分人被称为产品行销经理。

华为对于客户经理有独特的定位,这个岗位与一般公司的销售经理不同。客户经理在客户层面代表公司，不仅负责销售，也全权负责客户的其他事宜，客户有任何需求，比如技术或服务问题都可以找客户经理，客户经理会协调资源来处理，并为处理结果负责。

客户经理的另一个定位是在公司层面代表客户，客户经理不但会将客户需求带回公司，同时还会推动公司满足这些客户的需求，帮助客户商业成功。

华为销售中的另外一个岗位初期叫产品行销经理，顾名思义，产品行销经理不但负责给客户介绍产品，同时为产品销售的业绩和结果负责。产品行销经理专注在某一类产品上面，比如说传输产品行销经理，就专注在传输产品的销售上，这个产品类别与后端的产品线一一对应。这样产品行销经理既可以获得最大的技术支持，又能把客户需求反馈给相应的产品线。

随着我们在客户处销售产品的种类和规模持续增长，我们为客户服务的专职人员数量也在持续增长。以华为在拉美地区的客户为例，2009年，巴西有一个运营商每年与华为的合作规模达到了三亿美元。而当时我们服务于这个客户的客户经理就有10位，我们设立客户群总监来负责协调客户经理的工作。同时服务于这个客户的产品行销经理有将近30位，这些产品行销经理分布在不同的产品域，他们之间互不隶属，管辖权各属于代表处的相应产品行销部。另外为这个客户提供售后服务的服务人员超过了50位，他们隶属于代表处的服务部门。

在华为当时的市场组织体系当中，各种人员组成和配置方式是非常典型的，我们称这种结构为系统部。它的好处是所有相关的市场和服务人员都在系统部中工作，我们把这种方式称为屯兵方式。但是屯兵方式的问题逐步显现出来，除了客户经理可以统一管理以外，系统部的产品行销经理和服务人员只关注自己的领域，他们之间是互不隶属的。

当时在巴西工作时，我们就发现，这种组织架构对于做好单产品的销售和服务是合适的。一旦面临多产品乃至整个网络的合作，就会出现很多问题。首先，从技能上没有这样的产品行销和服务人员，他们只懂自己相关的领域。其次，产品之间的协调性很差，以产品行销人员为例，他们只关注自己负责产品的利益，当需要产品做组合销售时，即一次性地卖给客户多种产品时，各产品行销人员往往会因为销售额的划分等问题产生分歧和矛盾，从而造成内耗。

针对这样的情况，公司也一直在寻找合适的组织优化方案。在这方面，华为的苏丹代表处首先做了很好的尝试。

当时苏丹代表处也遇到了类似巴西的问题，就是在系统部实施屯兵方式后，苏丹的客户需要我们做整网解决方案，而我们的产品行销人员只能讲自己负责的产品。由于缺乏对客户进行走访了解的产品行销人员，产品间的配合也存在问题，这些问题导致苏丹代表处的一些项目运作不畅，甚至丢失。

在这种情况下，代表处开始做组织优化，他们在代表处的系统部实施新的组织架构，在系统部内设置系统部部长、产品与解决方案负责人以及服务负责人，由三个人组成铁三角。系统部部长负责系统部总的业务和客户经理管理；产品与解决方案负责人负责拉通各个产品，以及管理进入系统部的产品人员；服务负责人负责系统部所有产品的交付、服务和售后问题处理。

这种新的组织结构开始运作之后，非常有效，不但提升了系统部的业绩，也提升了客户满意度。后来苏丹代表处的这种做法被作为优秀经验在公司推广。这个阶段也正是我们LTC流程开始落地的时期，公司正在寻求组织优化方案来适配LTC流程在一线的运作，发现铁三角这种组织结构非常适合LTC流程的要求，于是铁三角又从经验推广的组织形态正式成为公司市场一线的标准组织形态。

过去十几年的实践经验证明，铁三角组织运作高效，是华为市场一线工作的基础。

华为铁三角的运作

外界经常谈论华为的铁三角组织,其实华为不是只有一种铁三角组织,而是有两种铁三角组织,一种叫系统部铁三角,另一种叫项目型铁三角。下面我为大家分别介绍一下。

系统部铁三角

系统部铁三角主要由三个角色构成(见图8-14)。

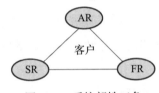

图8-14 系统部铁三角

第一个角色AR为系统部主任或客户经理,在华为的组织建设中,系统部是专职为某一客户负责的组织,大的系统部设系统部部长,小的系统部由客户经理负责。

AR是系统部的负责人,一方面要协调资源,满足客户需求,从而帮助客户商业成功;另一方面要承担公司下达的业务指标。AR是一个角色,但不一定是光杆司令,小的系统部可能只有AR一个人,大的系统部AR就会管理一个团队。

第二个角色SR为解决方案经理,这个角色有两个职责,第一个职责是为客户需求提供解决方案,这个定位是华为LTC流程所带来的重要变化之一。过去这个岗位称为产品行销经理,即行使销售职能的产品经理,定位在销售上,现在是定位在为客户提供解决方案、解决客户问题上。这一定位变化要求解决方案经理从过去站在产品看客户的角度,转变为站在客户角度反推产品来满足客户的需求,解决客户问题。这个角色的第二个职责是拉通各个产品,提供解决方案。因此对于这个角色的要求,就是不仅要懂华为的单个产品，而且需要了解华为的各种产品；不但要懂华为的产品，还要理解客户的网络。因此华为对于这个角色的要求也是比较高的。

SR是系统部产品的负责人。在小的系统部，SR是一个人；在大的系统部，SR会管理一个团队，团队成员是各个产品服务于这个客户群的人员，这些员工是带有自己专业和产品属性的，只有SR本人是跨产品的。

第三个角色FR是服务经理，负责系统部的解决方案交付和售后服务。对于这一岗位的定位，华为也经历了一个实践过程。

开始华为把这个岗位定位成服务解决方案的销售，当时我们觉得交付和服务是一个资源性平台，不需要在系统部设置资源。

后来在LTC流程开始落地时，从流程上要求我们把交付和服务的工作责任纳入铁三角当中，这样可以保证客户需求的及时满足，以及客户满意度的持续提升。于是服务经理的定位转换为系统部交付和服务的责任人。

在小的系统部，FR往往只有一个人；在大的系统当中，FR会管理一个团队，但团队成员主要包含服务销售人员，至于交付和售后服务人员则统一在代表处和地区部大平台中。

项目型铁三角

铁三角的组织形态也应用在华为的市场项目当中。在每一个华为市场项目当中，都会有三个角色，分别为客户经理、解决方案经理和交付经理（见图8-15）。

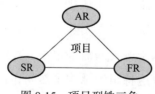

图8-15　项目型铁三角

客户经理在流程中的角色也被称为 AR，主要负责项目客户平台的搭建、机会的挖掘以及合同的商务谈判。

解决方案经理在流程中的角色也被称为 SR，主要负责项目的技术交流、机会挖掘和解决方案的制订。

交付经理在流程中的角色也被称为 FR，主要负责项目的交付。

在实际项目运作中，铁三角中的三个角色是协同运作的，他们的目标是一致的，那就是项目成功，但在项目运作中各自的角色略有差异。

在销售项目机会点挖掘阶段，工作以 AR 为主，SR 和 FR 会参与进来，由于 SR 对解决方案和技术更了解，FR 更加了解客户的网络，这种协同工作方式有利于机会点的挖掘和验证。

在达标阶段，工作会以 SR 为主，AR 和 FR 会协同工作，以保证在解决方案满足客户需求的情况下，商务和交付相关事宜也能得到提前考虑。

在合同谈判阶段，工作会以 AR 为主，SR 和 FR 也会参与进来，从而使商务条件解决方案和交付都能得到充分考虑。

在合同执行阶段，工作会以 FR 为主，AR 和 SR 也会一起工作，处理相应的客户关系协调和合同配置问题，以保证项目交付顺利。

从以上的描述你就可以看出，项目型铁三角的三个角色的工作重点各有不同，但在整个项目进展过程中一直在协同工作，正是他们的协同工作使项目在各个阶段相应的销售要素和能力都能够很好地组合在一起，从而提升销售项目的成功率。

铁三角是逻辑架构

华为在组织建设当中不是僵化地执行某一教条，铁三角是我们建设系统部组织和项目组织的原则，但在实际工作场景中，允许有调整。比如一个系统部运作中，客户对于融资的需求很高，我们可以在系统中配置融资经理，成为铁四角。所以这种组织结构虽然叫作铁三角，但不一定是只有三个角色，也许有四个或更多角色。

铁三角的定位和激励

在华为有一个说法叫少将连长,这个说法首先指的就是铁三角。铁三角的作战方式与过去不同,过去是屯兵式,铁三角是精兵作战式。对于精兵的个人要求很高,职级和待遇就应该给予倾斜。

华为用少将连长来形容铁三角,有三层意思。

首先,他们的职级高。只有岗位角色的职级高,才能吸引更多高能力的员工来承担这些角色。当然也让现有承担这些角色的员工有更大的提升空间。

其次,他们不一定拥有很大的团队,但责任重大。华为是一家以客户为中心的公司,系统部和项目组是华为实现以客户为中心的核心组织,正是它们在不断牵引公司满足客户需求,提高客户满意度。

最后,公司赋予了他们呼唤炮火的权力和职责,也就是给予了他们指挥权。

从2009年开始,公司在市场一线进行了新的变革,变革的目的就是把指挥所放在能够听到炮声的地方。

铁三角就是华为的一线指挥所,他们通过协同作战发现机会,通过呼唤炮火的方式,牵引公司的资源来服务于一线的项目。这是一种新的作战方式,改变了我们过去的指挥方式,过去是后方指挥前方,现在是前方指挥后方,后方逐步转变成服务机构。

我们正在做的变革是将各产品和解决方案的资源和专家,配置在地区部和公司,我们公司内部称之为重装旅,根据一线铁三角呼唤炮火的要求,奔赴相应的系统部参加作战,因此这种方式也叫作蜂群作战。

从这种作战方式你就可以看出铁三角对于我们市场运作的重要性,公司将机会和资源的匹配权交给铁三角。是铁三角在决定用什么资源来支持市场,识别机会的大小以及重要程度,接着判定用什么样的解决方案来满足客户的需求,再向公司申请相应的资源来做相应的解决方案,并协调资源向客户展示解决方案。

所以铁三角是公司市场运作的核心。铁三角决定了我们抓机会的能力，同时也极大地影响了抓机会的成本。

过去市场部在一线配置的人员级别比较低，级别低的人在一线面对客户，级别高的人在后方指挥。由于后方远离前线，一线人员级别又低，就不可能吸引高能力的人来承担这一岗位，有能力的人要发展，就会被提拔到其他高职级的岗位，导致现有的系统部人员能力参差不齐，自然识别市场机会的能力就很难提高，因此不可能不出问题。

经常出的问题有两种：一种是当大的机会出现时，由于一线的人没有及时识别出来，后面的指挥官靠听汇报很难看到机遇，公司就很难及时抓住有利时机，导致失去机会。另一种情况叫大炮打蚊子，一线把一个很小的机会识别成大机会，后方听完汇报，投入了很多资源，最后只抓到了一个很小的机会，投资回报率很低。

说到这儿，你大概就可以理解，为什么公司把铁三角的职级定位得比较高，为什么公司要把能力高的人派到一线。这是华为提高作战效率的必然之路。

请原谅，我用到很多作战的名词，只是为了让大家更方便地理解华为的一线市场运作方式。华为是一家以客户为中心的公司，与客户的关系当然不是作战。

公司还有一句话叫"给火车头加满油"，通过给优秀员工更好的激励，让所有人看到榜样，从而牵引整个队伍更快地前进。这句话虽然不是专指铁三角，但是这句话用在铁三角上最合适，也最典型！华为把铁三角的岗位职级提高，进一步激发他们的工作热情，也牵引优秀的员工奔向这个工作岗位，从而带领整个公司前进。

前段时间，一位华为的老同事和我分享了一个故事，他所在的部门想调一位海外一线铁三角的员工回公司机关工作，那位员工了解完情况后，一口回绝。老同事好奇，就去问那位员工原因。员工回答得很简单，调回机关，岗位职级会降低一级，个人奖金会少很多，他当然愿意继续在一线奋斗。

这几年公司正在做一个新的变革，这个变革就是获取分享制。过去华为的奖金是分配制，是从上向下进行分配的。每年公司算完账，确定了公司当年的利润后，就会决定当年分配的公司总奖金数值。

首先常务董事会会把奖金切成几块，分给各个体系；各个体系收到奖金后，再进行切块向下分到各个一级部门；一级部门再分到二级部门，以此类推，一直分到一线。所以大家的感觉是，奖金是分来的，是由上级给的，因此让上级满意，就有可能获得更多奖金。

新实行的获取分享制，是从下到上的。奖金来自每一个一线的项目，根据项目的进展，由项目组给大家分配奖金，分配的顺序肯定先是直接参加项目的人，接着才是支持项目的人。

分配的逻辑也很简单，谁给项目贡献大谁分配得就多一些，给项目的支持多一些，项目组就会多分一些奖金给他。这样牵引一线的所有人去参与、支持和服务一线的项目。

你也许会问，那无法直接进入项目的平台人员怎么办？平台人员拿平均奖，但平均奖的金额远低于项目奖。

目前这种分配方式已在华为部分地区展开，在这些试验区域起到了很好的效果。首先转变了大家的观念，过去都认为奖金是从上面分来的，现在大家清楚了，奖金是从项目组挣来的。只有大家一起帮助一些项目组获得项目成功，项目有盈利，大家才会有奖金。其次大家也清楚了，奖金的多少取决于你参与项目的贡献。贡献大，才有可能奖金多，从而牵引大家一起为项目做贡献。

同时在这个过程中，公司哪些部门对一线的支持大，在未来的组织变革中，就会增强哪些部门，反之就会考虑精简。

感悟

华为"铁三角"组织：

1. 铁三角既是侦察兵，又是指挥员。

2. 铁三角在客户层面代表华为，在公司层面代表客户，牵引公司最大限度满足客户需求。

  3. 铁三角成员共同服务一个目标，协同作战。

注 释

1 IP 化是指 ICT 设备内部和设备之间的协议采用 IP 协议，IP 化首先从通信领域开始。

2 产品线各业务部门负责人组成的产品投资管理团队，在华为又被简称为 IPMT。

第 9 章

从价值观到实践的管理机制

华为文化的洋葱模型

摘要：价值观是企业的基本信念，策略是价值观和业务的桥梁，流程和组织是企业策略的具体体现。

在第二部分的前面几章，我分别分享了华为的价值观、华为以客户为中心的宏观策略、华为的典型流程以及因流程而优化的组织。这一节我们将分享华为文化的洋葱模型（见图 9-1），这一模型分为价值观、策略、流程和组织、团队和员工行为四个层次，下面着重介绍前三个层次与第四个层次的关系。

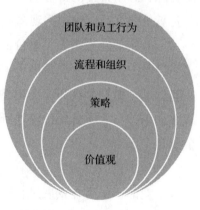

图 9-1 华为文化的洋葱模型

价值观是企业的基本信念

一个企业的价值观是这个企业的基本信念，信念又构成了企业的基本选择。每个企业都有选择自己生存方式的权利,价值观实际上是告诉自己的员工,企业倡导什么、坚持什么或反对什么。价值观是企业思想文化体系的核心内容,它决定和影响着其他内容。

一般而言,企业小的时候,其创始人或一把手的个人价值观会影响企业其他的人,员工会内化出一些共同的观念和信念,这就是企业价值观的由来和雏形。很多企业并没有主动总结和提出自己的价值观,但企业内部其实已经存在着共同认可的价值观,这时企业的价值观虽然不在纸上,但是已存在于员工的心里。

随着时间的推移和企业的更新换代,如果企业已形成的价值观未能被有效总结和提炼出来,就可能逐渐消失。原因有二:一个原因是新的组织领导人会带来新的观念,旧的观念一旦不被倡导,就很容易被遗忘;另一个原因是观念靠人和人之间言行的影响,随着新的员工增多,员工的想法也会变得多样化,自然冲淡了旧的信念。

因此,企业如果认为有些信念需要长期坚持和传承,就非常有必要主动提炼和总结自己的价值观,对其进行广泛宣传,并寻找机制去深入贯彻和传承价值观,以免这些观念逐步淡化和消失。

一些企业并不重视自身价值观的建设,我觉得很可惜,如果不能主动地引导员工,不能主动帮助员工理解公司的信念,员工在思想上就很容易一盘散沙,这种情况下任何有效的制度和流程都很难发挥作用。事实上,很多初创公司,就是用价值观所形成的氛围来替代和弥补公司流程和制度的不足。

价值观建设很重要,但它不是一蹴而就的。企业的价值观并不一定是一成不变的,华为在发展过程中就形成过四个版本的价值观。价值观变化可能有两个原因:一个是企业对事物的认识在逐步深入,从而导致企业价值观发生变化,华为就是这样,华为的四版价值观一致性比较强,但阐述方法发生了变化;另一个原因是企业在不同的发展阶段,为了适应新的环境,需要调整自己过去的观念和信念。比如很多代工型企业,过去为别人代工,后来准备推出自己的产品,于是把创新加入价值观中。

还有一点就是价值观不仅是企业最高层的事，更不仅是人力资源部的事，企业的所有部门和干部都有宣传和传承价值观的责任。公司有公司的信念，部门有部门的导向，部门的导向要建立在公司的信念及价值观之上，将公司的价值观与部门的情况相结合。干部要结合自己所属团队的情况，把公司的价值观和团队的情况相结合形成要求，并主动积极地践行。这些就是价值观的传承。

价值观的广泛宣传也非常重要，公司的人力资源部可以联合其他部门，用丰富多彩的方式来宣传公司的价值观。一个理念只有被人所知和理解，才可能真正影响个人的行为。

但是仅仅靠宣传和要求是远远不够的，一个企业只有真正地把自己的价值观落实在策略、业务流程和组织当中，企业的价值观才能得到深入贯彻和传承。

策略是价值观和业务的桥梁

很多人问我，为什么华为要搞基本法？也有好多公司在借鉴华为，搞类似的基本法，但不少公司把这个工作纳入了企业的文化建设当中。我不能说这些公司的做法是错误的，因为《华为基本法》的第一部分就是核心价值观。这部分内容肯定属于文化建设，但把总结基本法归结为文化建设，可能过于局限了。

基本法本质上是公司的策略大纲，因此除第一部分外，《华为基本法》的其他部分都是公司的核心价值观与企业各方面工作相结合所形成的业务策略，正是这些策略，把华为的核心价值观和业务连接起来了。

因为对于一个企业，价值观解决的是员工头脑中的思想问题，而企业指导业务运行的是业务策略。企业的业务策略就是在企业价值观、愿景和使命的基础上决定如何做业务，而价值观是其中最本质的东西。

比如在华为的第一版价值观中，有这样的内容：华为的追求，是在电子信息领域实现客户的梦想。

正是因为有这样的价值观，我们在业务策略中才会确立以客户满意度作为衡量工作的唯一标准。让客户评价我们的工作怎么样，然后通过客户的评价来改善我们的工作，并让这个循环成为我们的主机制。

当时在华为的文化中还有这样的内容，就是"不让雷锋吃亏，不让焦裕禄吃亏"。这些信念决定了华为人力资源的管理策略，即企业人力资本的增值要大于财务资本的增值。由于这个价值观，华为确立了价值创造要素，其中包括劳动、知识、资本和企业家，也决定了公司的分配策略是按劳分配，并拉开差距。

从以上的分享可以看出，信念和观念决定着企业的策略。但由于企业的策略与业务实践直接相关，因此随着业务发展，企业的策略是需要有所调整的，而调整中万变不离其宗的仍旧是企业的价值观、愿景和使命等这些核心的观念。

企业的价值观转变成企业策略的过程，并不是一个僵化的过程，价值观对企业策略和实践的指引是方向性的，就好像黑夜中手电筒的光亮在指引着你前进，你难以确定哪个位置是手电筒光亮之内的，或者确定哪个位置不在光亮之内，但手电筒一定能帮你看清楚前方的路，这就是价值观的作用。

企业策略一端连接着企业的核心价值观，另一端连接着实践。没有价值观的指引，企业就会失去灵魂，策略不随着实践的变化而变化，企业就会陷入教条主义。具有坚定的信念和方向，又能实事求是，拥有灵活机动的战略战术，这就是华为管理的精髓，有人把它称为"灰度管理"。

我这里讲要把价值观贯彻于企业的策略中，并不是讲不需要宣传和传承价值观，恰恰相反，前者可以把价值观有效地落实到企业的运作和组织中，后者可以在员工中形成有效的氛围。二者是相辅相成的关系，只有二者都做好，才能将企业价值观的威力发挥到最大。

另外，策略是随着时间变化的，1996年我们讨论基本法时，将前10年华为公司行之有效的策略进行了系统的总结。其实，公司在2011年又做了一次这样的工作，在公司内部形成了三个管理纲要，它们分别是人力资源、业务和财经管理纲要。因此，公司的价值观和策略不是一成不变的，都需要与时俱进。

没有流程支撑的策略是纸上谈兵

在本书的第 8 章，我向大家分享了华为使用的两个主要流程，一个是产品和解决方案开发的流程 IPD，另一个是市场体系面向客户的流程 LTC，也分别向大家介绍了与这两个流程配套的华为产品线组织和铁三角。

流程是业务流的映射，对于不同的企业，即使做同样一项业务，策略也可能千差万别，策略只有作用在流程上才会发生作用，从这个意义上来说，流程是策略的载体。

前段时间我与一个企业交流，这个企业从前两年开始向华为学习"以客户为中心"。它也把以客户为中心定位成自己的核心价值观，并且把 2019 年定位为客户满意度年。可是一年过后，企业高层感觉到效果并不明显，客户满意度并没有明显提升，客户与企业的合作意愿也没有明显提高，于是企业管理层又带着问题来华为交流。

在交流中，该企业的管理层感到很困惑，他们觉得该做的转变都做了，比如把以客户为中心放到企业的价值观中，并在企业内部进行了广泛的宣传，还组织了考试。员工们都表现得很积极，对客户的态度也热情多了。另外，也把提高客户满意度做成了企业的策略，但为什么客户没有感觉到企业的转变呢？

其实问题出在企业的流程上，这个企业虽然改变了价值观和策略，但它没有意识到，不把这些变化反映在企业的流程上，就无法把价值观体现在企业的行为上。

我这里就以客户感知最明显的流程为例，这个流程就是客户投诉流程。

根据流程，客户在网上对企业的产品问题进行投诉后，需要自己在网上填问题描述单，没有描述单，企业就默认这是一个无效的投诉。客户投诉后，只能被动等待结果，因为企业没有形成为客户提供反映问题处理过程的机制。

客户在使用这个企业的产品之后，产品投诉受理时间为24小时。而企业的投诉电话，只有上班时间才有专人接听，下班后就只有自动语音应答系统，而应答系统只能处理最简单、最常见的问题。

企业转变了价值观和改变了策略后，并没有意识到应优化自己的流程，甚至连最影响客户满意度的问题投诉流程都没有优化。既然企业的做法没有变，客户的感知怎么会有变化呢？

以上这个小例子说明，如果一个企业想把价值观落实到实践当中，光调整企业的策略是不够的，还要根据企业的策略调整去优化相关流程。没有策略指导的流程不知流向何处，没有流程支撑的策略恐怕只是纸上谈兵。

组织是策略和流程的载体

一个企业拥有再好的价值观、再正确的策略以及再完善的流程，如果不能建设与之相匹配的组织，就不会有执行力，因为组织是这一切的载体。

华为在通信行业很早就有一个梦想，那就是三网合一，将电话功能、数据通信和视频功能在一个网络里实现。在2000年左右，电话功能和数据通信就已经实现了二网合一，而当时IPTV技术从产品上已经成熟，客观地说，这项技术具有很大的优势，它可以实现电视节目的回放以及海量节目的自主选择。

虽然中国电信界的各个运营商都在大力推广这项技术，但在各省一直没有实现规模商用，直到某个省的电信公司打破了这个瓶颈，率先在本省实现了几百万用户的IPTV商业应用，从而带动全国各省将这项技术送进了千家万户。今天，中国大部分居民都可以享受三网合一技术所带来的好处。

那么为什么是这个省电信公司能够率先实现突破？在他们总结经验的时候，有一个关键的做法与其他公司不同。过去其他公司推广数据通信业务和IPTV业务是两条线，它们各自工作，虽然两个部门都很卖力，但各自解决各自的问题，无法形成协同效应。而这个省电信公司率先将主管数据通信市场的部门和主管IPTV市场的部门整合起来，迅速形成合力，因此局面很快就打开了。

业务是要靠组织来完成的，当业务发生变化时，人们很容易想到调整流程，但很少有人愿意主动优化组织，因为组织变化与人的利益相关，更不好平衡。

当出现新的业务机会，或者急需提升某方面的工作时，人们最容易想到的是成立一个新组织，这样短期工作力度最大，又不需要对原有组织进行优化。因此很多公司随着时间的积累和业务规模的增加，就会出现很多部门，而这些部门之间的关系反过来又成了公司最难厘清的问题。

这些部门之间往往出现职责重叠和工作界面不清晰的问题，大家为了各自部门的利益互相扯皮，很容易把组织的关注重点从为客户创造最大价值转为内部争斗。这种情况下，再好的价值观、策略和流程都会被扭曲掉。

因此一个公司必须重视组织建设，用组织去匹配公司的流程和策略。

感悟　　企业从价值观到策略、流程、组织和行为的层层影响关系，既不是自然的过程，也不是僵化的过程。

1. 不是自然的过程。企业当然希望通过影响员工的思想，将价值观落实到企业的策略、流程、组织和行为当中，但如果不建立管理机制，随着时间的推移和环境的变化，以及价值观的践行方式的变化，这种联动关系就很难与时俱进。

2. 不是僵化的过程。企业不是先做好价值观的总结，才建立策略、流程和组织，而是在优化企业的策略、流程和组织的同时，主动考虑价值观的要求，以及注意它们之间的联动关系。

企业文化的外在表现

摘要：一个企业的文化集中体现在三个方面：企业领导者说什么，企业员工怎么做，以及企业的客户感知。

一谈到企业文化建设，大家都觉得它是一个思想体系，内容繁多，也比较复杂。虽然文化在员工的思想当中看不见也摸不着，但其实要了解一个公司的文化并不复杂。一个公司的文化集中体现在三个方面，如图9-2所示。

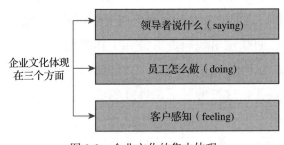

图9-2 企业文化的集中体现

体现在领导者的言行中

一个公司的文化首先体现在领导者的言论当中，如果你想用最简单的方式了解一个公司，那就听听这个公司的领导者在说什么。

我的一个朋友在做风险投资，他和我分享了他的投资经验。作为一个投资人，他其实既没有时间也没有条件仔细了解一个企业。在短的时间内决定是否投一个企业，他把握两条原则：一条是只做自己熟悉的行业；另一条就是与企业领导者交流，听听他在讲什么。

当然，一个企业领导者是组织的集中代表，可以说，在各个方面领导者的言行都是企业的集中表现。在文化建设方面，领导者的作用尤为重要，而且不可替代。

很多人谈到企业文化，都把它叫作创始人文化，无疑创始人对于企业文化的影响是巨大的，创始人的性格和行为特征也会融入这个企业中。我在前面谈到过，任正非就是华为文化的主要塑造者，当然任正非的言行也集中体现了华为的文化。

企业文化的塑造不是一蹴而就的，更不是总结一次，就能延续万年的。企业文化的塑造过程是持续进行的，甚至是时时刻刻进行。在企业长期发展过程中，每一位企业领导者都在影响着企业的文化，都有可能会在企业文化史上留下自己的足迹。

我记得一位来自IBM的顾问和我分享了他眼中的IBM文化，有创始人老沃森先生的痕迹，有沃森先生的儿子小沃森的影子，在郭士纳先生领导IBM转型过程中，同样在文化中留下了自己的影子。

因此作为企业领导者，需要有意识地塑造自己企业的文化。因为即使你不想这么做，你的言行也会对企业文化产生影响。

很多企业把文化建设作为一个专门的系统工程，请咨询公司帮助总结，企业的人力资源部做出详细的规划，然后企业上上下下抽出时间和精力来参与。这样做当然是对的，会让文化更加系统化，更方便传承！

但千万不要忘记一点，企业价值观的本质是我们选择信仰什么，而文化的本质是我们倡导什么或反对什么。即使企业没有系统地总结文化，企业的文化也是真实存在着的。

即使企业领导者没有有意识地主动去塑造文化，他同样在影响着企业的文化。

前一段时间与一个企业交流，我发现企业中的好几位干部在交流中都有同一种倾向，那就是讨论任何问题，首先想到的是风险。我开始还很纳闷他们为什么有同样的倾向，后来见到这个企业的一把手，发现一把手就是这样的思维模式，于是我豁然开朗了。

文化与企业一把手有着非常密切的关系，他的言行不但是本企业文化的集中体现，反过来也影响着这个企业的文化。

有人把企业文化称作一种场，场的本质就是一种氛围。一个大企业其实不是只有一种氛围，而是由一种大氛围下的多个小氛围构成的。大氛围是由企业领导者及其管理团队影响的氛围，小氛围是由企业各个部门的主管主导和影响下的氛围。小氛围要服从大氛围，小氛围应该是大氛围与部门实践的具体结合，同时它是大氛围的完善和补充。从这个意义上来说，一个企业各级部门干部都在影响着企业的文化氛围。这也就可以理解，企业为什么要求干部认同自己的核心价值观。

有的企业领导者说，他最讨厌像管理军队一样管理企业，企业应该倡导自由和轻松的氛围，思想一致和步调一致是旧工业时代的产物。

确实，大工业时代的一些做法并不一定适应今天的企业要求，过分强调思想和步调一致会僵化员工的思想与行为。今天的企业更需要创新，而创新需要更加宽松的文化氛围。

但是不要忘记，倡导自由和创新本身也是一种信念和价值观，要在企业中建立自由、宽松和创新的氛围，同样需要做文化建设，才能使这种范围在企业中生根发芽并持续传承。

体现在员工的行动中

我们在现实生活中经常遇到这样的情况，企业领导者讲起企业的价值观和文化头头是道，不但观点深邃，而且条理清楚，但是当你观察这个企业的员工时就会发现，他们的言行与领导者所讲的反差巨大，甚至南辕北辙。很多人把这种情况归结为领导者没水平，其实并不一定是这个领导者没水平，很可能是他没有意识到，自己前瞻性的观念和企业良好的价值观要通过机制管理才能有效地体现在员工的行为中。

人们经常讲，思想决定行为，帮助他人确立了正确的观念，他的思想就会发生变化，一旦思想变化了，行为就自然会发生变化。

因此，所有管理学的书籍都会强调，企业一旦总结出自己的价值观，就要广泛宣传，让员工充分认识，充分理解，只有大家认识和理解了，大家的行为才会改变。同时也会强调管理层的以身作则，光听公司说，大家不一定想改变，看到自己的领导在变，大多数人自然就会跟着变。因此只有管理层主动践行和传承公司的价值观，价值观和文化才能深入人心。

但光做这些并不足够。思想的改变确实能够影响人的行为，因为作为个人，从思想到行为的转变是由其内在机制驱动的。企业也需要建立这样的内在机制，才能把思想有效地转化为行为。

我在上一节和大家分享华为文化的洋葱模型，就是想用一种方式把这个机制讲清楚。当你确立了好的价值观，你需要有意识地把它融入企业的管理策略当中，再通过企业的管理策略落实到企业的流程和组织当中，这样才能有效地把价值观落实到企业团队和员工的行为上。

我个人就是这种思想的信奉者，但企业毕竟不是松散的社会，每个人都可以有选择自己的想法和做法的权利。企业是组织，需要大家向一个方向努力，因此企业当然也有权利和责任告诉员工赞成什么和反对什么。

企业是个商业组织，为了达成商业结果，需要引导大家要想什么和做什么，因此建立和完善价值观及文化体系是企业的职责和客观要求。企业建立了价值观和文化体系，并不等于要像军队一样，要求每个人必须在思想和行动上与组织完全一致。

华为就不是这样要求的。作为华为的员工，不被强制认同华为的核心价值观，只要贡献大于成本，就可以继续在企业工作并拿到应有的报酬。

我在华为工作期间，就遇到过不少这样的同事，其个人并不认可华为的文化，但并不影响他继续在公司工作。曾经有这样一位员工，他是一位业务能手，从另一家公司辞职后加入华为，我们曾经在一个部门一起工作。他就很不认可华为的文化，他甚至私下对我说，华为倡导以客户为中心，就是伪君子，想花言巧语赚客户的钱。我向他介绍了自己对以客户为中心的认识。他对我说："你也是伪君子，要不就是被洗脑了。企业就是要赚客户的钱，还要说自己以客户为中心。"他虽然不认同华为的价值观和文化，但并没影响他继续在公司工作，作为业务骨干发挥他的作用。

有一天他来找我，说他想成为华为的干部。我告诉他华为对干部有一定的要求，因为干部的言行影响的不是一个人，而是他领导的团队。如果想成为华为的干部，就必须认同和传承华为的核心价值观。他听后，沉默着离开了。后来我调到其他部门，我们分开了。几年后我们又见面时，他已经成为一名华为的基层干部，我开玩笑地问他，是不是他自己也成了一名伪君子。

他解释说："过去几年，我在华为的实践中逐步改变了看待问题的角度，从短期看，我们与客户谈的是产品买卖，但从长期看，我们就是不断站在客户角度，满足客户需求和帮助客户成功。"我觉得他讲得很好，也帮他补充道："即使从短期看，也是帮助客户商业成功的过程，只是牵引整个公司满足客户需求的过程可能是前面同事做的。这里面最关键的问题是你工作和思考所站的角度，不是站在自己的角度想赚钱，而是站在客户的角度帮其成功。"

还有一点，我想在这里说明。华为看一个员工是不是理解华为的核心价值观和文化，不是听他怎么说，而是看他如何做。

体现在客户感知上

企业文化的建设和传承确实是企业内部的事，但企业调整内部机制的目的是得到更好的外部结果。我们在社会上经常能看到这样的企业，企业的价值观讲得很漂亮，员工也自认为做得不错，但客户好像并没有认可企业的努力。

我就遇到过一个这样的企业，它的价值观和华为一样，也是以客户为中心，企业也为此下功夫调整了自己的流程和组织，而且将以客户为中心落实在员工手册当中。企业刚刚开始这样做的时候，上上下下都有焕然一新的感觉，也受到了客户的欢迎。但没过多长时间，就开始流于形式了。有客户反映，他们的感知不仅没有提高，反而比过去低了。企业到华为来交流，想知道原因。

首先我们说一说客户感知，客户的感知往往是对企业服务质量的主观判断。如果企业现阶段给客户提供的服务比前一个阶段好，客户的感知就会变好。如果我们某一阶段给客户提供的服务比较好，而后一阶段给客户提供的服务变差，这种反差会使客户的感知更差，这可能就是上述企业所遇到的情况。

还有一种可能的情况是企业自以为对客户很好，也采取了相应的行动，但客户并不认可。

华为早期就出现过这样的情况，在通信网络的一次技术转型当中，华为基于对技术和客户的理解，给客户推荐了一种解决方案。结果客户很反感，非但不领情，还说华为利用客户对它的信任，想误导他们。最后在他们的技术选型当中，华为被排除了候选名单。

华为人很郁闷，我们是一心为客户着想，也认为这种方案对客户来说最合适，但客户为什么不认可呢？后来我们痛定思痛，在经过深入的自我总结和反思之后，发现了自己的问题：那就是客户才是上帝，客户决定他们的需求是什么，华为的责任是满足客户的需求，而不是替代客户决定什么是他们的需求。

华为及时改变了自己的做法，按照客户的需求重新制作了解决方案，并最终获得客户认可，重新回到了客户的供应商名单上。经过这件事情之后，华为在促进自己的宏观商业模式时，第一条就是客户需求导向。

那个企业也一样，他们接受了华为的建议，与客户一起检视企业以客户为中心的流程和行动时同样发现，企业的很多做法是基于他们自己臆想的客户需要。

还有一点就是持续性。企业在进行文化体系建设时，刚开始大家热情高涨，思想上能感觉到进步，策略、流程、组织和行动上都愿意主动去调整。但时间一长，大家参与的积极性就会下降，思想上的新奇感也消失了，原来的流程和组织也不一定适合新形势的发展了，就连过去规定的行为也变得僵化起来。很多人把它归结为组织的惰性，其实是组织需要找到一种新的机制，让我们前面说的洋葱模型能够持续地落地。

客户满意度

摘要：华为认为客户满意度是评价一切工作的唯一标准。企业要提升客户满意度，需要迅速解决客户不满意的问题，并且工作结果要超过客户的期望值。

前一节我们说到了客户感知，客户感知有很多维度和指标，不同公司选择的客户感知不一定相同，华为公司选择的是客户满意度（见图9-3）。华为认为客户满意度是评价一切工作的唯一标准。

- 针对不同的客户需求提供不同的解决方案
- 围绕解决方案开发优质产品并提供良好服务
- 以客户价值观为导向，正视问题，改进不足

- 客户满意度是企业生存的基础，一切工作以客户满意度为评价依据
- 建立以责任结果为导向的价值评价体系，以为客户提供有效服务作为价值评价的标尺

图 9-3　华为客户满意度的工作逻辑

在华为公司，不管是多大的领导，即使是地区部总裁或产品线总裁，管理客户满意度都是其最重要的工作之一。

每年，华为的客户满意度调查报告出来之后，每一个领域的负责人都会带领自己的管理团队一起审视自己相关领域的客户满意度，总结去年客户满意度工作的教训和经验，讨论新一年提升客户满意度的措施和方法，审视流程和组织需要优化的地方，检查工作策略是否需要调整。

华为的客户满意度数据是外部公司调查的结果，原则上要求所有领域每年的客户满意度都要有所提升。

作为一个业务主管，如果你当年的业绩没有达标，在华为这个高绩效导向的公司，你恐怕压力会比较大。但你不一定马上下课，还有机会带领大家把业绩扭转过来。但如果你所负责领域的客户满意度出了问题，你可能会马上下课。正是因为华为在客户满意度上的要求严格，所以华为人上上下下都非常重视客户满意度建设。

那么为什么华为公司如此重视客户满意度呢？这是因为华为认为客户满意度是评价一切工作的唯一标准。

你也许会说，客户满意度是外部调查的结果，满意度的评价分数是人打的，有可能不公正和不准确。

华为开始做客户满意度管理的时候，大家也有这样的顾虑，也有不少人将注意力放到满意度评分本身的准确性上。大家也曾因为某个客户的不满意，追究到底是A部门的责任还是B部门的责任，并为此争论不休。

但很快我们发现，这样做搞错了工作方向。真正重要的是大家齐心协力提高客户满意度，而不是在客户满意度出了问题后，在公司内部确定是谁的责任或者责任有多大。

于是我们转变了工作方向，不管满意度调查的分数是不是精确，我们都要求在此基础上，每年比前一年进步一些。

随着持续做客户满意度提高的工作，我们对这个问题的认识逐步深入，工作方法也逐渐清晰。这个时候责任问题也随之越来越清晰，越来越容易划分。

但有关责任问题，总有搞不清的地方，即使这样也没有关系：如果客户满意度提高了，成绩就属于所有相关部门；如果客户满意度降低了，就各打五十大板。这样大家也就不那么重视责任问题了，而是把主要精力放在思考自己能做什么来提高客户满意度。

对于用客户满意度评价我们工作的制度，可能大家还有一个担心，那就是客户会不会存心和我们作对，刻意给我们打低分数。

华为在开始做客户满意度调查的时候，不少华为人同样有这样的顾虑。由于在客户满意度调查中有保密原则，你不可能知道哪个客户给你打了什么分数，甚至采访了哪个客户你都不清楚。因此，即使客户给你打低了分数，你也不可能知道他是谁，即使客户不负责任地答复问题，你也不知道他是谁，反正每次采访的客户都是随机的。

甚至还有的人提出，现在客户都知道华为内部对于客户满意度的重视程度了，客户会不会因为我们没有满足他的无理要求而报复我们，刻意把客户满意度的分数打低。

坦率地说，我开始也有这样的顾虑，大多数人都和我一样是带着这些顾虑开始做提升客户满意度工作的。但在做的过程中，我们逐步对这些问题有了新的认识。

客户满意度首先是一种客户感知，提高客户满意度表面上看是提升客户的主观感觉，而背后是实实在在地帮助客户解决问题，帮助客户成功。

对于华为的客户，我们的目标当然不是让其中个别人满意，而是帮助所有相关客户解决问题，从而帮助客户商业成功。因此从这个意义上来说，每当出现一个低评价，它首先说明我们在对客户还存在工作盲点，显然这个低评价就是我们未来的改进点。

至于客户会不会因为自己的利益刻意刁难我们。坦率地说，回首自己20多年的商业历程，我没有见过真正想这样做的客户。绝大部分客户表面上为难我们，是因为过去我们有些工作没有做好，客户其实是在用这种办法表达需求。

过去20多年，在与客户交往过程当中，我有一个体会，就是人心换人心，当你真心实意为客户好时，你换得的也会是真心。

我曾经遇到一个比较极端的例子，华为在拉美地区有一个运营商客户，客户方有一位技术负责人，在华为与客户的合作中，只要这位负责人出现，就会极力贬低我们，坚决反对我们进入他们的客户群。

面对这种情况，我和同事一度觉得非常委屈，我们诚心实意地对待客户，但不管我们怎么做，在他的眼里华为都是错的。后来我们了解到，他的直系亲属在华为的一个欧洲竞争对手公司工作。

在确认这个消息后，大家才明白他那样做的原因。不少同事感到很沮丧，觉得我们做什么都没有用。但是碰到问题，光抱怨是没有用的。

于是我们决定，还是像过去一样继续努力，把与客户接触当中的每一件事情都做好。我们这样工作了好长时间，表面上看情况并没有好转，这位客户依旧说我们的坏话，但是我们逐渐感觉到，他的话对于其他客户的影响越来越小。后来的项目，即使这位客户明确反对，其他客户也会站出来反驳他的观点，这个客户群与华为的合作越来越多。

可能是受周边氛围影响，也可能是被我们的工作所感动，后来这位反对华为的客户也逐渐改变了自己的态度，我们和这个客户的合作也顺利很多！

回想这件事，恐怕就叫精诚所至、金石为开吧。我们没有把精力放在为了别人反对我们而烦恼上，而是紧紧盯住客户的需求，通过不断满足客户的需求，为客户创造价值。在这个过程中，客户满意度也就随之提升了。

很多人到华为来交流，都会问我一个问题：有没有什么方法能快速提高客户满意度？

坦率地说，华为没有探索过客户满意度的快赢方法，因为我们认为抓客户满意度不是个短期工作，而是一个需要天天抓的长期任务。当你每年都持续提升自己的客户满意度时，快赢的方式就变得不那么重要了。

实际上，华为并没有单独的提升客户满意度的活动，我们是通过客户满意度来评价我们的工作，通过客户满意度分析，来找到我们工作的改进方向。

在华为，客户满意度之所以非常重要，是因为我们把客户满意度作为评价工作系统的工具，这个系统包括公司的策略、流程、组织和行为等一切工作。因此华为说客户满意度是评价一切工作的唯一标准。

虽然我们不赞成在客户满意度上进行快赢，而是应该实实在在地通过自己的工作来满足客户的需求，为客户创造价值，但在20多年的华为实践当中，我们确实探索出一些方法，能够有效地提升客户满意度。我想在这里给大家分享其中的两点。

迅速解决客户不满意的问题

我们在社会上经常可以看到一些这样的企业,它们在认认真真地做客户满意度的管理,请调查公司做调研,请咨询公司提供建议,建立有关客户满意度的管理组织和管理职责等。但是明明其客户有很多不满意的地方,它们知道后并没有及时处理,认为随着客户满意度管理的深入,这些问题就会迎刃而解。

我个人觉得这种做法值得商榷,系统地做满意度管理对企业来说是必要的,但更应该把客户不满意的地方优先解决掉。在华为,我们有这样一个体会,那就是解决了客户不满意的地方,就会使客户满意。

这是句大白话,但它是从实践中总结出来的真知。我有一位长期做一线客户经理的同事,他根据自己的经验,总结出一个客户不满意度的变化规律。

首先是发现问题,客户找到华为,这时客户的心态往往是急迫的,希望问题能尽快得到解决。这时如果华为能迅速做出反应,并及时把问题解决掉,客户急迫的心态就会缓和下来。此时如果华为在处理问题的时候态度诚恳、定位准确并且处理效率高,往往还会增进客户的信任。但此时如果出现推诿,或者问题得不到即时解决,客户的心态就会从急迫转向焦虑,此时客户无疑会对华为加大压力。这种情况下,如果华为能够迅速解决问题,就会缓解客户的焦虑心态。

但这种情况下,如果问题还是不能解决,客户的焦虑就会迅速升级,转变成愤怒。一旦客户处于愤怒状态,就会产生激烈的言语,情况就会变得非常危急。一旦不能迅速拿出解决方案,客户就有可能断绝和华为的合作。

因此,如果客户出现不满意的问题,最好的方案就是快速解决客户的问题。

在华为,大家形成了一个这样的工作习惯:一旦客户那里出现了问题,各级主管都会非常重视,迅速调集资源,帮助客户解决问题,而不是等着客户召唤。

我在巴西工作期间，就曾经有这样一个案例。当时一个商业城市最大的固定网络运营商出现了网络故障，城市所有的数据通信都中断了，这对于运营商而言是一个致命的打击。华为在那个城市设有办事处，办事处主任在发现网络中断的第一时间，就马上组织公司的所有相关技术力量奔赴客户现场。当时市场上有传言，说是华为的设备造成了网络故障，也有人说因为华为人理亏，所以第一时间跑到客户现场，甚至有的客户也这么认为。当华为的工程师赶到现场时，客户方竟然不让我们进入机房，说担心我们毁坏证据。

华为人没有因为委屈就放弃帮助客户，在客户让我们进机房的地方，我们就努力帮助客户查找原因，在客户不让我们进机房的地方，我们就请公司协助搭建模拟环境，通过模拟环境帮助客户分析原因。

由于客户的网络涉及很多厂家，客户当然也希望其他厂家能够配合。但其他大部分厂家都是在客户通知几个小时以后，才派人到现场。有的厂家到现场之后竟然没有带故障分析工具，最后工具还是华为借给它们的。

在客户给其他厂家打电话，请它们做技术支持时，有的厂家竟然答复说，如果客户无法确认问题是它们的，它们就不派人。有的厂家在客户如此焦虑时，还让客户先买现场服务，然后才能派人来支持。在4个小时之后，客户的网络故障被排除，整个区域的数据通信得到了恢复。网络故障原因也查清楚了，与华为的设备无关。

经过这次网络故障后，客户对华为的满意度大幅度上升，合作规模也进一步加大。

超过客户的期望值

客户满意度的概念是我们的工作行为减去客户期望值所得的结果。从这个概念就可以看出，当我们的行为超出客户期望值越多，客户的满意度就会越高。

当你了解了客户的期望之后，要保证客户满意，你的工作行为就要超越客户的期望值。有些来华为的客户问我，华为如何做到了客户心目中的服务好？其实答案并不复杂，华为进入电信市场时，运营商的设备主要来自国外厂商，客户心目中的服务标准都是国外厂商建立的，华为作为后进入者，只要比国外厂商做得好，就会达成客户满意。

举一个例子，国外设备从签订合同到到达客户现场的时间一般为三个月。对于华为而言，只要华为设备从签订合同到到达现场的时间少于三个月，客户就会很满意。但我们发现，当时电信市场的发展非常迅猛，客户实际上对设备的到货时间希望能更短。

于是华为把客户的问题作为对自己的要求，通过管理自己的供应链将交付时间压缩到一个月，这样就远远超过了客户的期望值，当然客户对华为的满意度非常高。华为也因此获得了更多的市场。

也许有人会问，一次性把客户满意度做得那么好，超过客户的期望值那么多，未来的客户满意度更难提升怎么办？华为的选择是，力所能及地把客户满意度做到最好，并持续这样做。其实华为的竞争优势正是这样建立起来的。

还有人说，既然客户满意度是我们的行为与客户期望值之间的差值，那为什么不选择降低客户的期望值，从而达成客户的满意度呢？我也看到在市场上有一些厂家利用自己的绝对垄断地位，使用这种方式。但是在当今竞争如此激烈的环境下，每一个厂家都很难保证自己地位的稳固，一旦客户对其他厂家的满意度更高，就可能转向别的厂家。因此我个人认为，持续调整我们的行为，提升客户满意度，这条路才是康庄大道。

从价值观到行为的管理机制

摘要：企业以客户为中心的价值观到业务实践之间的传导机制：企业的价值观要落实在企业的策略中；在策略的指导下优化企业的流程和组

织；通过企业的流程和组织体现在企业的行为上；通过客户满意度反向管理企业的员工行为、流程、组织和策略，从而不断地提升客户满意度。

华为从价值观到行为的管理机制如图 9-4 所示。

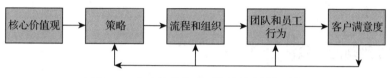

图 9-4　华为从价值观到行为的管理机制

下面我为大家分享一下有关图 9-4 的内容。

正向传导

华为文化的洋葱模型展示了从价值观到行为之间的传导过程。

企业的核心价值观到行为之间经历了从价值观、策略、流程和组织到行为之间的传递过程。

由于我们已经比较详细地介绍了对价值观、企业策略以及流程与组织的认识，在此，我想重点分享的是，在传导过程中各环节要重点关注的事项。

企业的价值观要旗帜鲜明并内容清晰

很多企业仅仅把核心价值观的制定当作了一项任务，而没有真正认识到价值观的效力，因此制定出来的核心价值观就像温吞水，不会在员工当中掀起巨浪。这种核心价值观不会对员工产生很好的导向作用。

企业的核心价值观需要旗帜鲜明，只有旗帜鲜明的东西，才能够清晰地在员工中形成导向。而且价值观的内容最好简明扼要，让所有员工能够一目了然地理解其主旨。华为早期总结的价值观内容比较长，我们发现，很少有员工能够记住它。后来华为再总结价值观时便改变了表述方式，用简洁的语言表述出来的核心价值观，更容易普及和被大家记住。

价值观所表达的内容也一定要清晰，避免在员工中引起歧义。核心价值观使用的语句需要表意清楚，过于烦琐和难懂的词语会让员工不知所云。

有的企业总结价值观是为了点缀企业形象，这种价值观不在本书讨论范围之内。

要关注策略的一致性

企业的价值观应该被提炼成简单的语句，经过解释和阐述，有效应用于企业业务当中。企业的策略其实是价值观与业务的桥梁，当然企业的策略同时也是企业愿景、使命与业务的桥梁。

策略首先需要清晰化，只有清晰化的策略才能被人理解和执行。比如前面我向大家介绍过华为以客户为中心的相关策略，由于公司明确提出了这些策略，并要求各级干部理解和贯彻，这样他们在带领团队工作时就会有意识地贯彻执行这些策略，大家在工作中就会很清楚怎么做是以客户为中心。所以以客户为中心的价值观，其实是通过策略落实在企业实践当中的。清晰的策略才有可能具有一致性，这里所谓的一致性，首先是指公司要上下对齐、左右对齐，大家贯彻和执行的策略一致。

还是以华为以客户为中心的策略为例，其中有一条叫"深淘滩、低作堰"，只有公司各级干部都执行这条策略，才有可能在公司所有部门中贯彻它，这条策略才能真正起作用。

我这里还要说明的是，我们说公司各部门都要贯彻这条策略，并不等于说所有部门都要采取同样的业务动作，因为策略与各个部门具体实践相结合的是流程，流程不同，业务动作也不相同，但大家贯彻的是同样的业务策略。

公司策略的一致性还体现在时间上，只有长时间地执行这些业务策略，公司才能实现长期以客户为中心。当然，不同的时间，公司各部门所遇到的业务场景可能相同，业务策略指导的流程也就会发生变化，从而使大家的业务动作发生相应变化，但大家贯彻的还是同样的策略。

流程要伴随着业务策略和工作场景的变化而变化

公司的各种业务流程，本质上是业务策略和工作场景相结合的产物。在华为的财经管理纲要上有这样一个总结，那就是公司过去的经验不是未来的可靠向导，随着公司内外部环境的变化，公司的策略有可能调整，这时就要有意识地把调整融入流程中。

华为在1996年总结了一次自己的策略大纲，形成了基本法。到了2011年，华为再次总结自己的管理纲要，形成了人力资源、业务和财经管理纲要。这是因为华为认识到，不但企业需要及时调整短期策略，就是长期的业务管理策略也需要有一次刷新。

业务场景的变化同样是业务流程优化的驱动力，华为每年有超过100个变革项目，其中大部分是因为业务场景发生了变化，业务流程也要迅速随之调整。

组织要随着策略和流程的变化而变化

前面我和大家分享过，组织是公司策略和流程的载体，两者发生变化，组织就应该随之调整。我们在社会上看到很多公司组织执行力出问题，关键原因就是，公司策略调整了，却没有把策略融入业务流程中，导致变化的策略成了空中楼阁。不少公司意识到这个问题后便调整了业务流程，但没有随之优化组织，这样流程自然执行不到位。

对一个公司而言，调整组织是最困难的。调整策略和业务流程虽然会改变大家的工作习惯，但不会影响干部的职权和利益。而组织发生调整，相应干部的职权和利益就会受到影响，干部的反弹自然会很大，这也是大部分公司不愿意调整组织的原因。

但是，如果组织不能随着公司的策略和流程的调整而调整，原有组织就可能成为新流程和新策略的阻碍者，因此公司就很难达成自己的预定目标。华为认识到了这个问题，在自己的宏观商业模式当中，第2条就是

"组织的发展目标是流程化的组织建设"。也正是在这一点的指导下,公司通过变革将组织随流程调整例行化。

反向管理

学过自动控制的人都了解这样一个理论,那就是一个系统只有通过负反馈才能持续运转下去。其实这个道理在管理领域同样适用。

华为把以客户为中心的价值观通过策略、流程和组织落实到企业的运作中,这种落实往往是一次性的。

在现实生活中,我们看到很多企业把文化建设做成一次运动,在这一过程中搞得轰轰烈烈,即使没有像华为一样有意识地把价值观层层落地,也会制定出一些贯彻价值观的制度和措施。但运动一过,大家的热情就开始消退,随着时间的推移,这些制度和措施也都逐渐走了样,大家又回到过去,价值观和文化也就成为人们头脑中的记忆,对于企业的实践,也就再无牵引作用。

那么华为是怎样解决这个问题的呢?如何保证从价值观到实践的落地过程能够持续下去呢?华为的做法是利用外部的客户满意度来反向管理其行为、组织、流程和策略。

华为请外部咨询公司帮助其做客户满意度调查,这种调查涉及每一种产品和每一个区域,内容会非常详细。为了更好地知道客户对于产品和服务的态度,华为每年都会与咨询公司一起来优化调查的内容。

客户满意度所调查的客户名单由华为提供,咨询公司随机抽样访问华为服务的相关部门,客户会给华为的各项服务进行打分。这样做是为了防止华为的相关部门为了提高满意度的分数,去刻意做客户工作。

咨询公司根据各项调查结果,进行分类汇总,形成年度客户满意度调查报告。华为在接到客户满意度调查报告后,会按照产品、区域和服务类别等维度分到相应的各级业务部门。公司原则上要求所有领域的客户满意度分数每年必须提升,对于没有达标的主管,会马上被问责。

各级业务部门在接到相应的客户满意度报告后，会组织所有部门主管一起研究自己领域客户满意度的情况，制订客户满意度提升计划，其中包括为了改进和提升客户满意度，所需要进行的行动计划、流程优化计划和组织优化计划，也就是通过客户满意度反向管理企业的行为、流程和组织。同时，根据客户满意度的情况，调整策略。在客户满意度提升计划制订以后，华为的各级管理团队会定期检查计划的完成情况，从而推动客户满意度的持续提高。

从这个工作机制中可以看出，华为是用客户满意度来反向管理企业的行为、组织、流程和策略，从而保证客户满意度的持续提升。在这个过程中，华为也就持续地践行了以客户为中心的价值观。

华为的变革管理模型

任何一次管理变革都首先从思想开始，接着企业会制定变革策略，在变革策略的指引下优化流程和组织，从而改变人们的行为。

很多人好奇，为什么很多公司都在搞变革，但华为在变革方面的成功率要更高一些？

华为在管理变革方面确实摸索出一套行之有效的做法，华为变革管理机制模型如图9-5所示，我在这里和大家分享其中的两点。

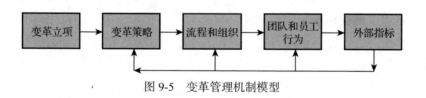

图9-5 变革管理机制模型

用反向管理机制逼近变革目标

大多数公司在搞管理变革时，都会先种试验田，即先拿出一块业务来做变革，在这块业务变革成功后，再把变革大面积铺开。华为也是这样，华为会使用变革目标来反向管理企业的行为、组织、流程和策略，从而使变革持续逼近目标。

在种试验田成功后，华为才会将变革大规模铺开。在这个阶段，华为还是会使用这种反向管理机制，不断调整企业的行为、流程、组织和策略来持续逼近变革目标。

因为华为在两个阶段都使用这种反向管理机制，华为在管理变革上的时间自然要长一些，当然效果也会更好一些。华为不只强调一次性把事情做好，同样强调通过机制持续把事情做精。

通过外部目标反向管理企业内部

华为在管理企业变革方面还有一个特征，那就是通过外部目标反向管理企业内部的运行机制。比如华为在价值观和文化践行方面，采用客户满意度来管理公司的行为、流程和组织等，而客户满意度是外部客户的感知。

其实这种管理方法也是华为在实践中摸索出来的。开始做管理变革时，华为设定的变革目标大多是内部目标，比如效率提升多少等。

在变革实施过程中，我们发现内部目标总是很容易被完成，原因可能有两个：一个是变革目标往往是项目组自己设定的，因为只有变革项目组最了解变革，他们建议的目标往往是自己有把握达到的；另一个是内部目标往往很难衡量，不同的衡量标准以及不同的假设条件会带来不同的结果，而对于衡量标准和假设条件，又只有项目组最专业，因此内部目标其实打多少分，往往是由项目组自己决定的，这就好比说变革项目组既是运动员又是裁判员。

所以在华为刚刚开始做一些变革项目的时候，总是出现变革项目组总结目标完成情况良好，但实际上大家并没有感觉到相关工作有大的进步。

于是我们开始反思这种情况，才发现问题出在目标设定上。从公司变革的初衷来说，不管是提高工作效率还是增强能力，目标都是提升公司相应的外部结果。即使内部目标完成得再好，如果没有改变外部结果，这个变革本身就是失败的。所以公司规定，所有管理变革项目必须将外部结果目标作为变革项目的目标，用外部看得见、摸得着的目标，反过来管理企业的行为、组织、流程和策略。

外部目标管理内部的机制所带来的一个变化是，业务管理者成为变革的主导者。过去华为也强调变革的第一责任人是业务管理者，但实际上大家的参与度并不高，因为大家普遍认为变革与业务相关度不高，当采用外部结果目标来管理变革后，业务管理者很快认识到，变革是他们进一步提升外部经营结果的抓手，同时只有业务管理者主抓变革，变革才更容易走在正确的道路上。

第 10 章
价值观和
文化的传承

新员工培训

摘要：华为的价值观是新员工培训的第一课。新员工还会通过培训一营、培训二营和现场实习来进一步加深对于华为价值观的认识。

很多人说起华为,就会谈到华为文化,华为文化确实是华为成功的关键要素。不少来华为交流的客户,都会问到一个问题,这些年他们所见到的华为人的行为方式比较一致,好像一个模子刻出来的,那么华为的模式又是什么呢?也有人会直接问,华为是如何给员工传递价值观的呢?所以本章我想和大家聊一聊华为的文化传承,在本书的第一部分,我和大家详细分享了华为文化的发展历程和主要特征,文化的塑造和建设过程是从上到下的过程。谈起文化传承,我还是准备从新员工进入华为开始。

新员工培训

新的华为人主要有两类人群,一类是应届毕业生,根据华为岗位需求的不同,以本科生、硕士生和博士生为主,在华为的生产体系还会招部分大专生。在这些新毕业生进入华为的时候，岗位职级会略有不同，学历高，个人职级也会略高一些。他们进入华为之后，学历背景就不再起作用了。在新岗位上的工作表现是他们未来发展的唯一依据。

另一类是社招人员，我本人就属于从社会招聘人员。由于在来华为以前体现的工作能力和表现不同，社招人员的个人职级也会各不相同。进入华为后，社招人员的社会背景就不重要了。

可能正是因为这样的导向，在华为内部不大流行同学会和同乡会，反而最初大家所在的团体或者曾经一起经历过艰难困苦的部门成员之间会比较亲。

所有新员工刚刚进入公司，都会参与新员工培训课程，从而开始在华为的职业生涯。新员工培训的第一课就是华为的企业文化和价值观。一般会请华为的老员工来讲文化和价值观这类课程，老师会结合自己的经历向大家分享对华为文化和价值观的理解。学员们也可以现场感受老华为人是什么样的。

案例教学也是企业文化与核心价值观培训的一部分，公司将华为员工实践工作的故事汇编成册，形成了几本书，如《枪林弹雨中成长》和《一人一厨一狗》等。新员工会阅读这些书，一起研讨华为员工奋斗的案例并写下个人心得。通过这种方式，新员工加深了华为人怎样生活和工作的印象，也开始体会华为人是怎样在实际工作中践行自己的文化和价值观的。

这是对于新员工文化传承的第一步，了解什么是华为文化、什么是华为的核心价值观、什么样的人是华为人、华为人是如何工作的。一些华为的新员工告诉我，正是通过这一环节，他们开始在头脑中形成自己如何做一个华为人的想法。

现场实习

在经过新员工的短期培训后，学员们就会进入现场实习阶段。早期华为的现场实习是进生产车间，参与华为的设备生产工作。一位华为的老同事给我讲他的经历，他来华为以前，在一家电信企业做销售，1993年通过社招进入华为后不久，就被安排到生产车间实习，因为工作表现优异，实习不久后就被任命为工段长。不久，工段上又来了一位新员工，是一位40多岁的老同志，老同志虽然干劲很足，但经常出错。那时，每天工作结束时，整个工段的同志会一起留下来做一个工作总结，在总结中，工段长经常批评老同志，开始时还注意自己的态度和方式，后来时间长了工作一忙，有时候批评就比较直接和尖锐了，老同志虽然很谦虚，但总被批评，肯定很郁闷。几个月过后，两个人的实习期分别结束，老同志被任命为副总裁，而他被任命为老同志所管部门下的客户经理，当时他很长时间里都在担心，怕老同志报复，时间长了，发现没什么动静，才放下心来。后来因为工作有成绩，他还被提拔成了干部。有一次他与老同志一起出差，两人谈起了当时在生产车间的情况，没想到氛围并不尴尬，他们共同的感觉是，这段时光是进华为之后很值得回忆的，正是在那里他们了解了华为的产品，开始思考以客户为中心是如何体现在华为的工作中的。好像大家成了华为人是在不知不觉之间。

现在华为的实习培训已经从生产车间迁移到了为客户安装解决方案的现场，学员们可以更直接地体会到华为是如何为客户服务的。通过参与具体的交付工程，大家不但了解了华为的产品和解决方案，也知道了这些解决方案是如何为客户带来价值的。同时大家在产品和解决方案安装现场，可以更直接地感受到华为人是如何工作的，从而体会他们是如何践行以客户为中心的。通过现场实习，大家在实际工作场景学习如何像华为人一样工作，再通过观摩、研讨和自我总结，每个新员工会初步形成自己未来在华为怎样工作的设想。

一位刚刚参加了现场实习的华为新员工对我说，到了实际工作现场，他才真正感受到新生活的开始，也才真正理解华为是一家做什么的公司。在参加新员工培训时，虽然从老华为人身上看到了华为价值观的影子，从案例分析当中也能体会华为人在如何践行它，但那些好像都与自己并不强相关。通过现场的工作，他才开始真正理解什么是以客户为中心，以及华为为什么要以客户为中心。

培训一营

在完成现场实习后,新员工就会进入培训一营,一营的培训内容是与新员工未来的工作岗位相关的技术培训。如果说刚刚毕业的新员工过去在学校里学的是知识,那么进入培训一营,他们学到的则是将知识转换成产品和解决方案的技术。对于社招员工而言,则是从了解其他产品到了解华为产品的过程。

一营培训大概持续 6~7 周,在这么短的时间内,新学员不可能掌握华为所有的产品和解决方案。公司会将新学员编成班,选择几种典型的产品和解决方案,一般每个班专注在一种产品上。这种方式又被称为解剖麻雀,当新学员对一种产品了解得比较透彻之后,也容易找到对其他产品理解的方式。

很多新学员对于培训一营都有非常深刻的记忆,每天参与 8 个小时以上的产品和技术讲解课程,学员晚上自己查资料消化课程,每周都有考试,考试就会有评比,这种"比、学、赶、帮、超"的方式,不仅仅对于非中国籍新员工是挑战,对于身经百战的中国籍新员工来说,也并不轻松。

一位名校毕业的同事对我说,他开始进入一营时认为自己一定能很轻松地度过,没想到一开始,产品知识就像海浪一样扑了过来,他完全没有办法用自己轻车熟路的高考套路来预习、上课和复习。在呛了两口水后,他才真正重视起来,全力以赴地冲锋。但即使这样,他也没能拿到本班的前三名。他总结原因说,华为不是重视知识和技术本身,而是要将它们转化为对客户的价值。就是从这里,他在心中建立了技术与客户需求之间的关系,理解了华为是通过技术创新来不断满足客户需求的。

另一位华为同事说,他是在培训一营找到了做华为人的感觉。他是华为的社招员工,岗位是客户经理,在原单位当客户问到一种新产品时,他找到相应的产品技术人员给客户讲,好像产品讲解与自己没有什么关系。华为要求客户经理也要懂产品,而且经过培训一营的训练,他发现自己是可以懂产品的。在以后的工作场景下,他都要求自己尽量多了解产品,他发现这样做有双重好处，一方面能够帮助客户更好地了解客户的需求，另一方面他可以把华为解决方案能够给客户带来的价值更好地呈现给客户。

更多的培训一营学员反映，各种学习方式很容易找到华为人的工作状态，遇到一个新问题，如何尽快找到专家，在海量资料中如何抓到要点，对华为的产品和解决方案知识如何尽快把握等。

华为作为一家为客户服务的高科技公司，需要员工了解自己的产品和解决方案，这是基础，不管你做什么样的工作，即使这项工作与华为的技术并不强相关，比如说财务或者采购工作。如果你懂解决方案和产品，无疑会给自己的工作带来业务视角，帮助你从业务角度来思考工作。华为以客户为中心，用自己的产品和解决方案满足客户的需求，不是靠一个部门完成的，而是各部门协同完成的。共同的业务视角无疑为华为人力出一孔建立了基础。

培训二营

华为的新员工，从培训一营出来就会进入培训二营。华为培训二营的课程设计与新员工进入岗位后的实际工作强相关，培训内容也与员工的实际工作场景很相似。

华为在员工培训方面，有一个非常清晰的培训策略叫训战结合。它的含义是将员工培训与实战紧密结合起来，在贴近实战的模拟环境，用实战的方法、工具和表格来培训员工。华为新员工就是从培训二营开始进行训战结合的。因此在二营中，学员们以工作岗位为基础编排成班级，课程也是面向实战的。

以华为客户经理和解决方案销售经理的二营培训为例，为他们准备的培训课程覆盖了新员工进入工作岗位后，可能遇到的主要典型工作场景，比如客户沟通、产品和解决方案介绍以及技术和商务谈判等。

课程培训方式主要包括如下几种。

1. 经验传授

华为培训二营课程设计的逻辑，是要让华为人已形成的良好工作经验能够传承下去，新华为人不是从头开始，而是站在现有华为人的肩膀上。因此华为大学的教学理念是用最优秀的人培养更优秀的人，培训二营的指导老师都是具有优秀实践的华为人。不同的课程要求选择的指导老师级别也不相同。比如，有关工作理念和方法的课程，华为大学会请相关领域的高中级干部来担任讲师。这些老师不仅仅是分享相关领域的专业知识，更重要的是分享他们对这些知识的理解和认识。

在课堂上，老师的分享以案例为主，通过分享自己和同事在实践当中的案例，让员工更清晰地理解相关知识在华为实践中是如何运用的，更重要的是学员也可以从中理解华为的高中级干部在遇到问题时是如何思考和分析的。涉及实战场景当中如何做的内容，华为大学会请相关领域的优秀员工来分享。他们会用实际的工作表格和工具，来向大家展示相关工作是如何做的，比如，客户需求是如何挖掘的，挖掘后如何验证和确认，向什么人汇报和通过什么工具上传等。用这种方式让新员工了解，在实战场景中某项工作是如何完成的。分享同样是采用案例方式，因为案例方便记忆和学习。

这些教学过程也是华为文化的传承过程，通过华为各级干部的言传身教，新员工可以在他们身上看到华为人是如何思考和工作的，这样老华为人的价值观和做法也自然成为新华为人的榜样。

2. 模拟演练

光是老师们分享，再好的想法和做法也只能给学生们带来启示，如何把老华为人优秀的实践经验和做法融入新员工的思想和工作中呢？

模拟演练就是一种很好的传递方式。针对每一个典型应用场景，老师们在分享完自己的思考和做法后，就会马上安排学员来演练，学员们通过亲身体验来尝试在实践工作场景中工作。在演练过程中，教练就在现场答疑解惑，通过教练的指导，新员工开始找到典型工作场景的现场工作感觉。

在培训二营中，华为新员工所做的演练一般为一次两个，我们称之为红蓝军演练。新员工在一个场景的演练中，既要扮演一次华为员工，又要扮演一次客户。这样的演练能帮助大家从两个视角看同样一个问题。这是新员工进入工作角色当中必须拥有的两个视角。要践行以客户为中心的价值观，必须拥有这两个视角：从自身视角出发，看看公司的能力和产品，可以在什么方面帮上客户，主要做的是现有解决方案与客户需求的适配；从客户视角看客户需求和华为的解决方案，才能牵引公司做出合适的解决方案和产品，使客户需求得到最好的满足。

3. 研讨和团队合作

二营培训课程的设计上，非常重视研讨。针对每一种典型场景的工作任务，华为非常重视安排学员分组研讨，通过大家的集体讨论，找到最佳解决方案。华为在设计这种环节时有两个考虑。

一个是贴近实战，华为在实际工作中，解决客户问题的典型方式是大家一起研讨，通过头脑风暴找到解决方案。这种工作方式集大家的智慧，可以帮助我们将事情做到最好。另一个来自华为文化，华为是一家讲究团队作战的公司，虽然每个人有各自的工作重点，但并不信奉"你的事与我无关"，在任何情况下，同伴需要帮助，大家就会冲上来手挽手一起前进。"胜者举杯相庆，败者拼死相救"是华为的光荣传统。

华为的价值观和文化传承从新员工做起，但是仅仅把文化和价值观的内容告诉大家是远远不够的，其实文化和价值观的传承贯彻在培训工作的始终。在新员工的培训安排上，培训顺序并不一定完全一致，比如，有的部门也许先进行一营培训，再进行现场实习。开发部门在二营培训的基础上，还会增加三营培训，以帮助新员工适应具体的开发工作。虽然培训的安排有所不同，但背后的管理逻辑是一样的，即让新员工理解华为文化并尽快成为一名真正的华为人。

> **感悟**
>
> 华为大学的作用：
>
> 1. 训战结合。华为大学的使命不是把每个人都培养成未来华为的领袖，而是为了帮助大家更好地适应工作岗位，尤其是新员工和新干部。在传承华为文化和价值观的过程中，不但让学员了解它们的内涵，更重要的是让学员体会如何在工作中践行它们。
>
> 2. 转人磨芯。ICT 行业的技术和解决方案更新换代非常快，由此岗位要求和员工的工作方式也要迅速做出相应变化。为了适应这种变化，华为成立了预备队，人员有两种，一种是公司为新机会点和新解决方法准备的所需人才，另一种是想转变工作岗位的员工。通过预备队的学习，员工可以迅速适应新的发展方向和新的岗位。同时，预备队也为员工调整个人职业发展方向提供了平台。

导师制

摘要：结合自己的经历分享对于华为导师制的认识。华为的导师制覆盖新员工、转岗人员和新上任的干部。

导师制是华为的一个优秀实践，坦率地说，我并不知道华为是从什么时候开始推行导师制的，但每当提起这三个字，我都会觉得很温暖。

我是 1994 年底加入华为公司的，被分配在华为的 C&C08 数字程控交换机项目组做研发。这个项目组后来很有名气，因为华为在通信领域的第一个中国第一和世界第一都来自这个项目组开发的设备。进入这个项目组的第一感觉就像是回到了学校，这里充满了活力，大家虽然都很忙，但亲密无间。我在这个项目组待的时间并不长，但这段时光给我留下了非常深刻的印象。

刚刚到项目组报到，领导说给我找一位老师，这让我感觉这是一所学校。这位老师就是李建国先生，他个子很高，腰板挺得很直，给人一种不苟言笑的印象。说实在的，见到老师的第一眼，我心里还真是有点打鼓。没想到，老师跟我讲的第一句话就是："别看我表面很严肃，其实我很喜欢笑，有什么事随时来找我。"老师的话马上打消了我的顾虑，好像双方的距离一下子就拉近了好多。

当时华为还没有明确的导师制，我感觉老师就是你跟着干活的人，李老师负责交换机中的交换网板，这是交换机的一个关键模块。我来华为以前是做模拟交换机技术的，跟着李老师学习了数字交换机技术。但李老师对我帮助最大的还是工作精神。首先是认真的工作态度，坦率地说，我过去自认为也是一个认真的人，但见到了李老师，马上就觉得是小巫见大巫了。有一次，我们一起测交换网的接通率，发现了一次接通故障。当天我们用了各种方式，测了一整天，都没能够重现故障。李老师让我跟踪一下这个问题，我又测了三天，还是没能再次发现故障。按照我们原公司的工作习惯，可以先关闭问题，等问题再出现，我们再进一步追踪。于是我就向李老师汇报了情况，他却跟我说再跟踪两天吧。

三天之后，我还是没有发现上次的故障，于是我就自作主张，向李老师建议先把这个问题放下。没想到，李老师的面孔马上就严肃了起来。他反问我："你对于问题就是这样一个认真的态度吗？"这是从小到大，第一次有人质疑我对于问题的认真程度。

我当然不服，心里也觉得李老师有些吹毛求疵。但我也只有按照他的要求做，再次考虑了实验方法，又经历了9天，终于在半夜12点，重现了问题，找到了问题隐患。当时我虽然有点高兴，但是并没有理解李老师的话。后来我转到市场领域工作，真切地感受到客户在出现设备故障后急迫的心情，才真正理解认真的工作态度对我们这个行业的价值。

其次是对人生的态度，坦率地说，我刚到华为的时候感觉是不怎么好的。我原来的单位也是一家通信公司，虽然效益和个人收入比华为差，但个人居住条件和单位周边环境是比华为好的。我刚来华为的时候，是深圳一年中最冷的时候，我住在南光村的农民房里，房间阴冷潮湿。华为的办公地点叫深意大厦，我第一眼看到这栋楼，怎么也想不明白为什么它能称为大厦，因为它一看就是六层的厂房，只有一部电梯，还是客货两用的。虽然华为的人际关系单纯一些，但劳动强度要大得多。还有就是华为现在的效益虽然不错，但毕竟是一家民营企业，而我原来那家公司是一家国有企业，总觉得后者更保险一些。

可能是因为以上这些原因吧，在华为工作的新鲜感退去之后，我心里更觉得不适应。再加上原来的单位对我不错，还一直给我机会让我回去，于是我就萌生了退意。经过一段时间相处后，我心里觉得李老师比较亲近，就去请教他的意见。

李老师仔细听完我的想法和原因，没有直接回答我，而是问了我一个问题："你未来的人生目标是什么？"我告诉他："自己想在一家公司，做出世界领先的产品。"他接着问我："你过去的公司，能帮助你实现这个目标吗？"我回答："不能。"他又问我："作为一个年轻人，你选择未来还是选择现在？"听到这个问题，我心中已经有了自己的答案。我选择继续留在华为工作，选择了一条奔向未来之路。

在 C&C08 数字程控交换机项目组工作没多久，有一天，李老师突然来找我，说公司准备成立中试部，准备调我和他一起去这个新部门，问我的意见。我想都没想就答应了，我热爱这个项目组，认为参加一个新部门建设更有发展机会，于是我就开始了华为的"换工作"之旅。

到了新工作岗位之后，李老师做了一个部门的一把手，领导的人更多了。有一天他把我领到另一个人面前，对我说："以后你就跟着方经理干吧。"于是我就有了第二位老师。方经理是我们部门的副手，负责我工作的领域。他是一位著名大学的博士，善于言谈，又待人友善。这个时候我对华为已经很熟悉了，觉得叫他老师太生疏了，也不接地气。于是就按照我们家乡的习惯，叫他方哥，他愉快地接受了。方哥最大的特点是愿意和大家打成一片，又善于激励人。当时 C&C08 数字程控交换机刚刚要进入市场，设备的性能不稳定，需要总体测试设备能不能进入市场，他建议我去负责总体测试，这是个技术岗位，需要了解交换机所有方面的结构和性能。我刚来不久，对于这款当时中国最先进的设备，只了解自己过去参与的交换网部分。我感觉自己的能力承担不了这样的工作，也担心因自己无法胜任，而给部门带来麻烦。他听了之后，盯着我的眼睛说："相信我，你一定可以！"这种被人信任的感觉给了我非常大的动力，我接下了这份工作。在此后的好多天，我几乎长在实验室中。每当我因疲惫或者困难而感觉沮丧时，他诚恳的面容就会浮现在我的脑海中，激励着我继续奋斗下去。不久，我真的做好了这份工作，又独当一面开了几个实验局。这个工作为我以后的发展奠定了重要的基础，使我成为交换机系统的专家。

可能正是方哥的鼓励，帮助我看到了自己的潜力，完成了自己认为不可能完成的任务，从而逐步形成了敢于迎接挑战的工作特点。

我成为主管之后，也自然地走上了激励他人的道路！帮助他人看到潜力，用信任激励他人去迎接挑战，帮助别人打破自己人生的自我局限！在以后的工作当中，我形成了这样的工作体会，那就是欣赏是最好的激励！

方哥还帮助我养成了做事条理化的习惯。我最初的工作特点应该是认真和敢打敢拼，但很有些蛮干的味道。遇到事情后，不是先想好，再去干；而是先去干，干中再想。表达起来也是想到哪说到哪，觉得好像什么都说清楚了，其实很难让听者一下子抓到要点。在这个方面，方哥经常批评我，说我一个瘦瘦弱弱的人，应该多去学诸葛亮，事前多用用脑子，而不应该像程咬金那样上去就抡斧子。在这个方面，他还给我不少具体的指导，比如做事前先做计划和讲话前先列提纲等，开始的时候，他要求我把计划和提纲先让他审一下，他会给我提出具体的修改意见。他的做法让我在这方面进步迅速，使做事条理化成为我工作习惯的一部分。

人一旦走上了正确的道路，掌握了新的方法，发现了它的好处，就会持续地在这条路上走下去。后来，善于谋划和抓住工作的要害成为我重要的工作特征。我也逐步认识到，这个工作方法对于高层级的管理者十分重要，因此在辅导下属的时候，我也注重引导他们遇事提前思考，形成做计划和抓要点的工作习惯。

今天想来,其实我与这两位经理和领路人在华为的共事时间只有一年半左右,并不算长。但他们二位对于我在华为职业生涯的发展带来了重要影响。我作为一名新员工,他们就是我眼中的华为人,他们的言行和特点深深地影响着我。今天我在这里梳理华为文化,很多观点不是事后整理的,而是那个时候就形成的,是从他们身上学来的。

李老师就是华为口号文化最好的践行者,他自己就非常善于用简单的口号牵引队伍前进。李、方两位都是有追求的人,自然牵引着我们这些年轻人树立自己的目标。有关垫子文化就更不用说了,正是看到周边的老华为人醒着就工作,累了就在垫子上稍微休息一下,我们才学着这样做。坦率地说,刚刚参加工作的新员工都喜欢模仿老员工,试着像老员工一样想、一样工作和生活。

给我影响最大的还是华为员工对于客户的服务精神,与原单位相比,也是我感觉反差最大的地方。在我的原单位,大家平时工作还是努力的,当遇到客户需要解决的问题时,你明显会感觉到一种氛围,那就是认为这是一个麻烦,因此自然的反应是,有了问题能躲则躲。在华为,则有很大的不同。大家一听到客户有问题,就会争先恐后地冲上去,帮助客户解决问题。我前面给大家介绍过华为的窗口服务制,就是第一个接到客户问题的华为人,有责任跟踪和推动整个问题的处理过程,并反馈给客户。其实我进入华为后,从来没有看到过有关这个问题的文件,只是看到周边的人都是这么做的,尤其是看到领着自己干活的人是率先这样做的,自己自然也这么做。

作为一个还算喜欢动脑筋的人,我进入华为不久就在想,是什么原因促成了华为人主动为客户服务的氛围的形成。但当时我自己并没有能说服自己的答案,因为我那个时候认为一个结果只有一个原因,我找不到形成这种氛围的唯一原因。后来我参加了华为的文化建设和组织管理,我逐步体会到了文化氛围的打造和形成是一个系统工程,而不是一个一蹴而就的活动。

我刚才给大家分享的故事可能就是华为导师制的来源，公司意识到：新员工进入华为的初期所形成的思想和工作方法，基本奠定了他在公司职业发展的思想和工作方式。而对于这些，影响最大的是他周边的老员工。因此安排老员工做新员工的导师可以很好地传递公司的思想和工作方法，于是公司开始推行导师制。

在早期，主管带的兵少，由主管承担导师的职责最合适。但随着主管带领的团队人员越来越多，也没有精力辅导更多的人。另外，我们也发现由直接主管来做导师有不足的方面，那就是主管更多地侧重于业务和方法的指导，而员工也很少愿意主动和自己的直接主管交流思想问题。于是公司在导师制的推行方面做了优化，会更多地选新员工周边的老员工做导师，最好双方的工作内容相似，但工作利益又不会有矛盾冲突。这样双方在思想交流上面障碍会更少一些，更容易形成像朋友一样的交往，工作方法上的讨论和请教也会更充分一些，这样老员工对新员工的思想和工作方法方面的影响也会更自然。

导师制在华为的文化传承方面起到了重要作用，如果说新员工培训后，学员们清楚了公司的核心价值观和文化的内涵，并开始思考如何在实践当中去践行它，那么导师们的思想和言行就为这种践行提供了鲜活的样板。不少进入工作岗位的新员工，回到公司和我交流时，都讲了同样一句话，那就是从老员工身上学到了如何做一个华为人。

近些年，华为的导师制又有了新的发展。过去华为只为新员工配备导师，现在又增加了两类人群。一类人群是转岗员工，比如从一个研发人员转成市场人员，相应的市场组织会为其配备导师，帮助他从研发人员的思维和工作方式，尽快转变成市场人员的思维和工作方式。虽然华为的研发体系和市场体系都践行的是华为的价值观和文化，但工作性质不同，相关部门的文化氛围是有所差别的。因此为转岗员工配备导师，也可以帮助他们尽快适应新部门的氛围。另一类人群是新任主管，这里的信任有两个含义，一个含义是从员工成为主管，另一个含义是管理领域发生改变的主管。比如，公司让我负责华为的一个产品线后，为了帮助我在这个领域尽快适应，就为我制订了90天转身计划，并为我指定了导师和教练，导师来自公司内部，他了解产品线的运作，并能帮助我尽快适应产品线的工作氛围。教练来自公司外部，是IBM的一位退休高管，她帮助我增加对大公司管理和行业的认识。

感悟

1. 在公司管理体系不健全的时候，导师制对于公司文化的传承和工作技能的传递都起到了重要作用。

2. 在公司管理体系建设过程中，员工要不断适应变化，这时候导师的以身作则就显得尤为重要。

3. 在公司管理体系完善后，新员工可以通过导师的帮助，更好地融入工作中，更好地理解工作流程背后的逻辑，但更重要的是，传承公司文化。

榜样的力量

摘要：华为在各个发展阶段都会涌现出一些榜样，这些鲜明的形象不断地带动大家前进。

导师制产生的影响主要发生在导师和学员之间，由于各导师的特点不同，学员领会的内容也不尽相同。公司很早就认识到了这个问题，因此在推行导师制的同时，每隔一段时间就会推出一些榜样人物，以让大家鲜明地看到，华为现阶段在倡导什么，以及什么是这个阶段的华为人。

烧不死的鸟就是凤凰

每次华为要搬到新的工作基地时，都会有员工提出来，要为一个榜样设立雕像，可见这个榜样对公司员工的影响很大。而且他对于我个人的影响也不小，过去是我的老领导，现在是我的好朋友。

在我刚刚进入华为的时候，他是华为市场部的总裁，除了在公司的大会上我能见到他坐在主席台上，我们并无交集。我在中试部工作期间，有一次到北京参加华为的产品推广会，本来我的职责是设备调试，到了现场才被通知也要负责产品的讲解。

推广会过后，中试部的领导找到我说，要调我到市场部去工作，我表示不想去。领导接着说，市场部的总裁欣赏我在现场会的表现，认为我有做市场的潜质，所以调我过去。我一听是市场部的一把手欣赏我，就答应了。

但我万万没有想到的是，在我办完交接，到市场部去报到时，才发现他已经不担任市场部的总裁了，而且他主管的部门与我的工作也没有关系，这个消息对于我这个市场部的新兵是重大打击，到这个时候我才联想起来，在当年市场部集体大辞职会上，他是第一个上台向公司递交辞职报告的，原来他的辞职报告被公司批准了，于是他成为第一个主动辞职的华为市场部总裁。

在他的带动下，华为市场部的所有办事处主任和中层干部都在这个会上递交了辞职报告。其实他们同时递交了两个报告，还有一个是述职报告，述职报告是阐述自己如何做下一年任期的报告。公司如果批准了你的述职报告，你就接着干下一年的任期，否则就等于你的辞职报告被公司批准。

这个会就是被任总称为惊天地泣鬼神的市场部集体大辞职会，这个大会开启了华为干部能上能下的先河。在企业中，干部能上是容易做到的，干部能下则是难上加难的。作为这次活动中职务最高的干部，他显然是其中最典型的代表。在那次辞职大会上，任总把华为干部主动辞职的行为称为凤凰涅槃，还用了一句话叫"烧不死的鸟就是凤凰"。他下来之后，被任命为市场部下面一个部门的主管，他们部门与我加入的部门距离很近，大家见面的机会也就多了起来，他还是像过去那样激情四射和风风火火。

当时我并没有多想，后来我做了干部，也经历过上下之后，才理解要做到这一点有多难。他和市场部的其他干部是用他们的牺牲帮助公司建立了新的机制，从此华为干部能上能下成为惯例。虽然公司再也没有开过辞职大会，但每年都会有一些干部接受公司的选择，离开干部岗位。这种做法也使公司的干部队伍实现了持续的新陈代谢。

时间过得很快，三年后我也成为华为一个办事处的主任，正好在他负责的片区，他自己也兼着另外一个办事处的主任。由于我是新主任，他给予了我很多辅导，也给我介绍了他自己做市场的经验，其中有一条叫作"与客户相处不要势利"，后来这一条也成为我与客户相处的原则。

由于他所负责的片区和办事处业绩非常优异，再加上他自己卓越的工作能力，几年后他又被任命为华为市场部的主管。他用自己的故事演绎了"烧不死的鸟会成为凤凰"。

他的故事也激励着一代又一代华为的干部，在工作岗位上，他们面对挑战勇于接受，勇于放下小我，成就大我。受委屈时，不是抱怨，而是更努力地工作。他的故事，也让那些走下工作岗位的干部看到了希望，通过自己的努力，在新的工作岗位上取得业绩，就有可能像凤凰涅槃一样，取得新的辉煌！

板凳要坐 10 年冷

前面讲过，我曾经在华为 C&C08 数字程控交换机项目组工作过，这个产品非常成功。按照公司的惯例，成功的项目组也会出人才。公司有很多主管都来自这个项目组，我本人的成长也得益于这个项目组。

在我们这个项目组中，有这样一位老同事，当大部分同事都被抽调到公司其他领域做主管的时候，他仍旧默默耕耘在这个项目组中。留在项目组的原因，不是他不够优秀，而是项目组离不开他。因为他是负责用户板中用户电路设计工作的。用户电路负责与电话线连接，每一个电话用户都需要一个用户电路，我们前面说的 C&C08 数字程控交换机，最初是指这个设备可以连接 1 万个用户，后来扩展成可以为 100 万以上个用户提供电话服务，因此用户电路是设备当中使用最多的模块，也是最贴近客户的模块，它的质量和成本对于设备的竞争力有至关重要的作用。虽然他本人不管是工作业绩还是能力都非常出众，但是由于当时产品离不开他，公司只能安排他在原工作岗位上继续工作。当时正是公司业务和人员的急剧扩张时期，大多数离开项目组的同事都迅速成为其他部门的主管，有的很快成为公司级主管，而他仍在原工作岗位上默默耕耘。

大家私下谈起他，都觉得很惋惜。其他同事都在成长，而他仍在原岗位踏步，想来他心里一定很郁闷。有一次，大家回去看他，请他一起出来吃饭。本意是想安慰他，没有想到他依然像过去一样充满激情，不停地和我们分享用户电路的改进设想，以及对未来技术的展望。坦率地说，那次回去看他，我们都感觉很意外，在嘈杂的社会当中，我的这位老同事仍然安静地坐在桌前，沉浸在技术的世界中。

正是在他及其团队的努力下，华为的用户电路在技术、质量和成本方面都成为业界最佳，也构成了华为 C&C08 数字程控交换机的竞争优势之一。在这方面，华为形成了良好的客户口碑。很多年过去了，还有客户以华为的用户电路为例来讲产品质量。曾经有这样一句话"质量在客户心中"，华为用户电路的质量和性能的优良形象牢牢地树立在了客户的心中。

华为文化有一个特征，那就是厚积薄发，我的这位老同事就完美演绎了这个特征。没有人在一个领域长期耕耘，没有人像他们那样默默地坚持和持续地努力，没有人忍受孤独与寂寞像钉子一样钉在那里，华为是不可能在这个领域获得如此的口碑和成绩的！

早期华为公司有一种业务策略叫"针尖策略"，华为认为，自己要在 ICT 这个竞争如此激烈的高科技领域有所建树，就不能四处出击，只能选择非常狭窄的领域，集中兵力做投入。一路走过来，我们发现，华为每一个领域的成功都建立在华为员工坚定不移的长期付出之上。

任总在一次与研发团队座谈时，在离开项目组之后，他在多个领域做过管理，在每一个领域做得都很优秀，最终成为公司高级管理人员！

有一次我们在一起吃饭，大家回忆起了过去的事情。我问他，当时其他人都离开了项目组，而他还在做原来的工作，他当时心里真的没有波澜吗？他回答说，人不是石头做的，哪能遇事心中不起波澜。既然当时公司需要，那自己就好好做，想那么多也没有用！他的话给我留下了极其深刻的印象，后来我经常用这段话来激励自己！虽然我没有他那样的经历，但这个榜样一直在激励着我前行！

很多人说，榜样的力量是无穷的！今天人们看到华为在不少领域取得了成功，其实在鲜花和掌声背后，有很多人像这位同事一样，在一个岗位上百折不挠地坚持奋斗。大多数人在奋斗时并不能看到结果，所以成功本身并不玄妙，只是他们厚积薄发的结果罢了！

穿越墨脱

你也许会问，是不是代表华为文化的那些榜样都是华为的老员工？当然不是，每一代华为人都可能出现榜样！曾几何时，很多人担心中国的新一代独生子女只知道安逸，不会再去奋斗了，华为年轻人的故事否定了这个结论。

有一次我在华大上课，走进教室，一个年轻人引起了我的注意。他年轻又帅气，浑身充满着朝气！在小组研讨时他积极主动，回答问题时又能切中要害。课间休息时，我问班主任有关他的情况，班主任回答说，他就是那位去西藏墨脱开局（去那里开通华为的移动设备，以下简称"开局"）的人。班主任的话让我吃了一惊，在我的印象中，那位墨脱的开局人应该是饱经风霜的中年人，根本想象不到是眼前这位年轻又帅气的年轻人。下课后，正好他过来请教我问题，应我的要求，他和我分享了开局的经历。

他来到华为后，他那一届一起培训的同学中很多人都向公司申请到最艰苦的地方去。当然，他自己也是这些申请者之一。可是分配结果出来后，和他同在培训一营的同学有好几个分到了非洲和拉美，而他被分到了中国区，过了没多久，他就接到了去墨脱开局的艰巨任务。

在他开局的那一年，即2004年，西藏自治区墨脱县是全国唯一一个还没有通公路的县，要到达那里，需要经过人迹罕至的雪山和原始森林。这条路被称为中国最难走的路之一。领导在给他安排这个工作时，问他愿不愿接受这个挑战？他二话没说就答应了，心里甚至有很兴奋的感觉。我问他为什么愿意去墨脱？他回答说，每一个到华为的年轻人，都想有所作为，唯有接受挑战，才能离梦想更近。

还是回到他开局的故事上来。他为了开好局做了充分的准备。去那里开局的工作小组有五六个人，但只有他一个华为人。也就是说，所有与华为设备相关的安装和调试，都必须由他一个人负责。他通过请教和摸索，为各种可能出现的情况做了应急预案，并为自己购置了全套的野外徒步装备。

但在真正的开局过程中他才发现，自己在有关华为设备方面的准备是靠谱的，野外徒步方面的准备则相当不靠谱。

他们首先要征服的是一座雪山，名为多雄拉雪山，海拔4200米。事先他为自己准备了厚厚的雪山鞋，到了山上才发现，根本不实用。因为他们不仅要爬山，还必须涉水，雪山鞋进水之后变得更重。爬了几个小时后，他的脚趾头和膝盖都痛得不行。在这段路程上，他印象最深的有两点。一点是经过多雄拉山口时，尽管那里很冷，风也非常大，但他觉得很兴奋，因为这是他征服的第一座雪山。另一点是他体会到了红军爬雪山时的情景，山顶的雪地上只有一条黑色的痕迹，这个痕迹就是爬山人走过的小路，向导带着大家小心翼翼地走在这个小路上，一丝都不敢偏离，否则一旦滑倒就会沿雪面坠落深渊。

刚经历了雪山的考验，第二天他们就步入了原始森林，他刚想惬意地享受新鲜空气就遭受到了蚂蟥的攻击。蚂蟥是一种吸血的软体虫，最多的时候他身上爬了二三十条。这时他才理解为什么向导带了很多盐，原来用盐可以搓掉蚂蟥，但即使这样，还是被蚂蟥咬得他鲜血淋漓。随着海拔的降低，天气开始闷热，每个人都大汗淋漓，但为了防止蚊虫叮咬都不敢脱衣服。虽然这时路上的风景变得非常漂亮，但他已经无心欣赏了，脚上的伤口流着脓，每走一步就像踩在刀子上。

这段跋山涉水的经历给了他重要的启示，人生既有坦途也有险阻，就像墨脱的路，只要不怕艰险，努力前行，就能走过去！这个故事也启示所有的华为人，不畏艰险，奋力前行！

因为篇幅所限，我没有办法把心目当中的华为榜样都描绘给大家，只能选三个代表，把他们的事迹和我的感悟献给大家。有人说，榜样的力量是无穷的！榜样可以让全公司的人形象地了解公司的导向，他们用自己的事迹演绎了公司的文化和价值观，使其具体化和形象化。华为在企业文化建设当中，非常注重为员工树立榜样。因此在华为每一个阶段中，你都可以看到一些榜样在引领着大家前行！

感悟 令人感动的新一代华为人！在做管理的很长一段时间内，我都有一个担心：新一代的华为人还会不会像老华为人一样奋斗？事实上，新一代华为人用自己的行动证明，他们是合格的华为人，华为的价值观和企业文化在他们身上绽放出动人的光芒！如有机会，我推荐读一些华为人自己写的故事类图书，比如《厚积薄发》《枪林弹雨中成长》《一人一厨一狗》等。这些书中的主人公，就是新一代华为人的榜样，这些故事每天都发生在华为人身边！

干部的使命和责任

摘要：华为干部标准的第一条是干部必须认同公司的核心价值观；华为干部责任和使命的第一条是干部要担负起华为文化和价值观的传承。

前面我们讲过，在组织中，对于一个人思想和行为影响最大的是组织氛围，而干部是氛围的主要营造者。对于企业，在文化和价值观传承的过程中，不管你要求还是不要求，干部的言行都会影响其所在部门的导向和氛围。如果这种导向和氛围与公司的价值观和文化一致，干部的影响就是正向的，否则就会干扰企业的价值观和文化传承。

干部必须认同公司的核心价值观

华为干部标准的第一条就是干部必须认同公司的核心价值观。前面我也曾提到过，在华为，如果你是员工，你可以不认同公司的文化和核心价值观，只要你的贡献大于成本，就可以继续在公司工作。但如果你想成为华为的干部，情况则有所不同。因为此时你影响的不仅仅是自己，还有周边的同事。

其实公司认识到这个问题也经历了一个过程，早期公司提拔干部时，更注重他的工作能力，由于当时还没有系统地总结企业的文化和核心价值观，公司内部思潮涌动，各种想法都有。尤其是一线办事处，离公司远，更是各种情况都有。

一位研发的老同事分享了他当时去华为某办事处出差的情况，这个办事处的主任刚刚调走，只有两个副主任，两个人互不隶属，各忙各的，还经常当着下属的面吵架。在这种情况下，办事处的氛围用一个词来形容就是乌烟瘴气。

办事处这时的氛围首先是跟帮。两个副主任针尖对麦芒，底下的人根本不知道应该听谁的，你工作上听了一个副主任的，另一个知道了就会来训你。若两个副主任的话你都听，结果是吃力不讨好，还可能会被称为两面派。最惨的是两个都不听，两个副主任都会来骂你。这种情况下，既然不可能让两个副主任都满意，那索性就跟一个，出了事情，还可能受到保护。时间稍微长一些，办事处底下的人也明显分成两个小团体。所谓上行下效，上面的领导针锋相对，底下的同事自然也泾渭分明。拉帮结派在办事处蔚然成风，打小报告和背后议论他人的行为在办事处盛行。不管你工作好坏，想活下来就必须跟人，否则两派一起排挤你。

其次是打牌成风。下班之后，不管是办事处的人还是来出差的人，大家自然三五成群，凑在一起打牌，打牌还常常赌钱。有的人来出差，不但把出差费都输掉了，还欠了一大笔债。晚上打牌时间长，白天自然没有精力工作，心思也都在牌桌上。

还有就是自私自利成风。这时早期华为为客户服务的风气还在，但已经明显变味道了。典型的表现就是自己的客户别人不能碰，好像生怕别人抢了自己的功劳。当时公司办产品展示会，希望邀请客户参加，办事处一个副主任正好没有时间参加，就坚决不让邀请他所负责的客户去参加展会。

这就是当时华为一个办事处的真实情况，如果我不说，你能想到这是当时的华为吗？虽然公司当时的总体情况是好的，勤奋和热心服务客户等很多创业者们形成的好品质，依旧在公司的血液中流淌，但明显已经出现了不和谐的东西。从这个角度你也可以理解，为什么华为在1996年要总结基本法和做市场部集体大辞职。

一个组织的正确导向和良好氛围并不是自然形成的，需要组织的管理者主动地牵引和营造。事实上，公司正是通过总结基本法完成了思想认识上的统一，让所有华为人认识到，我们要坚持和反对什么，我们过去的经验和教训是什么，以及华为人要追求什么等。正是这次大总结，在整个公司内部形成了正确的导向。

市场部集体大辞职也帮助公司确立了干部的导向，通过这次活动，公司的干部也充分认识到公司对自己的要求是什么，同时自己也能对照公司的要求学习和进步。事实上当公司明确了自己的导向，并要求干部贯彻和实施后，华为各部门的风气很快就扭转了过来。

还是以上述那个办事处为例，公司给那个办事处派了一名新的主任。主任到位后，积极贯彻公司的各项方针和导向。首先，主任严格要求自己，他没有霸占车和手机，而是把它们留给需要用的同事，大家很快就感受到了不同，也变得谦让了起来，没有紧急的事情，也不会去申请车和手机了。过去大家出去办事，一定要打车出门。新的主任来后，主任自己坐公交车去见客户，大家看在眼里，自然行动上也就跟上了，逐渐大家也就习惯了坐公共汽车。

还有件事情让大家非常感动，过去的主任们往往是选最好的宿舍给自己。其他人也经常抢好房间，还发生过因抢房间，两个人打起来的事情。新来的主任年纪比较大，资历也老，却给自己选了一个最小且没有窗户的宿舍，主动把好的宿舍让给他人。大家看了都很感动，自然在选宿舍方面也变得谦让起来。

还有一件事情，一位来办事处出差的员工，回去时带的行李很多，主任主动去送他，还帮他拿着行李，和他一起坐公共汽车到机场大巴所在地，一直到把他送上大巴。这位员工后来回忆说，从此他想到这个办事处，就觉得很温暖。

主任还有一个工作习惯，不管是一起见客户的路上，还是晚上吃饭时，经常和大家讨论工作。能和领导一起讨论，大家都很兴奋。很快晚上打牌的风气就没有了，大家也逐渐习惯了，闲下来就三五个人一起讨论手头的工作，这样既排解了离家的寂寞，又增进了大家的感情，很快办事处相互帮助的风气就起来了。

总之，新主任来后不到三个月的时间，办事处的风气就焕然一新，大家把精力聚焦在工作上，又能够互相帮助，办事处的业绩也迅速上升！

我在这里和大家分享的故事，其实并不是个例。在那个时代，华为的不少部门都出现了这样的变化。这种变化不但说明公司形成明确的导向是很重要的，而且说明了干部对文化传承的重要性。员工理解公司的要求很重要，而真正对员工影响大的是他的主管，员工倾向于追随和学习的人，往往也是他的主管。

很多在全球性公司做跨文化管理的主管，都愿意讲中西方文明的差异性。这种差异性的确体现在很多方面，比如说思想和行为上等。但这种差异并不等于，中西方员工不可以有同样的企业核心价值观。

坦率地说，我自己形成这样的认识也经历了一个过程。我开始领导全球的业务时，自己的办公室在深圳，需要到处出差。到了某一国家，不是听汇报，就是去见客户，与本地主管深入相处的机会并不多。

可能正是因为相处不多，大家彼此都维持着良好的形象。我那个时候对本地主管的印象非常好，甚至好于大部分中方主管，我认为他们的职业化水平高，个人能力强。

后来我被调到海外地区部，开始负责一个国家的业务，后来又负责整个地区的业务。在我们那个区域，员工本地化率超过了 85%，因此我周边的中基层主管绝大部分是本地员工。

我与这些本地主管朝夕相处之后才发现，中方和本地干部差异确实很大。

首先，本地主管非常反感晚上加班，而我自己恰恰有晚上工作的习惯。每次我在晚上召集会议，都有本地主管请假。虽然我表面没说什么，但心里很不高兴。

遇到事情时，我有给人打电话的习惯，而本地主管们周末常常不接电话，虽然他们过后也会向我解释，比如说与孩子在一起呀等，但我还是不明白为什么不可以接一下电话，难道一小会儿也不能耽误吗？

还有一个问题就是休假，虽然在海外我们大家积攒的假期都不少，但中方主管除非特殊情况，一般很少请假，但本地主管好像非得把假休完。尤其是工作紧张的时候，大家都忙得不亦乐乎，看到本地主管非常坦然地请假，我自己心中的气就不打一处来。

一起讨论问题时，中方主管好像更关注结果，很容易找到事情的要害，而本地的主管们好像总是被各种条条框框限制着，更关注自己的团队能干什么，至于结果本身好像与他们关系并不大。可能正是因为这些原因，我逐渐对本地主管们产生了成见，认为他们的工作效率低，不愿意付出，没有把公司的事情当作自己的事业。

可是有一件事彻底改变了我对本地主管的认识，在我们工作的那个国家，我们公司符合当地政府发放签证的条件，但是相关部门的审批非常慢。在员工签证办理过程中，竞争对手背后恶意运作，导致警察上门来抓人。警察把我们的三位中方主管带往监狱。在这个过程中，我们的一位本地主管站了出来，对警察说，他们几个人不懂当地语言，自己愿意去监狱陪他们。警察听了这话之后，吃了一惊。他不明白为什么一个本地人愿意到监狱去陪外国人。这位本地主管回答说，因为他与这几个中国同事是一个团队。这件事情对当地警察触动很大，后来警察见到来现场的中国参赞，把这件事告诉了中国参赞，我们才知道此事。中国有句话叫"患难见真情"，这件事给我留下了非常深刻的印象。

在这次事件中，本地主管们还发挥了很多我们意想不到的作用。当时由于情况不明朗，中方员工无法来办公室上班。为了稳定员工的情绪，本地主管们自发组织了起来。他们每天早上给员工开会，通告事情的进展，引导大家有序地工作。他们的做法帮助了本地员工正确认识这件事，并使得我们的工作能够正常开展。同时本地主管们自发与他们认识的所有客户联系，告诉客户事情的真相，并在整个事件中与客户保持密切的沟通，从而保证了我们业务的顺利运行。正是因为他们的有效沟通，经过这件事后，华为的客户不但没有流失，反而加大了对华为的支持力度！

从这件事情之后，我彻底改变了对本地主管的看法。虽然与中方员工比，他们的观点未必一致，行为方式未必一致，做事情的节奏未必一致，但他们同样拥有一颗华为心，同样在践行华为的价值观和文化！

在华为的干部责任和使命当中，头一条就是公司的干部要担负起文化和价值观的传承。很多人关心华为未来的接班人是谁，我也并不知道究竟是哪个人。但在二十年前，华为就确立了未来接班人的条件，那就是认同和传承华为的核心价值观，并具有自我批判精神。

感悟　　干部对于企业文化和价值观的传承起着至关重要的作用，各级干部是文化和价值观传承的第一责任人。

1.干部是其所负责部门氛围的主要营造者，不管干部本人是否意识到，他的言行和管理方式对于其所在团队的工作氛围有决定性影响，而工作氛围的本质是企业文化和企业相关部门实践具体结合的产物。

2.干部是其所负责部门导向和作风的主要营造者，干部本人的言行和管理方式对于其所在团队的工作作风有决定性影响，干部也是部门工作导向的主要提出者，而工作导向的本质是企业价值观、愿景、使命和策略与部门实践具体结合的产物。

高级干部研讨班

摘要： 华为通过高研班来帮助中高级以上干部学习、理解和继承华为的核心价值观，促进干部掌握和运用哲学思维与思想方法，从而指导工作和实践。

华为的高级干部研讨班（以下简称"高研班"），是专门为华为中高级以上的干部设立的。首先，高研班的材料来自华为干部。2011年，公司组织所有一级部门以上的干部一起梳理公司文件和任总讲话，最后形成了三个管理纲要，它们分别是人力资源、业务和财经管理纲要。对于这三个管理纲要的内容，我在本书的前面已经介绍过，这里就不再叙述它们的内容了。只是想告诉大家，华为高研班的教材并非来自外部，不但内容来自公司内部，就是纲要本身也是高级干部们自己编写的。

其次，学员也来自华为的中高级以上干部，华为要求所有一定级别以上的干部，在五年之内，分别参加完这三个管理纲要的研讨班。研讨班每期7～9天，华为干部要占用自己的假期来参加学习，要自己掏腰包。公司的政策是：如果干部不来学习，就停止长个人职级。

还有，高研班的老师也来自华为的高级管理者。老师也被称为引导员，因为高研班顾名思义以研讨为主，所以不仅需要老师讲课，更需要老师结合自己的经验和认识，针对学生的研讨进行点评和引导。另外，每个班还会设班主任一名，班主任一般由人力资源部和华为大学的干部担任，负责带领大家完成整个学习过程。

高研班的目的

在正式介绍高研班的内容以前,我想和大家分享一下公司为什么要搞高研班,通过高研班想达到什么目的。

华为1996年做了全员大总结,从而统一了思想,第一次明确了企业的核心价值观,全员通过讨论理解了公司的主要发展策略。2005年,公司进行了思想体系的第二次总结,但这次总结主要针对华为的价值观、愿景和使命,这次总结使华为的价值观和文化进一步普适化。

到了2011年,华为系统地总结和梳理出自己的管理纲要并组织高研班,学习对象主要是公司中高级以上的干部。公司希望通过高研班,帮助干部学习,理解和继承公司的核心价值观与管理哲学,并可以刨松干部思想的土壤,促进干部掌握和运用哲学思维与思想方法,从而指导工作和实践。

对公司而言,高研班可以传承公司的核心价值观和管理哲学,使公司的干部形成一致的思想方法和管理语言。同时可以增加公司商业成功的机会,减少干部因理念理解偏差对业务造成的影响,更能够帮助公司识别和澄清管理问题,改进自己的管理。

高研班的学习内容

针对三个管理纲要的高研班,主要的学习内容如下。

1. 管理纲要内容学习

通过通读、研讨和心得分享来学习管理纲要。学习以小组方式进行,小组成员按预先分好的章节选择个人负责宣讲的部分进行精读,然后准备个人对该章节核心思想的理解和疑问。在此基础上,大家按章节顺序依次发表发言提纲。当每个成员发言完毕，其他成员可以分享个人观点和展开讨论。在小组所有成员发言完毕以后，班主任带领大家共同回顾纲要的主要内容，小组成员一起研讨，用结构图或简明扼要的语言阐述对纲要核心内容的理解，并且按章节输出后一阶段需要进一步理解和研讨的问题清单。

2. 案例演讲

在完成管理纲要内容学习后，就进入案例准备和分享阶段。各小组成员围绕个人亲身案例和工作改进，以1～2个完整的案例或故事，印证对纲要核心内容的理解和思考。其中的要求是不要讲大道理和开展空洞的议论。当案例准备完成后，小组成员轮流分享个人案例，其他成员就该案例所反映的核心理念和经验教训，展开讨论和研讨。在此基础上小组选取典型案例，在全班发表。在每个小组案例发表完后，引导员进行点评，针对相关问题分享自己的体会与实践。在此基础上，全班进行优秀案例评选。案例发表完之后，各小组回顾本组的问题清单，并根据研讨情况进行清单更新。

3. 讨论辩论

学员按专题自发组成多个专题小组，专题小组根据问题清单中该专题的问题和性质重新梳理，突出主要问题，以本小组特别有感触或全班普遍关注的问题作为研讨重点。通过研讨，小组要回答所有问题，并突出主要问题和主要观点。这个阶段要求通过事例来支撑小组的观点。对于小组未讨论清楚的、仍然纠结的问题，也要明确列出来。

在小组研讨阶段结束后，专题小组在全班发表问题清单的讨论结果，班级其他学员通过分享案例、陈述观点和提出疑问的方式对专题进行补充和完善。这个阶段鼓励大家碰撞交锋和良性互动。专题小组综合全班的主要观点并在班级中发表，在此基础上，引导员进行点评。

在此基础上，每个班级都会组织辩论赛，辩论赛通常会选择公司的热点问题，班级中选一个小组做正方，另外一个小组做反方，其余的同学也不仅仅是观众，他们有的选择支持一方，有的提问题，有的选择出主意和递纸条。

总之，我看过的所有高研班的辩论赛都是非常激烈的，往往把高研班的氛围推到最高潮。辩论使大家加深了对问题的认识，也释放了自己的激情。

4. 黄埔军校学习

高研班学员会抽一整天的时间到黄埔军校参观学习，从中领会黄埔精神，了解黄埔将领的成长故事。另外高研班学习期间，每天早上学员都会跑步和拉练。很多学员反映，他们在这个过程中找到了青春的感觉，又好像回到了刚来公司的岁月。

高研班的作用

高研班分为人力资源、业务和财经管理研讨班。我分别担任过这三种班的引导员，在这里和大家分享一下自己的心得和体会。

1. 高研班起到了价值观传承的作用

三个管理纲要的本质是公司的策略，而策略是价值观与企业具体实践的桥梁。比如说学员们在人力资源管理纲要中的价值模块学习了华为价值创造、价值评价和价值分配的策略，就会更加理解华为是如何通过以奋斗者为本来实现以客户为中心的。

为了增进学员的理解，高研班采用了研讨的方式，大家在研讨中畅所欲言。班主任和引导员在评价高研班学员的表现时，主要关注大家是否积极地发言和参与，而不是把重点放在学员的观点是否正确上。

2. 帮助学员更全面地理解公司的策略

参加高研班的学员都是公司中高级以上的干部，大家来自各个工作领域，在讨论公司策略时，会从不同的角度出发，进行观点的碰撞，这对高级干部全面理解公司策略非常有帮助。

首先，帮助大家更理解其他领域的工作。比如一个学员分享，他是主管市场领域的，过去对公司供应链的意见很大。在研讨班上，他听到供应链的主管们分享他们对于公司策略的认识时，才真正理解，同样一个策略，在公司不同部门的执行方式和思考方式是不一样的，这种认识会帮助他在实际工作中更全面地考虑自己所负责的业务。

过去负责销售一线代表处的干部和负责产品线的干部经常会产生分歧，为了达成共识，要耗费不少时间。双方都认为这是公司管理的问题。经过高研班学习才发现，正是通过他们对分歧的讨论，从而实现了公司扩张和能力之间的平衡。

3. 通过案例来增进对策略的认识

高研班的一个重要特征是案例分享和学习，学员对于价值观和公司策略的理解主要是通过案例分享来进行的，在此基础上，大家围绕着这个案例来讨论，通过讨论，不仅加深了对于它们的理解，还找到了如何践行它们的钥匙。

我个人认为案例学习是一种非常好的方式，不但容易理解，而且容易记忆。过去我自己在学习贯彻公司的策略和精神时经常采用的方法，就是看别人是怎么干的，通过了解别人的实践，找到自己该怎么做的感觉。我在自己的职业生涯当中，参加过很多次培训，到今天还能记住的主要是两类东西：一类是引起自己共鸣的金句，因为它们简单，而又让人印象深刻；另一类就是别人讲的故事，它们生动而又形象。在我的记忆中，后一种偏多。我开始认为只有我自己是这样的，后来做了老师，我发现学生和我有共同的特点。在我给他们讲课以后很长时间，大家再次见面的时候，他们告诉我，印象最深的是我在课堂上讲的故事，这就是案例的魅力。

高研班帮助公司中高级以上干部，增进对公司策略的理解，也是华为干部跨领域沟通的场所，更是华为干部统一思想和传承公司的核心价值观与文化的重要方式。

> **感悟**
>
> 华为选择干部的方式是选拔制，而不是培养制。进步首先是干部自己的责任，一个干部如果希望有更好的前途和更高的岗位，需要自己努力学习和掌握应有的知识与技能，不断提升自己的能力。公司的责任是选拔干部。
>
> 1. 通过绩效选择干部。华为通过岗位责任结果和关键行为来评价员工、干部的工作绩效。只有工作绩效在前25%的员工才有可能成为干部，同样只有干部持续取得高绩效，才有可能被提拔。
>
> 2. 赛马制。华为在选拔干部时，会把工作内容类似的干部放在一起比，通过他们之间你追我赶的赛马方式，选择跑在前面的干部进行提拔。
>
> 3. 淘汰制。华为认为对于干部的负向激励也是一种激励，可以促使干部更快地进步。华为每年会对绩效结果排在后面10%的干部进行末位淘汰，淘汰的方式包括降职、降级和转岗等。

后　　记

在撰写本书的过程中，我尽量从华为公司当时的角度出发，回溯公司的发展历程、背后的故事、个人感受和管理逻辑。

谈到本书，首先要感谢任总和华为公司的同事们，能够见证华为从一家小企业成长为引领行业发展的全球性公司，我感觉自己非常幸运！在华为公司工作期间，自己到过90多个国家，管理过上万人的队伍和几百亿元的业务，并在其中积累了自己对于管理的认识，与一群有梦想的人在华为公司里协作和成长，感谢华为公司对我的培养！

感谢王晓轩女士帮助我整理和优化案例，正是她的贡献丰富和完善了本书的内容。

感谢为本书出版做出极大贡献的张钊先生！正是他的建议，形成了本书的架构。我对于管理熟悉，但对于出版业务和读者的需求并不了解，正是在张钊先生的努力下，本书得以顺利完稿。

感谢机械工业出版社的编辑，他们的指导使我受益匪浅。在他们的帮助下，本书得以顺利出版！